すぐできる！

入れ・手直し」の早引き便利帳

ホームライフ取材班〔編〕

青春新書
PLAYBOOKS

はじめに

モノを大切にする人たちが、最近、目立って増えてきました。傷んだらすぐに捨てる時代から、手入れや手直しをしながら、長い間使い続ける時代へと移り変わったのでしょう。

本書では、そのようなリペアを心がける人たちに向けて、さまざまなモノの手入れ、手直しの仕方をご紹介しています。「スーツを長持ちさせる日ごろの手入れ」といった基本的な手入れから、「古くなったプランターの土の再生法」「漬け物がおいしくなるぬか床の手入れ」「子どもの髪をかわいくカットする方法」などの意外に知らないものまで、さまざまな生活のシーンで役立つ方法を幅広くラインナップしました。

わかりやすい場所などに置いて、何かあればすぐに手に取っていただければ幸いです。あなたの暮らしが、これまで以上に、味のあるモノたちに囲まれますように――。

見てすぐできる！「手入れ・手直し」の早引き便利帳

一目次一

第1章

衣類がきれいに長持ちする

第2章 靴が傷まず蘇る

第3章 装飾品がピカピカになる

第4章

住まいが快適に変わる

第5章　家の外観が美しくなる

第6章

キッチンで過ごすのが楽しくなる

第7章

日用品を大事に使い続ける

第8章

自転車・自動車の悩みが解決する

第9章

趣味の道具を大切にする

第10章　自分の見た目に自信が持てる

第11章

特別なモノをきれいに保つ

第1章

衣類がきれいに長持ちする

くたびれがちなスーツやネクタイから、
とっておきの浴衣や革ジャンまで、
身につけたあなたが
ぐっと魅力的に見える
手入れの仕方を集めました。

スーツを長持ちさせる
日ごろの手入れ

日ごろのメンテナンスにより、くたびれ度合いがまるで違ってくるのがスーツ。着た後のブラッシングを習慣づけると、ぐっと長持ちします。

ブラッシングの仕方

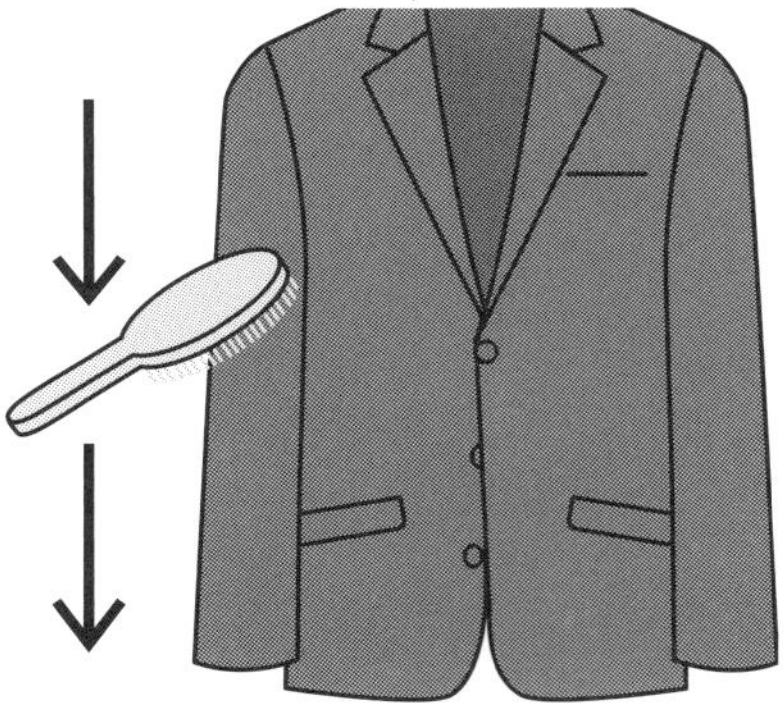

1 全体的に上から下へ大きく払うのがコツです。溝などの細かい部分は、逆に小刻みに動かしてほこりをかき出します。

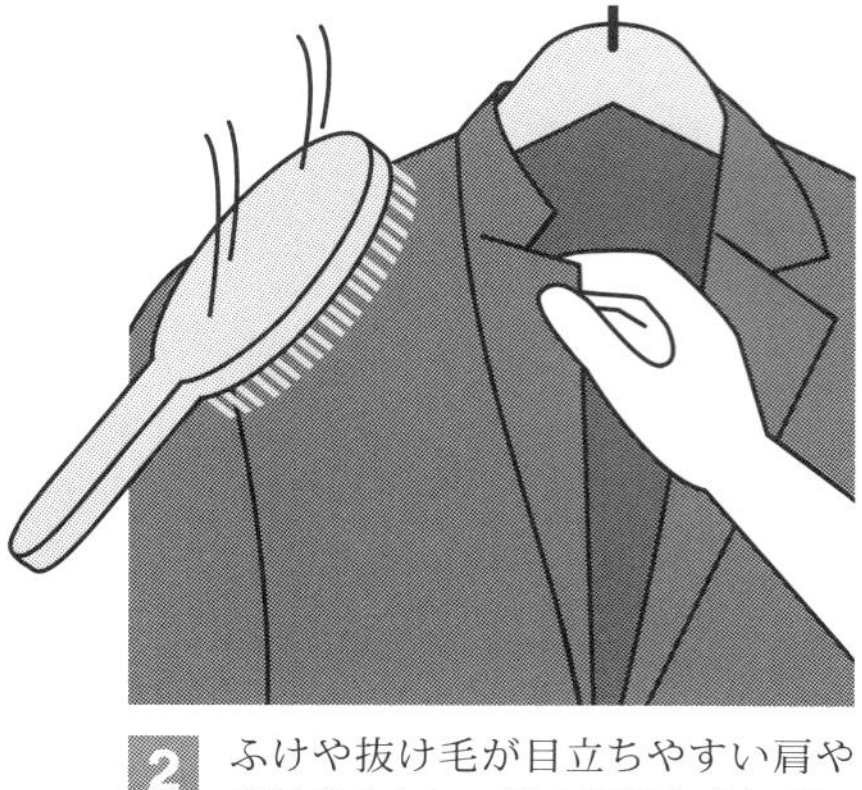

2 ふけや抜け毛が目立ちやすい肩や襟は念入りに。襟の裏側も忘れずにブラッシングします。

しわができたら

1 軽く霧吹きして、ハンガーに吊るしておけば、軽いしわはなくなります。

2 しつこいしわの場合、スチームアイロンを4～5cm離して数秒間当てます。その後、風通しの良い場所で乾燥させます。

◀次ページに続きます

雨に濡れたら

1 そのままにしておくと、型崩れの原因になります。タオルで叩くようにして水分を取ります。

2 ハンガーにバスタオルをかけ、その上にジャケットをかけて、陰干しして乾かします。

ひざが出た、お尻がてかったパンツの手入れ

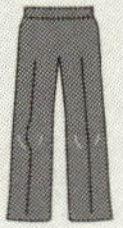

あまり手入れをしないで履き続けると、いつの間にかひざが出たり、てかったり…。そんな時はスチームアイロンで直すようにしましょう。

ひざが出たら

スチームアイロンを少し浮かせて、らせん状にかけます。

お尻がてかったら

ブラッシングで汚れを落として、当て布をして、スチームアイロンを浮かし気味にかけます。

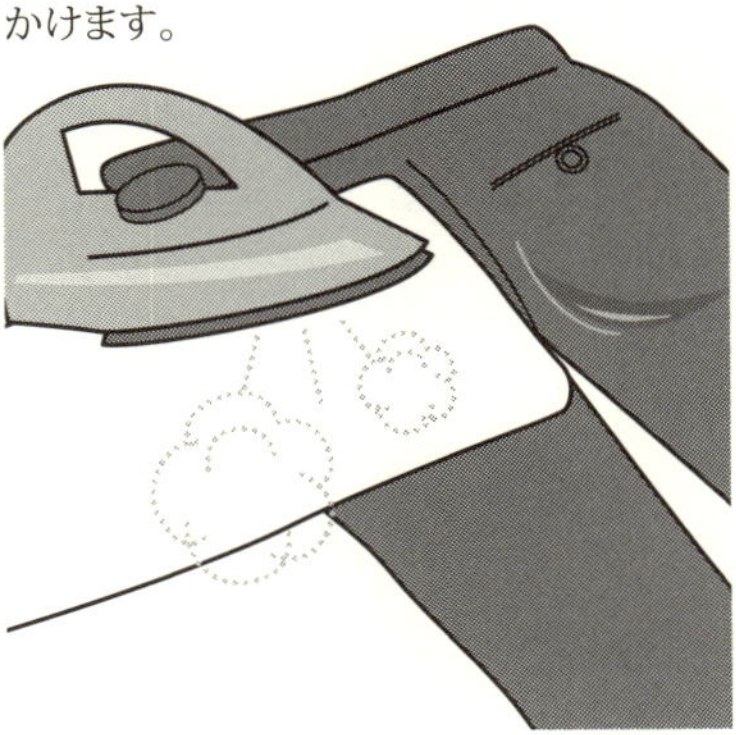

しわになったネクタイの手入れ

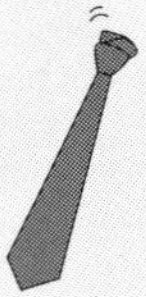

くたびれてヨレヨレになったネクタイ。身近にあるモノを使ってアイロンをかければ、しわが取れて新品のように蘇ります。

1 新聞紙２～３枚をネクタイの幅よりも狭く折りたたみます。

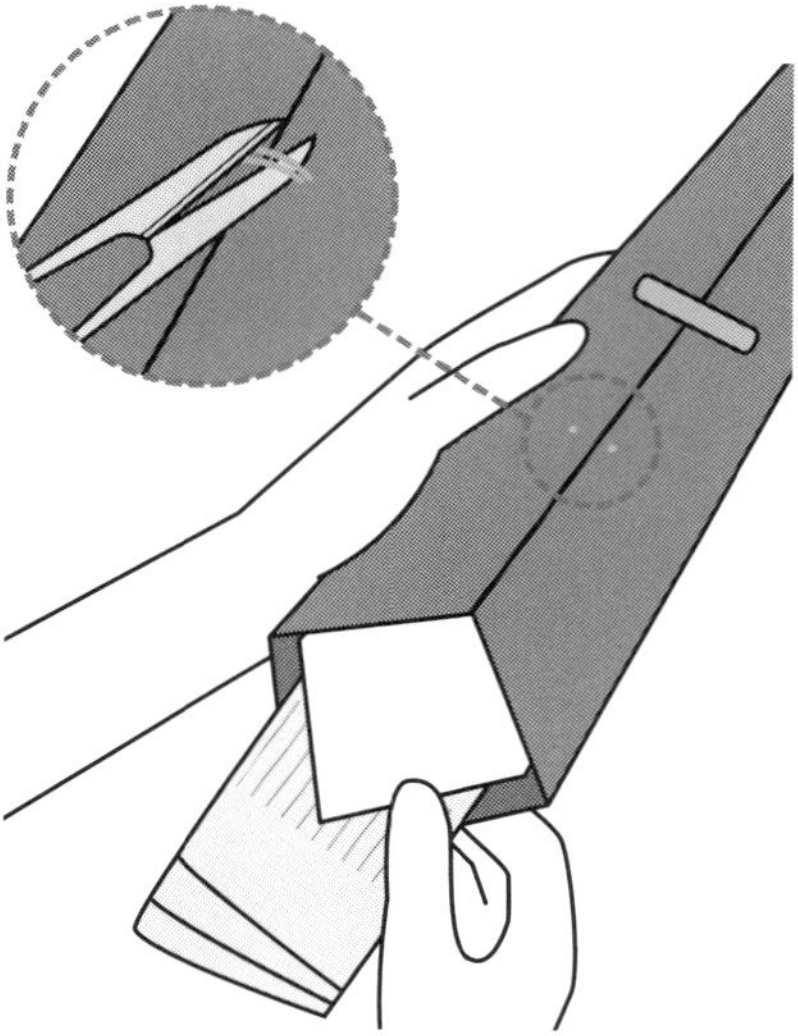

2 しつけを裏地から外して芯の端を出し、表地と芯の間に新聞紙を差し込みます。

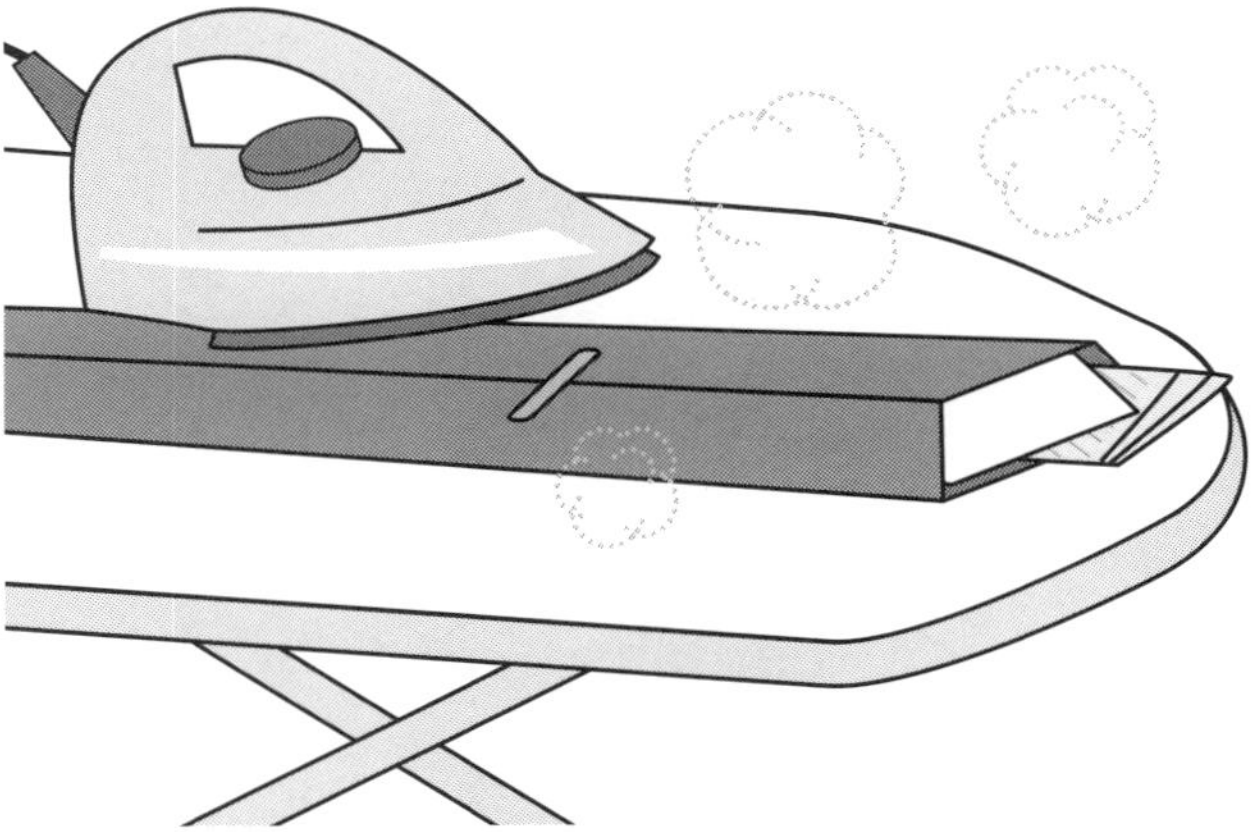

3 スチームアイロンを
ネクタイから２～3cm ほど離してかけます。

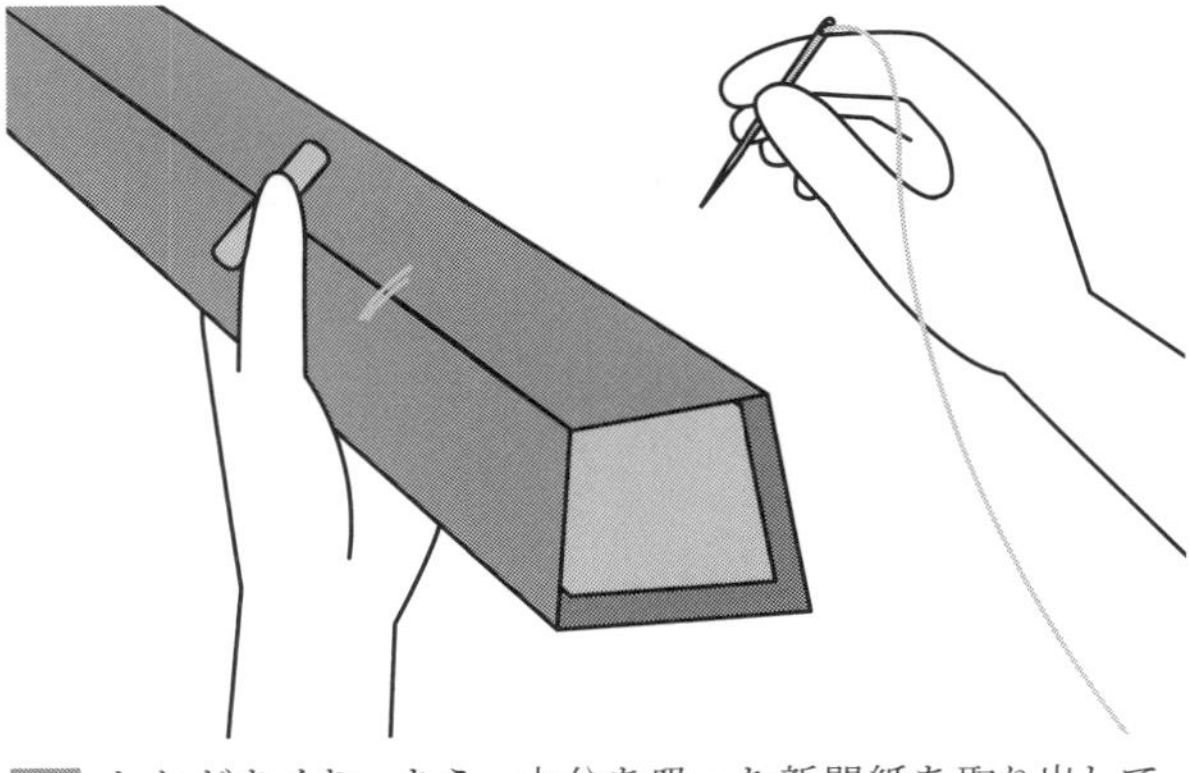

4 しわがなくなったら、水分を吸った新聞紙を取り出して、芯を元通りに戻し、左右の布に糸を渡して軽く縫い合わせて玉結びで留めます。

カビが生えたレザージャケットの手入れ

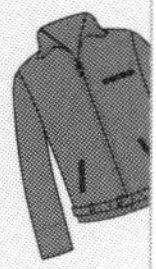

お気に入りのレザージャケットも、保管の仕方が悪いとカビが生えてしまいます。早く発見すれば、手入れできれいにするのは可能です。

カビが生えたら

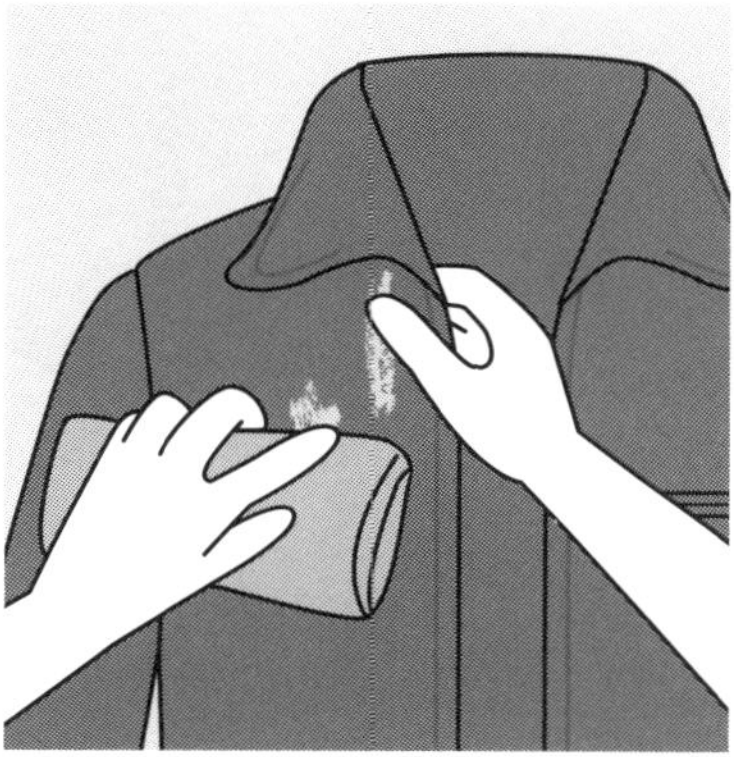

1 固く絞った濡れタオルでカビを拭き取り、陰干しします。

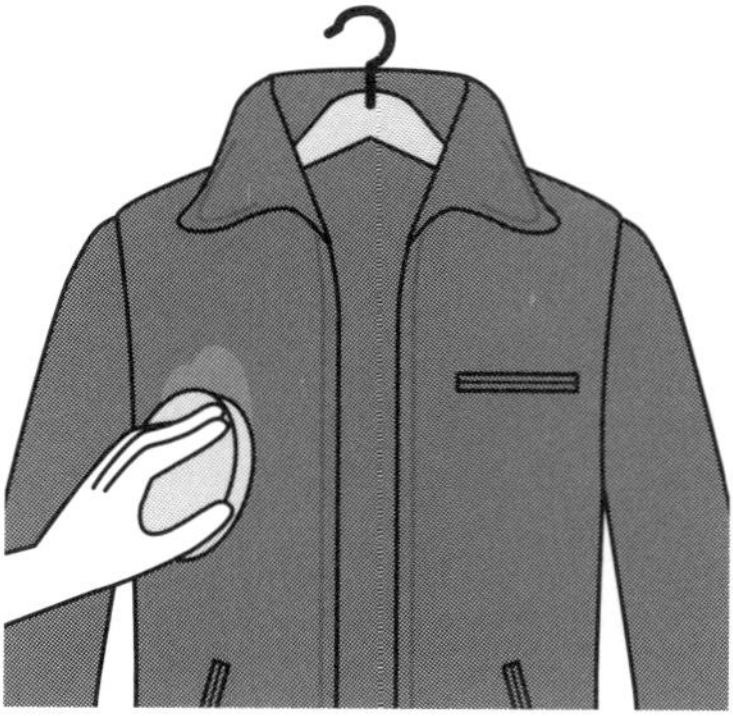

2 デパートの革製品売場などで革用クリームを購入。スポンジに含ませて塗り、余分な油分を乾いた布で拭き取ります。

雨に濡れたレザージャケットの手入れ

革製品の大敵は水気。突然の雨で濡れてしまったら、すぐに手入れしましょう。多少の濡れとびしょ濡れでは、対処の仕方が違うので注意を。

少し濡れたら

1. 乾いた布やタオルで叩くようにして水分を吸い取り、陰干しします。
2. デパートの革製品売場などで革用クリームを購入。乾いたら塗って、余分な油分を乾いた布で拭き取ります。

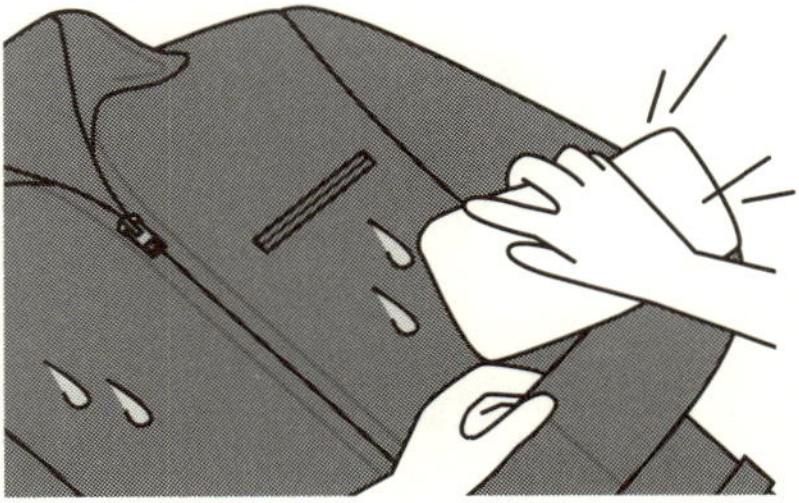

びしょ濡れになったら

1. 思い切って、水を含ませた布やタオルで全体を拭いて、濡れ具合を均一にします。
2. 陰干しして、乾いたら革用クリームを塗り、余分な油分を乾いた布で拭き取ります。

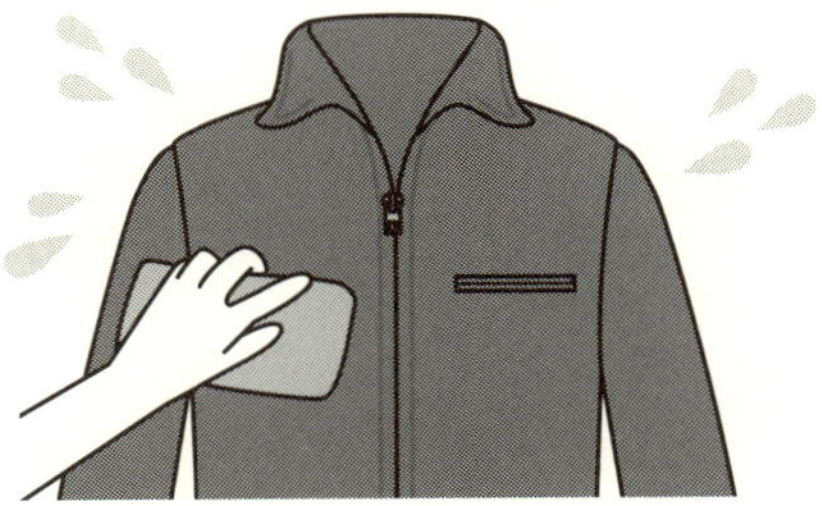

ジーンズの風合いを損なわない洗い方

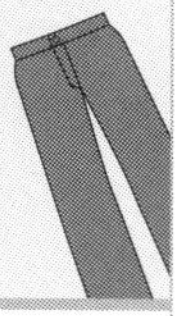

洗い方によって風合いが随分変わってくるのがジーンズ。ほかの洗濯ものに色移りしないように、単独で洗うようにしましょう。

色落ちを抑える洗い方

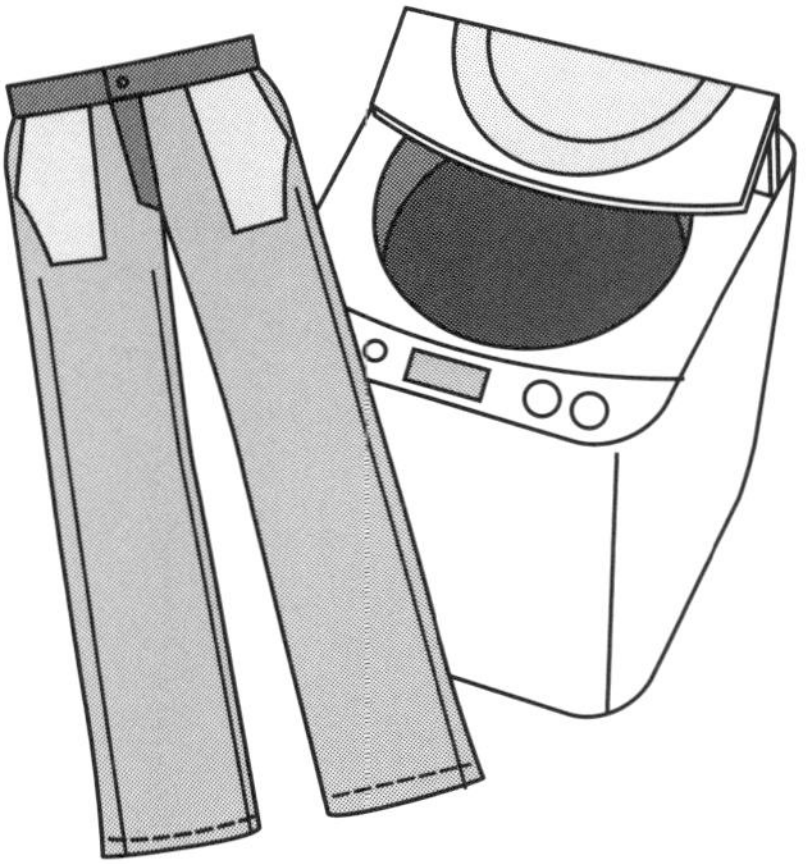

1 ボタンやジッパーを留めて、必ず裏返して洗います。漂白剤や蛍光剤の入っていない洗剤を使い、残り湯ではなく水で洗います。

2 洗濯機に短時間で洗う機能があればそれに設定します。洗った後で乾燥機は使わないようにします。

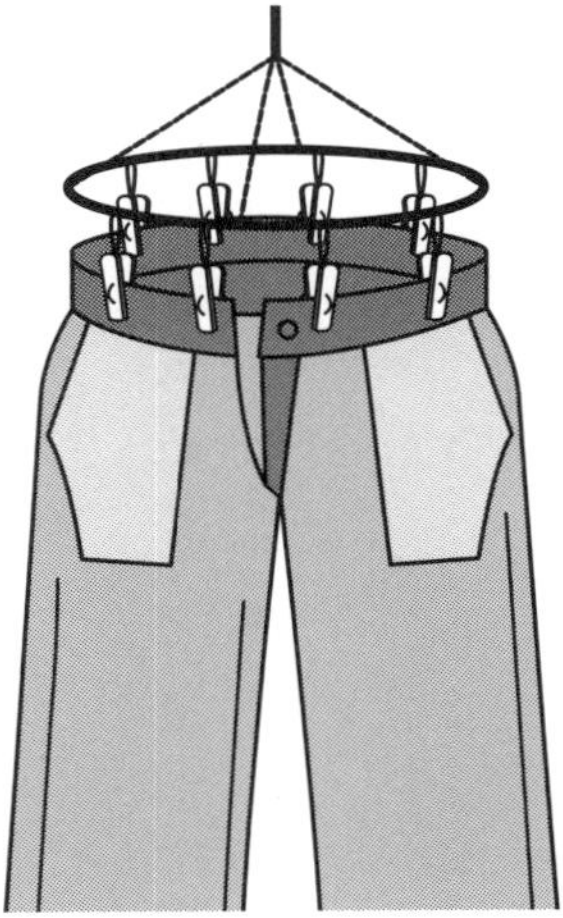

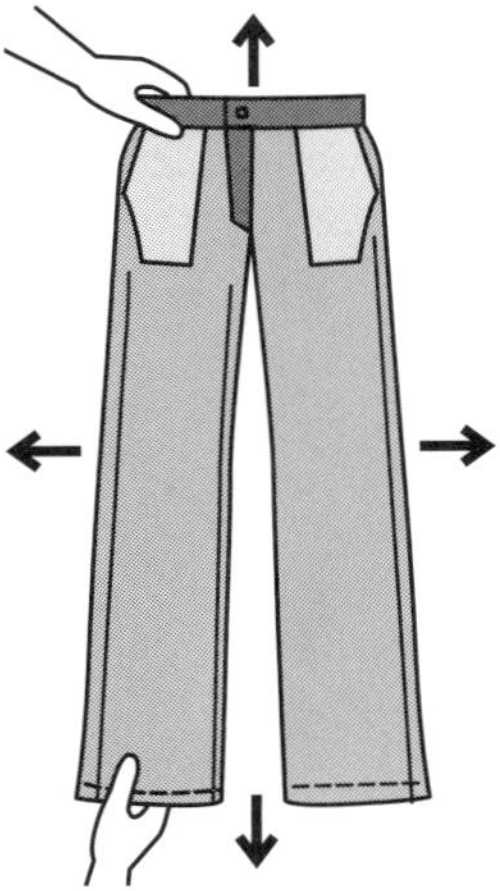

3 干すのは裏返したままで。乾く時にしわになりやすいので、縦方向、横方向に軽く引っ張ってから、逆さ吊り、または筒状にして陰干しします。

ヴィンテージデニムの洗い方

履きっぱなしだと、汚れが付着して生地が弱るので、半月〜1か月に1回程度、漂白剤や蛍光剤の入っていない洗剤を水に加えて、押し洗いします。

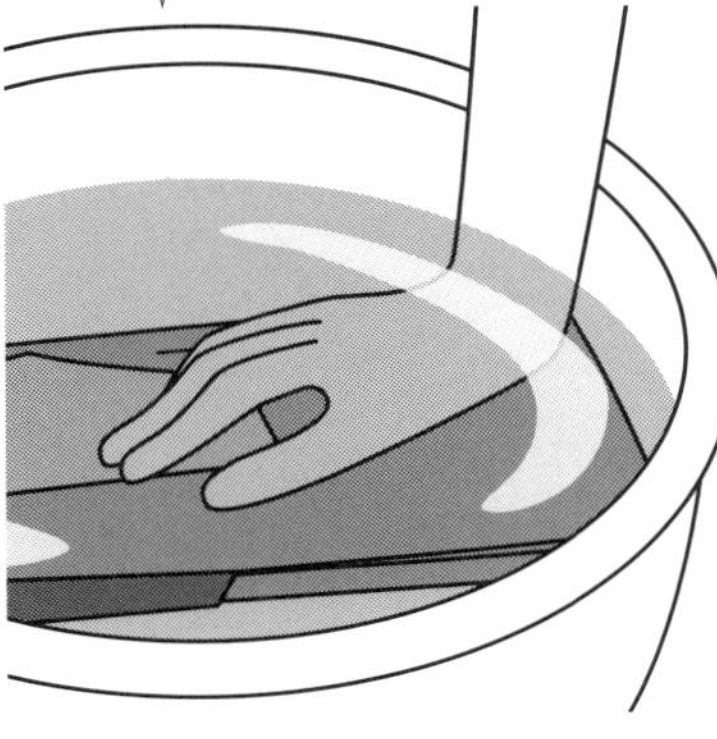

浴衣を傷めない

優しい手入れ

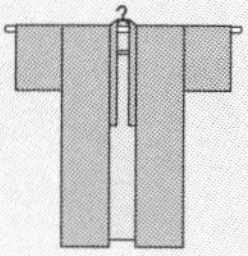

和装用の肌着を付けていたら、毎回洗う必要はありません。ただし、汗をたくさんかいた時には、きちんと洗うようにしましょう。

汗をあまりかいていない時

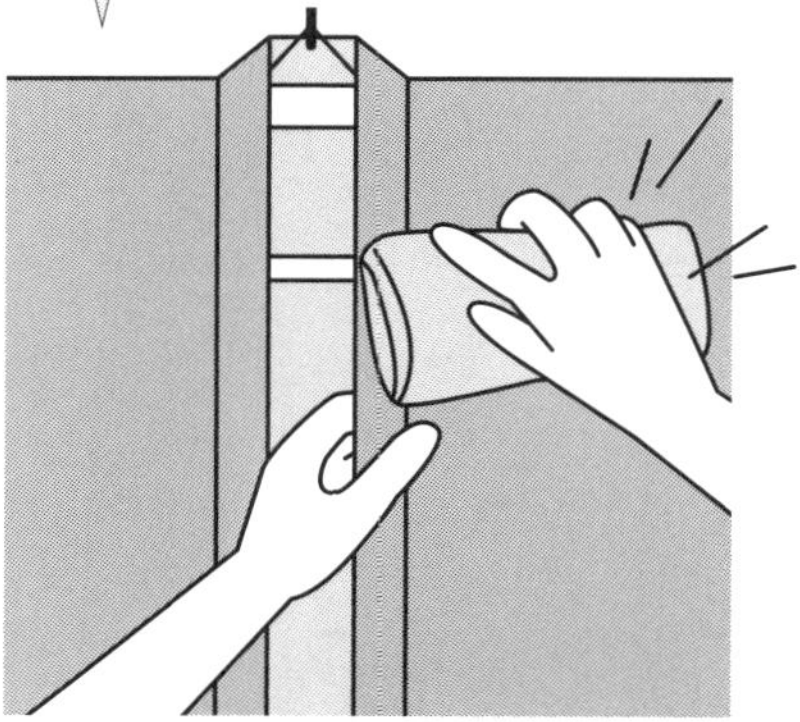

1 濡らしたタオルを軽く絞り、汗じみの出やすい襟と帯まわりを叩いて汗を取り除きます。

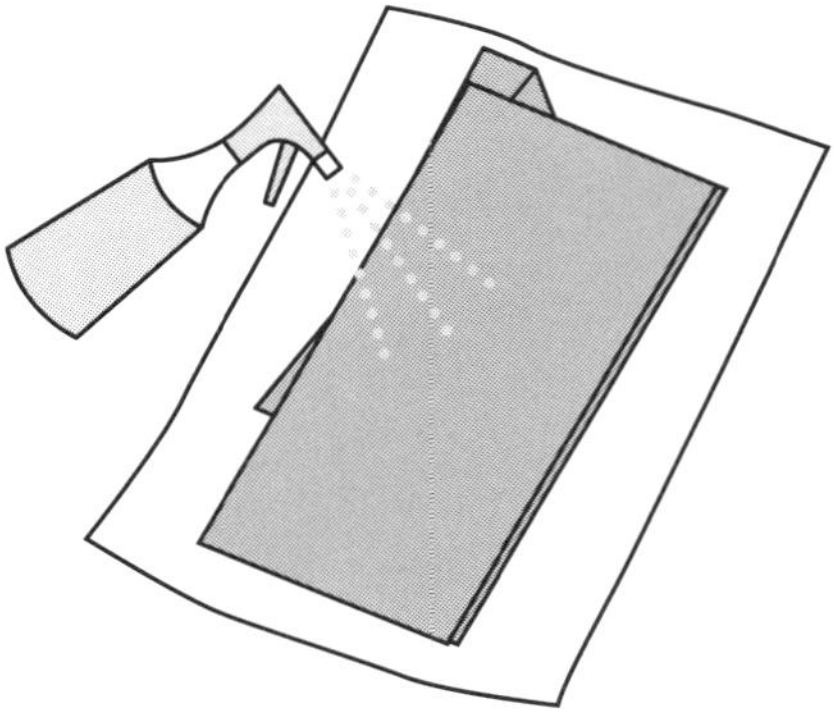

2 広げたビニール袋などの上に置き、しわ防止に霧吹きで全体を湿らせて、ビニールをかぶせて座布団などの重しを乗せます。ひと晩置いて、しわを伸ばしてから陰干しします。

汗をかいた時

1 図のような袖だたみにしてネットに入れて、「手洗いモード」で3分間程度洗います。しみや汚れの目立つところには洗剤の原液をつけておきます。※事前に、目立たないところに原液をつけて、色落ちテストをしておきます。

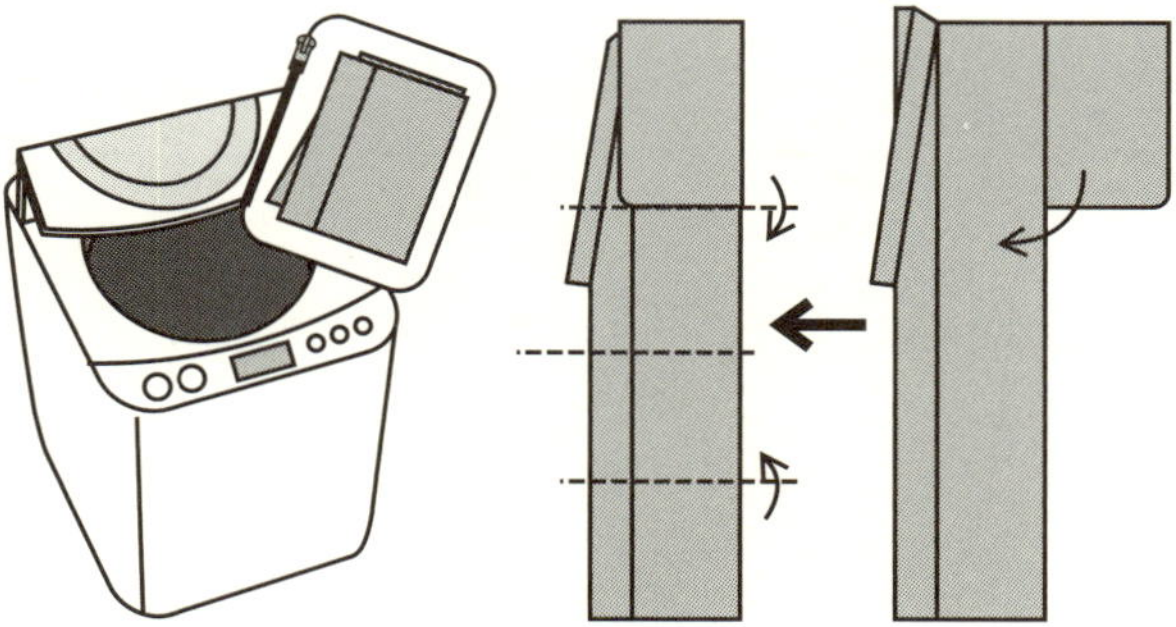

2 しっかりすすいで、軽く脱水し、すぐに衣《え》紋《もん》掛けにかけて、手のひらで叩いてから陰干しします。衣紋掛けがない場合は、物干し竿にかけて、風でバタバタしないように洗濯ばさみで要所を留めます。

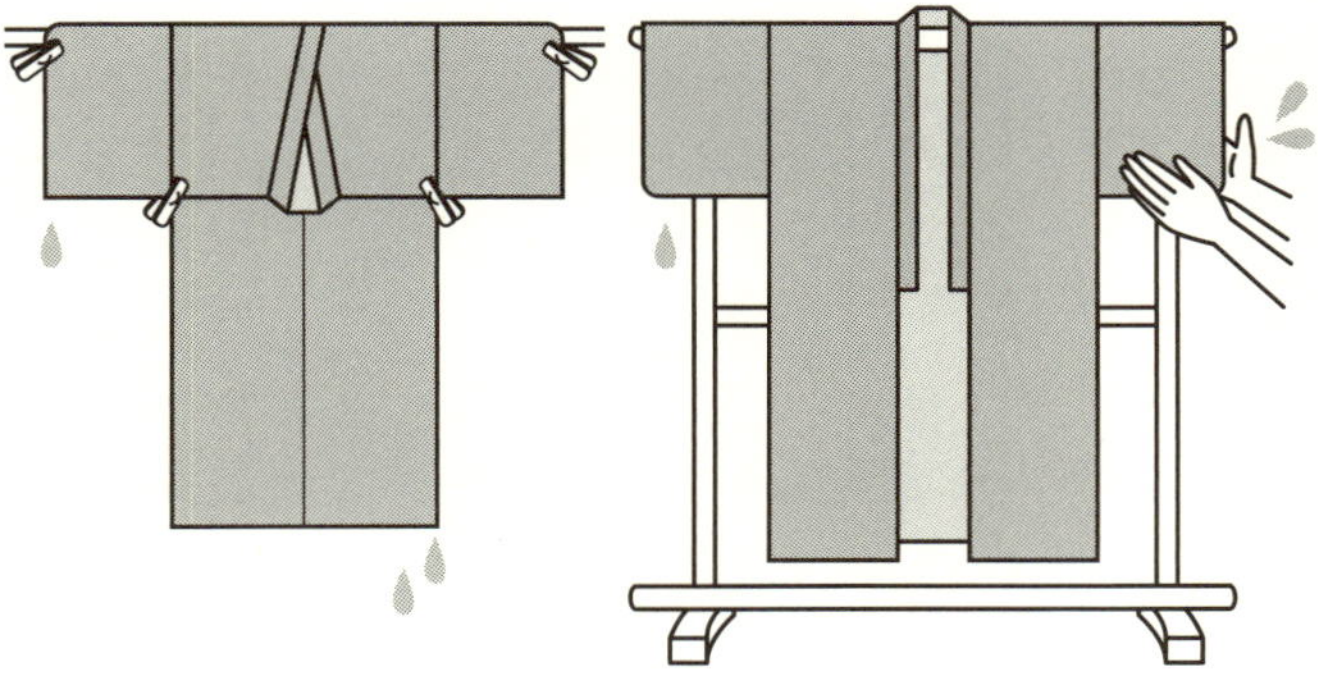

レインウェアの撥水性を蘇らせる方法

レインウェアが雨を弾かなくなるのは、生地の汚れにより撥水性が低下するから。洗濯表示に従い、洗えるものは適切な手入れをしましょう。

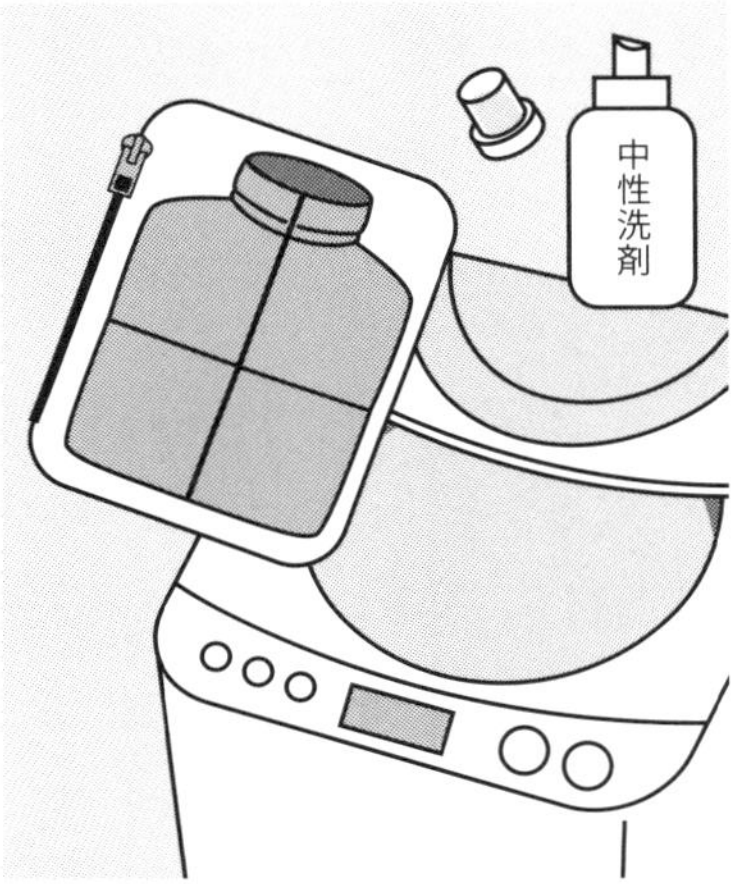

1 使用後はこまめに洗濯します。洗濯ネットに入れて中性洗剤で洗い、十分にすすぎをします。

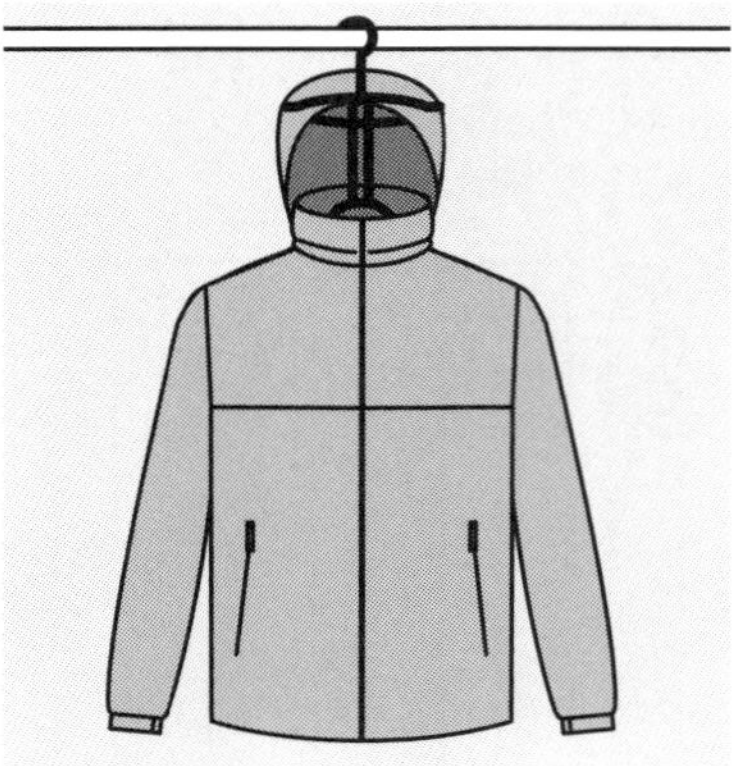

2 生地を傷めないように軽く水をきり、ハンガーに吊るして陰干しします。

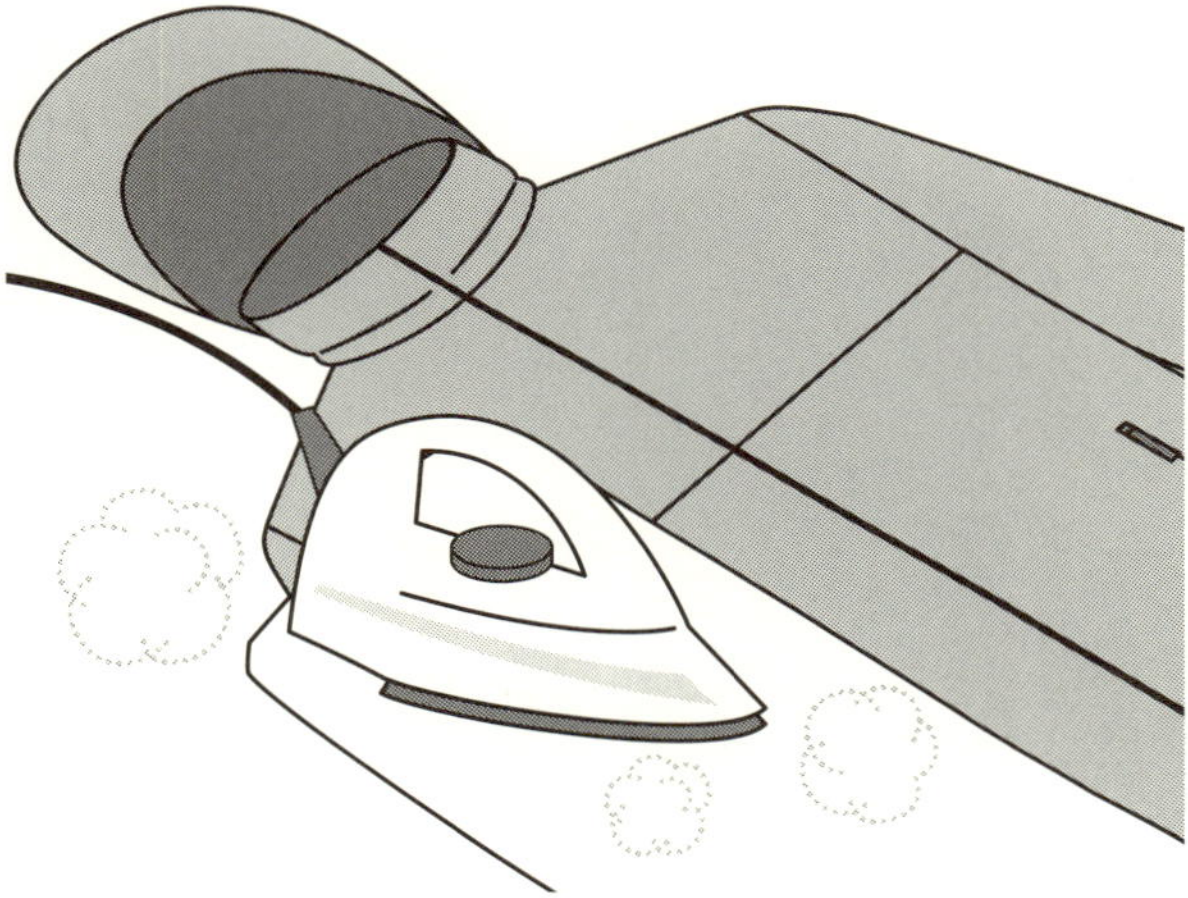

3 乾いた後、当て布をしてアイロンがけすると、撥水性はより回復します。

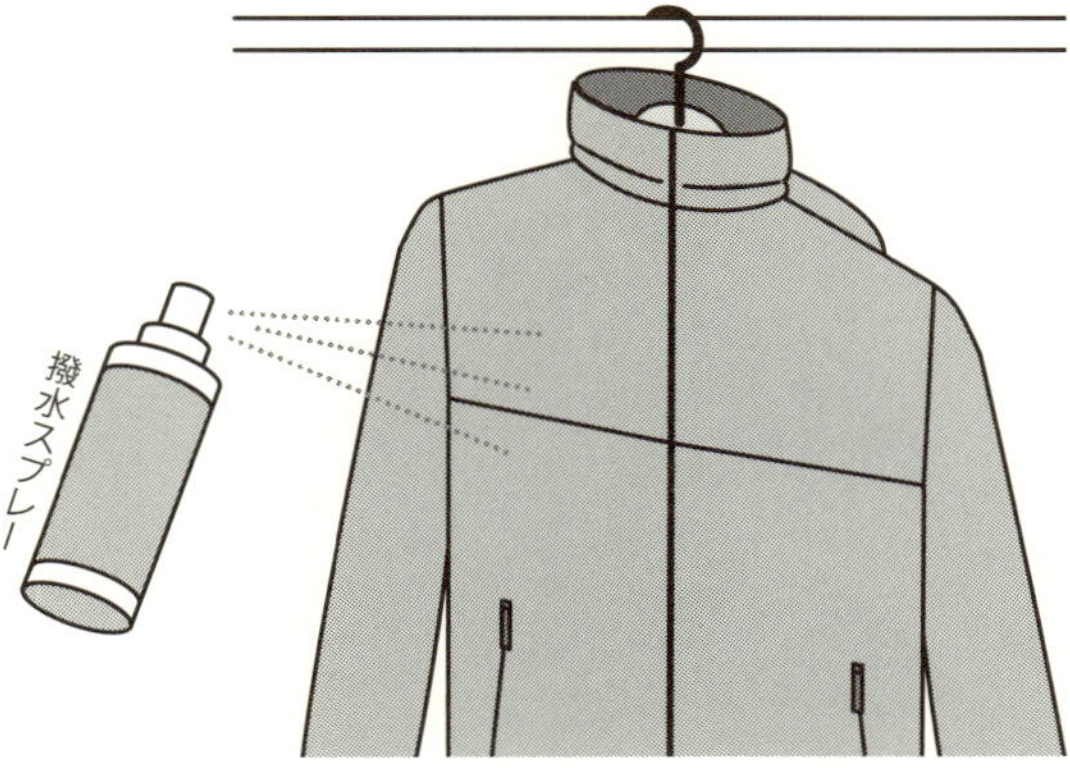

4 撥水性が格段に落ちている場合は、①②の作業を行った後、市販の撥水スプレーを使います。薄く塗布したら乾かしてまた塗布、という作業を4～5回繰り返すと撥水性が蘇ります。

学生服を長持ちさせる手入れ

同じものを毎日のように着るのが学生服。泥はね、てかりなどのトラブルは日常茶飯事でしょう。長持ちさせるには適切な手入れが大切です。

泥はねしたら

完全に乾いてから、泥をブラシできれいに落とします。ひどい泥はねは、台所用洗剤をぬるま湯で薄めて、布につけて拭き取ります。

雨に濡れたら

タオルで叩くようにして水分を取り、ハンガーにかけて、少し離れた位置からドライヤーを当てて乾かします。

てかりが出たら

1 てかりのある部分の汚れをブラシできれいに落とします。ひどく汚れている場合は洗濯します。

2 固めの歯ブラシを使って、繊維を起こすようにブラッシングします。洗濯した場合は、完全に乾いてから行います。

3 当て布をして、スチームアイロンを浮かし気味にかけます。

上手なしみ抜きの仕方

しみは水に溶けるもの、油を含んでいるものに大別されます。対処法が異なるので、正しい手入れの仕方を身につけておきましょう。

水に溶けやすいしみ

[コーヒー、ジュース、醤油など]

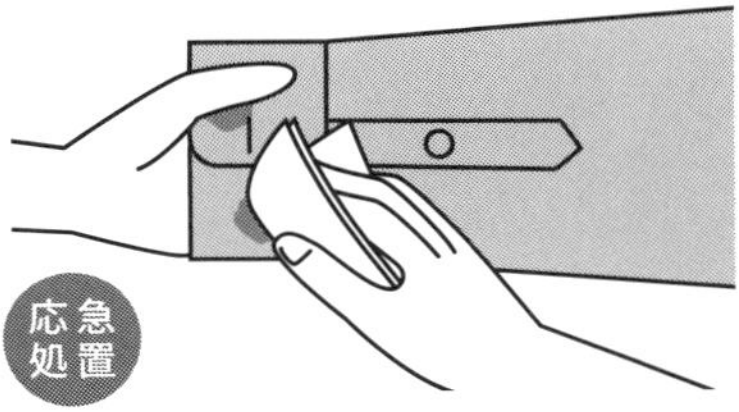

応急処置

しみの部分を軽く濡らし、ティッシュなどで何度も押さえてしみを移します。

ちゃんとしみ抜き

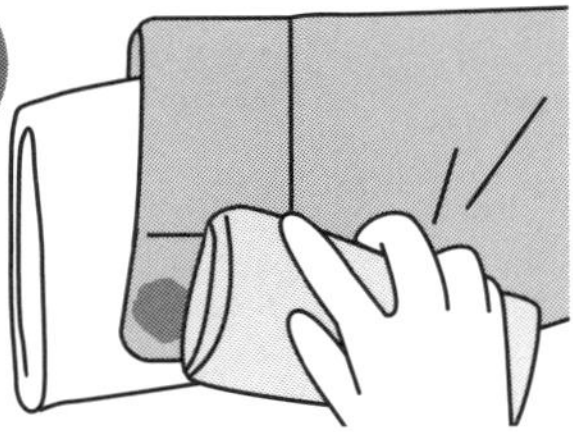

1 乾いたタオルの上にしみが接するように置きます。水で濡らした布で叩き、タオルに色を移します。

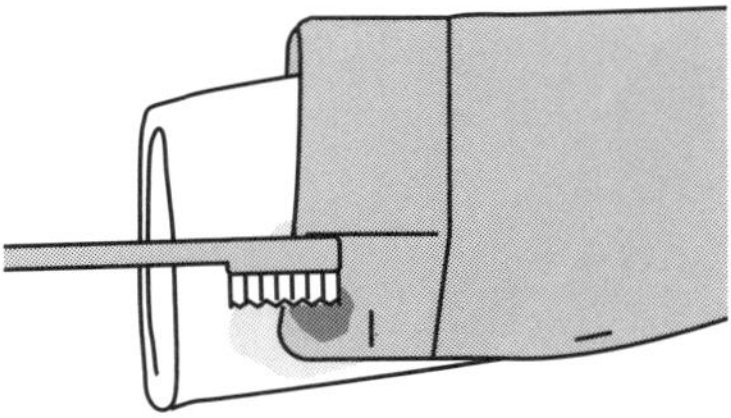

2 しつこいしみは、薄めた中性洗剤を歯ブラシにつけて叩きます。

油を含んでいるしみ

応急処置　乾いたティッシュなどで押さえてしみを移します。

［カレー、ドレッシング、チョコレート、ボールペン、口紅ほか］

ちゃんとしみ抜き

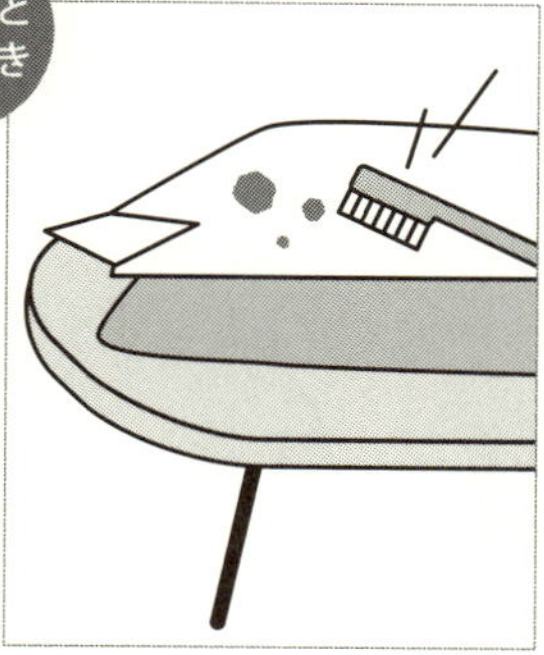

1　乾いたタオルの上にしみが接するように置きます。薄めた中性洗剤を歯ブラシにつけて叩きます。

2　しみの部分を水で軽くすすぎ、タオルなどで水分を取って乾かします。

墨汁

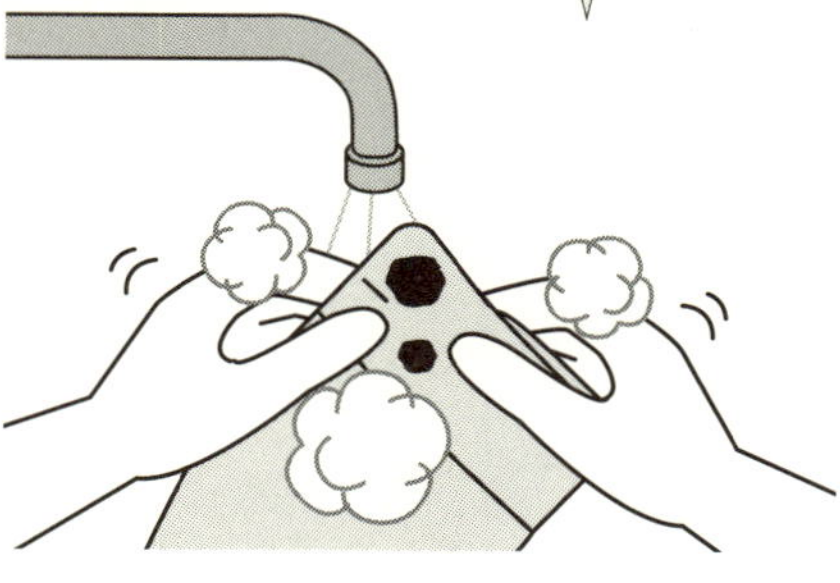

最も落ちにくいのが墨汁。歯磨き剤をすり込んで、水を流しながら何度もつまみ洗いします。

穴の開いたダウンウェアの直し方

ダウンウェアが傷つくと、わずかな隙間からでも羽毛がはみ出てきます。自分でできる手直しとして、ワッペン感覚で修繕する方法があります。

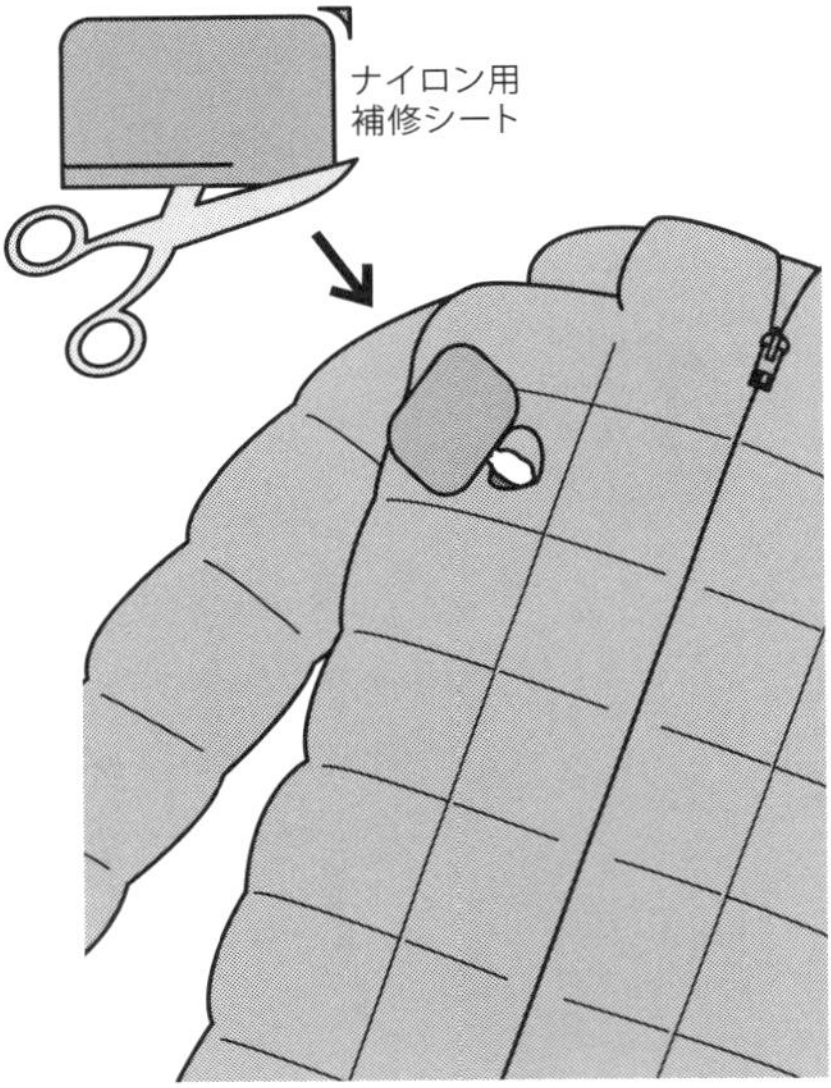

手芸店やアウトドアショップで、生地と色の似たナイロン補修用の粘着シートを購入。はがれにくいように角を丸くカットして、穴をふさぎます。

×これはNG!

- アイロン式の補修パッチはナイロン生地が溶ける恐れがあります。
- 縫い合わせて補修しても、縫い目から羽毛が出てきます。

第２章

靴が傷まず蘇る

靴が泥はねや雨で汚れてしまった場合、
どのように手入れしていますか？
もしかしたら、いつもの方法は、
靴にかえってダメージを
与えているかもしれません。

雨に濡れた革靴の手入れ

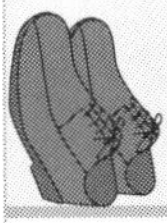

雨に弱いのが革靴の難点です。激しい雨で濡れてしまったら、しみやカビができないように、帰宅したらすぐに手入れしましょう。

1 布で拭いて
水分を取り除きます。

2 すでにしみができていたら、
水で濡らした布で
叩いてぼかします。

3 新聞紙をつま先まで詰めて陰干しします。直射日光に当てるのは、革が傷むので厳禁です。

4 乾いたら布に靴用クリームを含ませて塗ります。

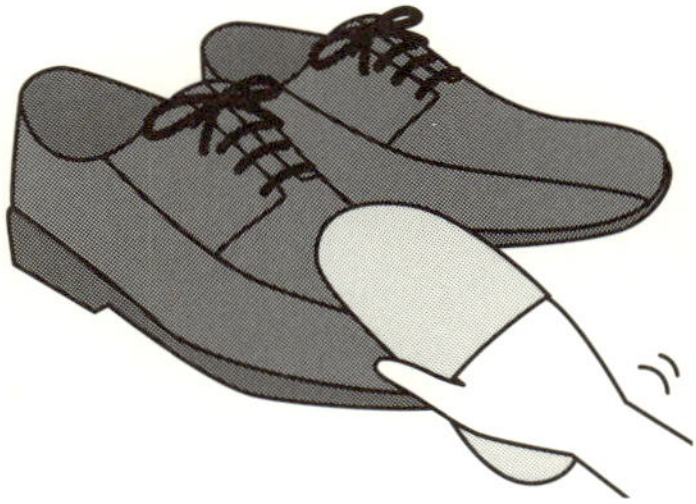

5 靴磨き用の軟らかい布でから拭きします。

6 シューキーパーを入れて保管すれば、型崩れしにくくなります。

カビの生えた革靴の手入れ

革靴のトラブルで厄介なのがカビ。日頃から湿気に注意し、雨に濡れたら数日は履かないなど、まず発生予防を心がけましょう。

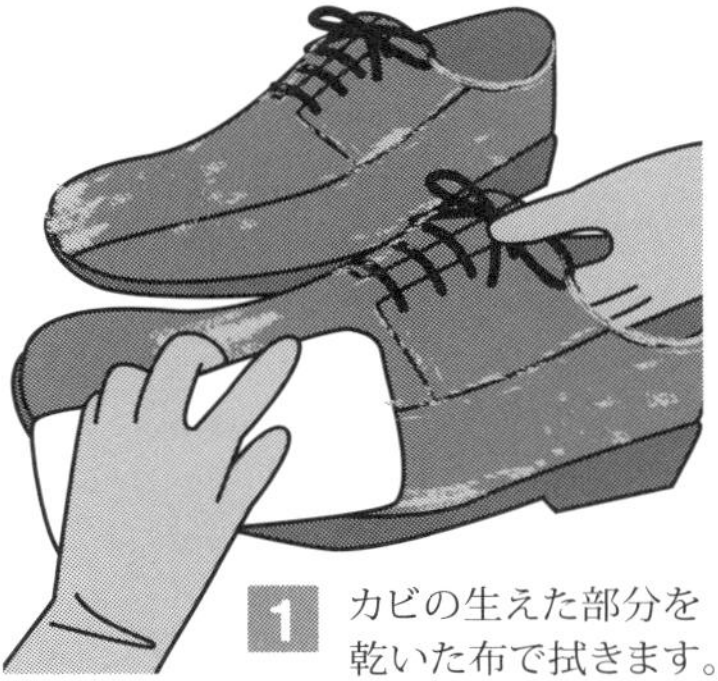

1 カビの生えた部分を乾いた布で拭きます。

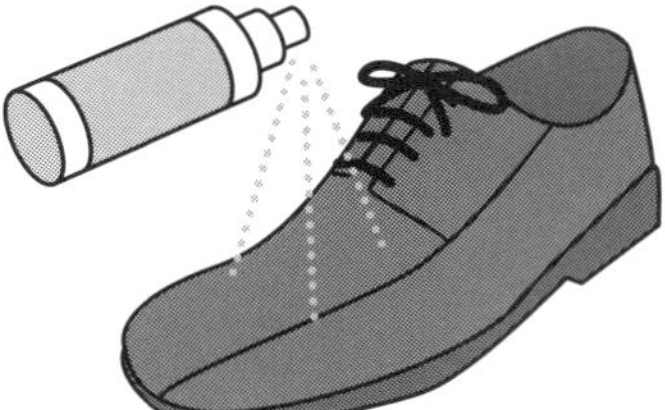

2 皮革用のカビ取りスプレーをかけます。カビが浮き上がったら、カビ取りスプレーを吹きつけた布で拭き取ります。

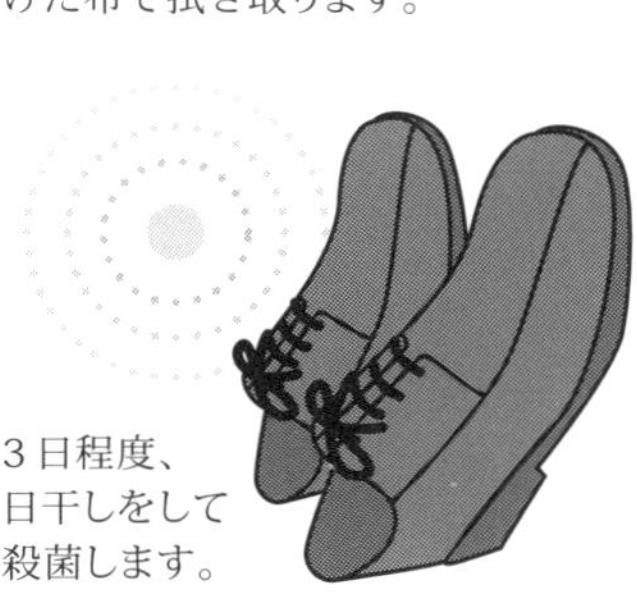

3 3日程度、日干しをして殺菌します。

革靴の傷を目立たなくする方法

小さなひっかき傷程度なら、裏ワザ的なやり方で目立たなくさせることは十分可能。作業も簡単で、誰にでもできます。

1 靴用クリームを丹念に塗りこむと、傷が目立たなくなることがあります。

2 まだ目につくようなら、革と同じ色合いのクレヨンを傷に塗って、布で拭いてなじませ、靴用クリームを塗って仕上げます。

汚れたスニーカーの洗い方

泥でひどく汚れてしまったスニーカーや運動用シューズ。水洗いできる布製なら、新品のように蘇らせることができます。

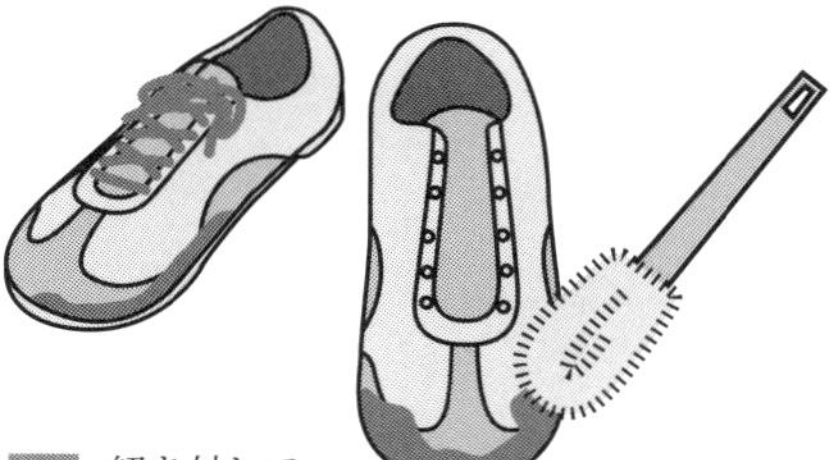

1 紐を外して、
泥をブラシなどで落とします。

2 ぬるま湯に洗濯用の中性洗剤を溶かして、ブラシにつけてこすり洗いします。

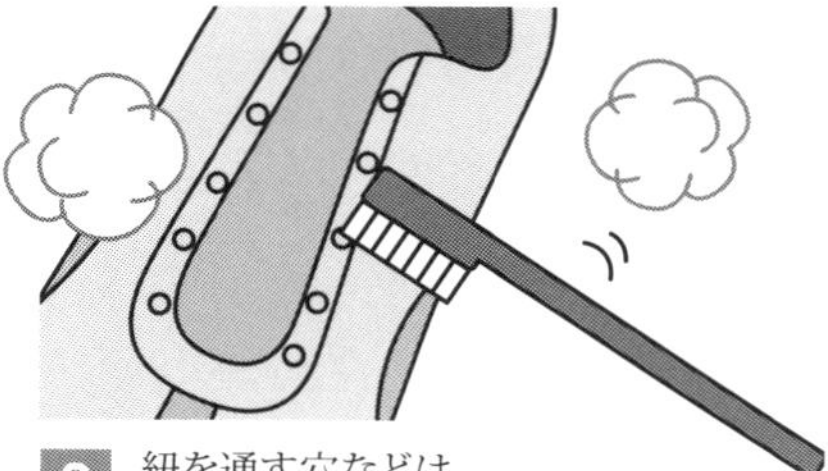

3 紐を通す穴などは
歯ブラシを使って汚れを落とします。

4 流水で十分すすいで、洗剤を落とします。

5 ネットに入れて脱水します。型崩れが気になるなら、脱水はせず、布で包みながら水分を吸い取ります。

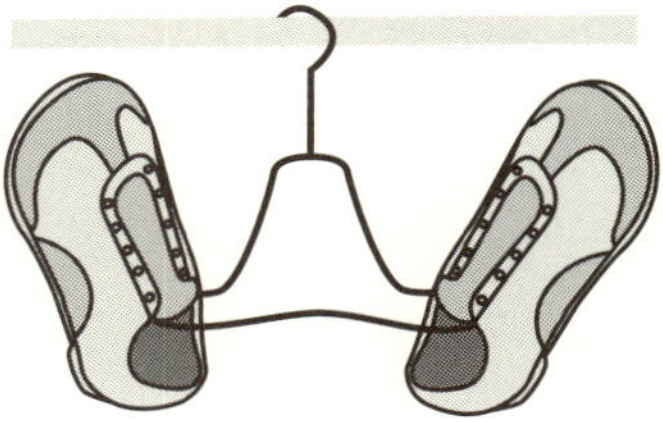

6 丸めた新聞紙を詰めて、斜めに立てかけたり、針金ハンガーにかけたりして干します。ゴムの部分の多いものは陰干しします。

かかとのすり減ったスニーカーの手入れ

数年来、愛用しているスニーカー。まだまだ元気だけれど、かかとがすり減ってしまって…。こんな場合は補修剤を使ってリペアしましょう。

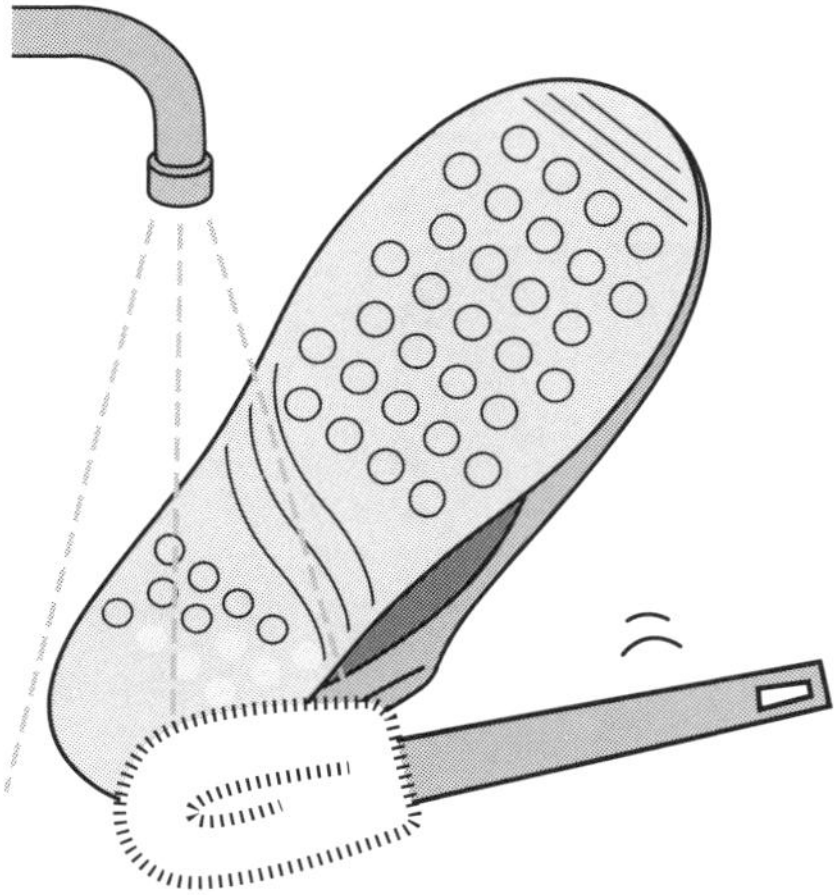

1 補修する部分をきれいに水洗いした後、完全に乾かします。

2 補修する部分をサンドペーパーやヤスリで磨いておくと、補修剤のくっつきが良くなります。

3 かかと部分に厚紙を張ってセロハンテープなどで止め、「土手」を作ります。

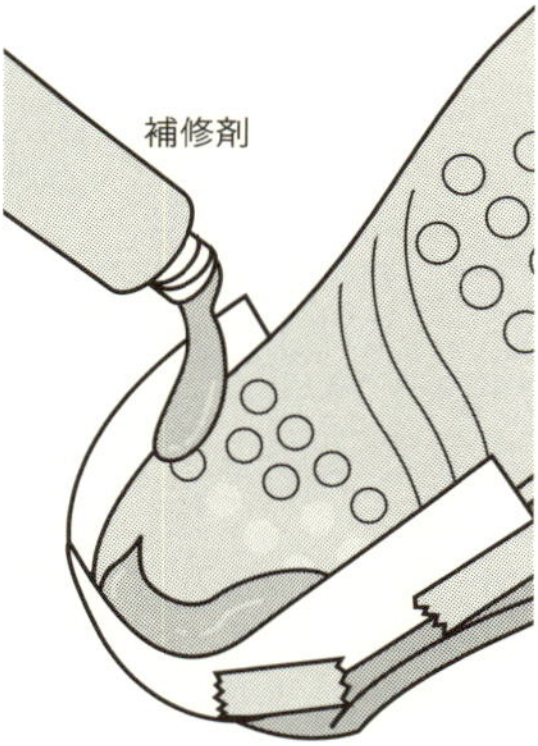

4 靴底用の補修剤をホームセンターなどで購入し、ゆっくり流し込みます。

5 ヘラで平らに伸ばします。補修剤が十分に固まってから、「土手」を外します。

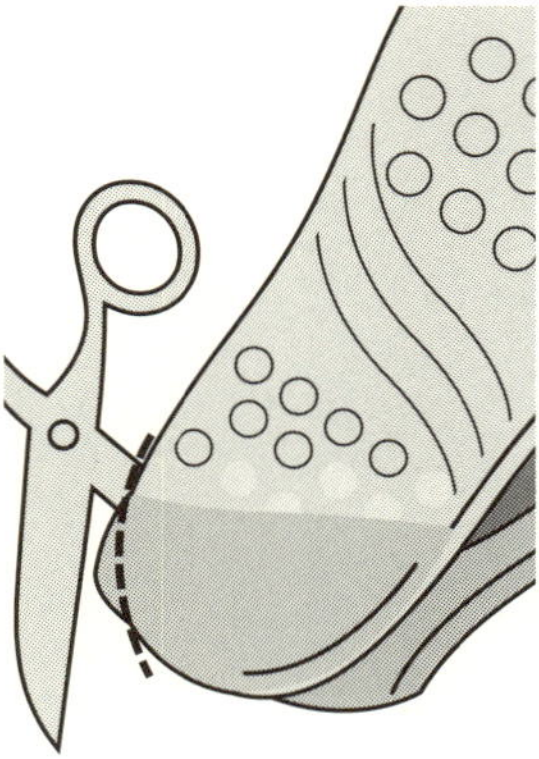

6 はみ出た部分をはさみやヤスリで整えます。

中敷きがはがれかけたサンダルの直し方

サンダルは素足で楽に履けますが、中敷きが比較的はがれやすいのが難点。ひどくならないうちに、接着剤でくっつけましょう。

1 中敷きの裏と貼りつける部分の汚れを布で拭き取ります。

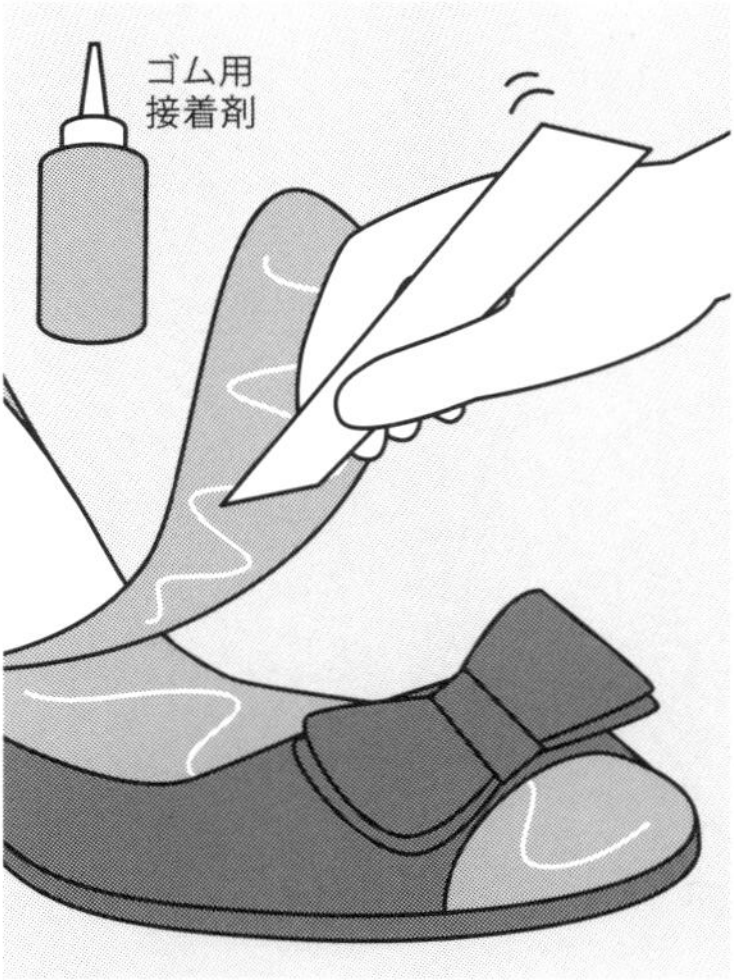

2 ホームセンターでゴム用の接着剤を購入し、中敷きの裏、貼りつける部分の両方に、ヘラなどを使って薄く均一に塗ります。

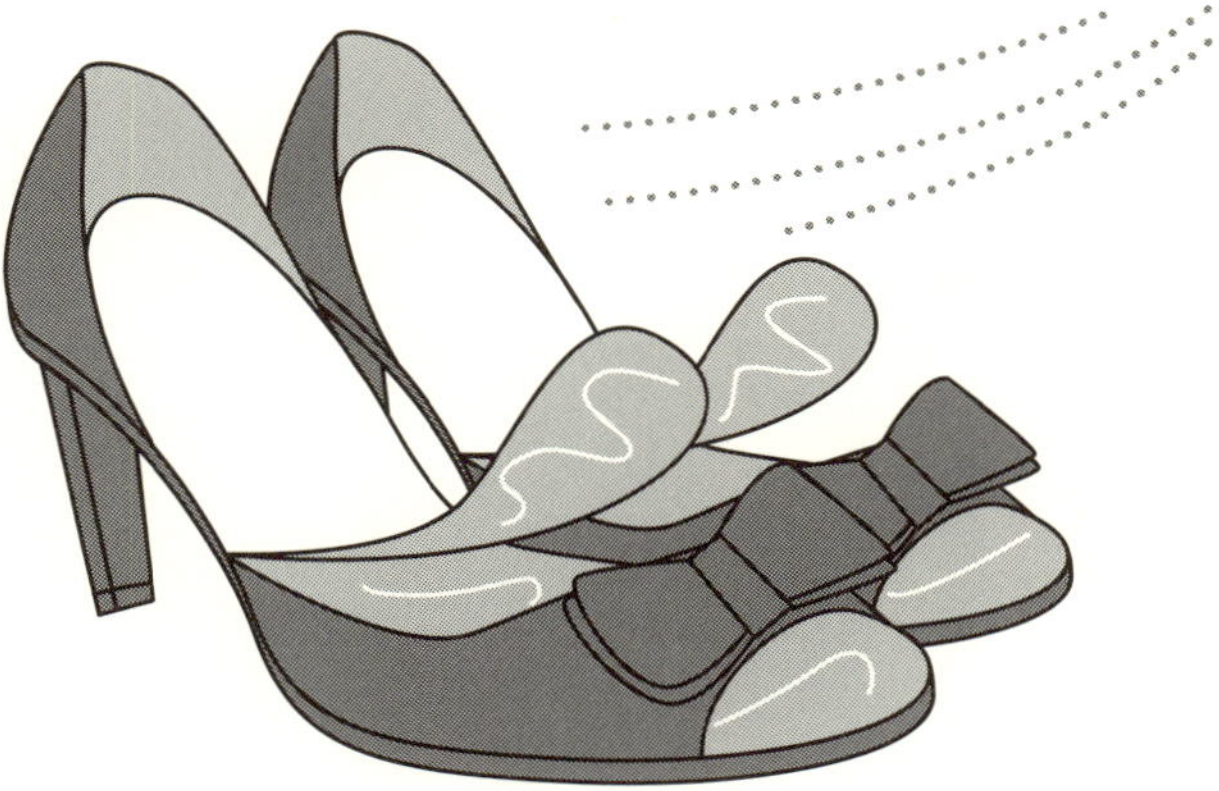

3 すぐに張り合わせないで、
5～10分程度乾かすのがポイントです。

4 接着剤が固まりかけたら、
指の腹で強く押さえつけながら、
かかとからつま先に向けて貼りつけていきます。

靴の臭いを取る方法

靴の臭いの最も大きな原因は汗。気になるようなら、靴に汗がしみこまないように中敷きを敷いて、履いた後にもしっかり手入れを。

1 靴を十分乾かしてから、汗を吸い取らせるために中敷きを入れます。

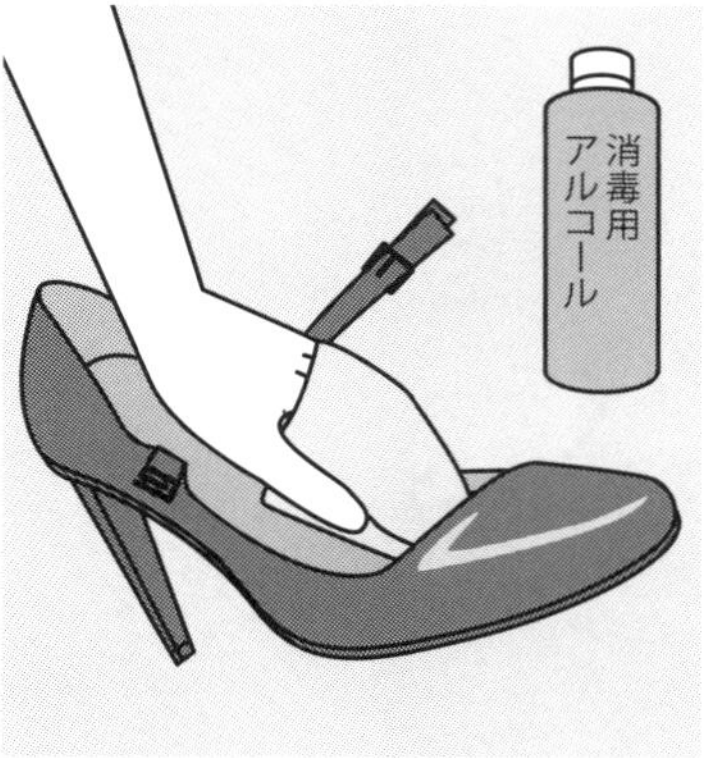

2 使用後、ドラッグストアなどで購入した消毒用アルコールを布に含ませて、中敷きと靴の中を拭きます。中敷きはこまめに取り替えます。

第3章

装飾品がピカピカになる

いつまでも美しいままでいてほしい
お気に入りの装飾品たち。
しかし、使っているうちに、
どうしても汚れてしまいます。
さあ、しっかり手入れしましょう。

シルバーアクセサリーの黒ずみを取る方法

あまりつけずにしまっておくと、酸化して黒ずんでしまうシルバーアクセサリー。ちゃんと手入れして、輝きを取り戻しましょう。

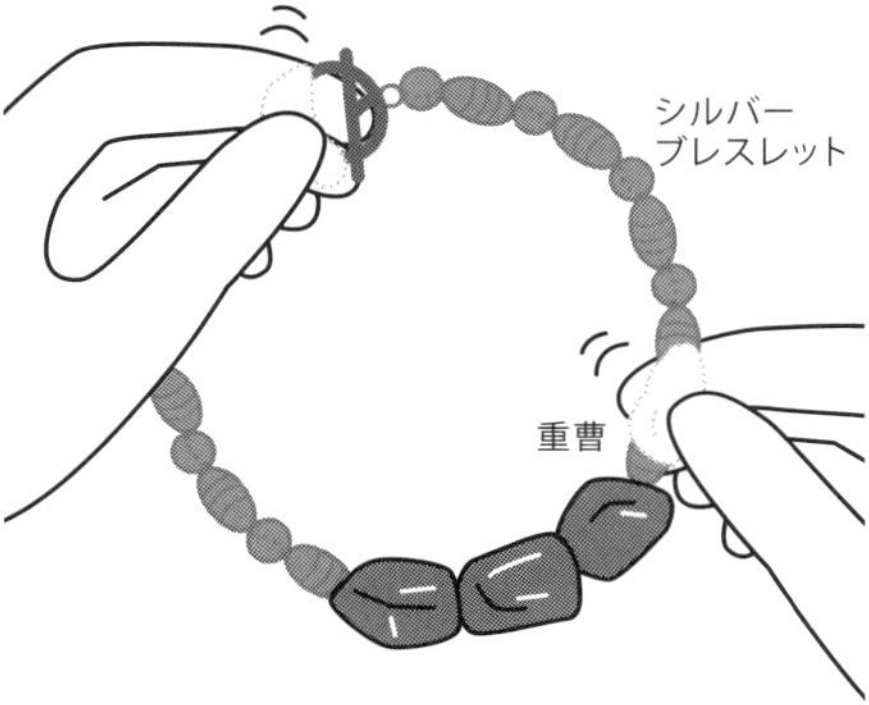

1 重曹に水を少し加えて練り、
指に直接つけて、
黒ずんだ部分をこすります。

2 しつこい黒ずみは、
歯磨き剤を指につけてこすると、研磨効果できれいになります。

3 細かい部分は、
歯ブラシに歯磨き剤をつけてこすります。

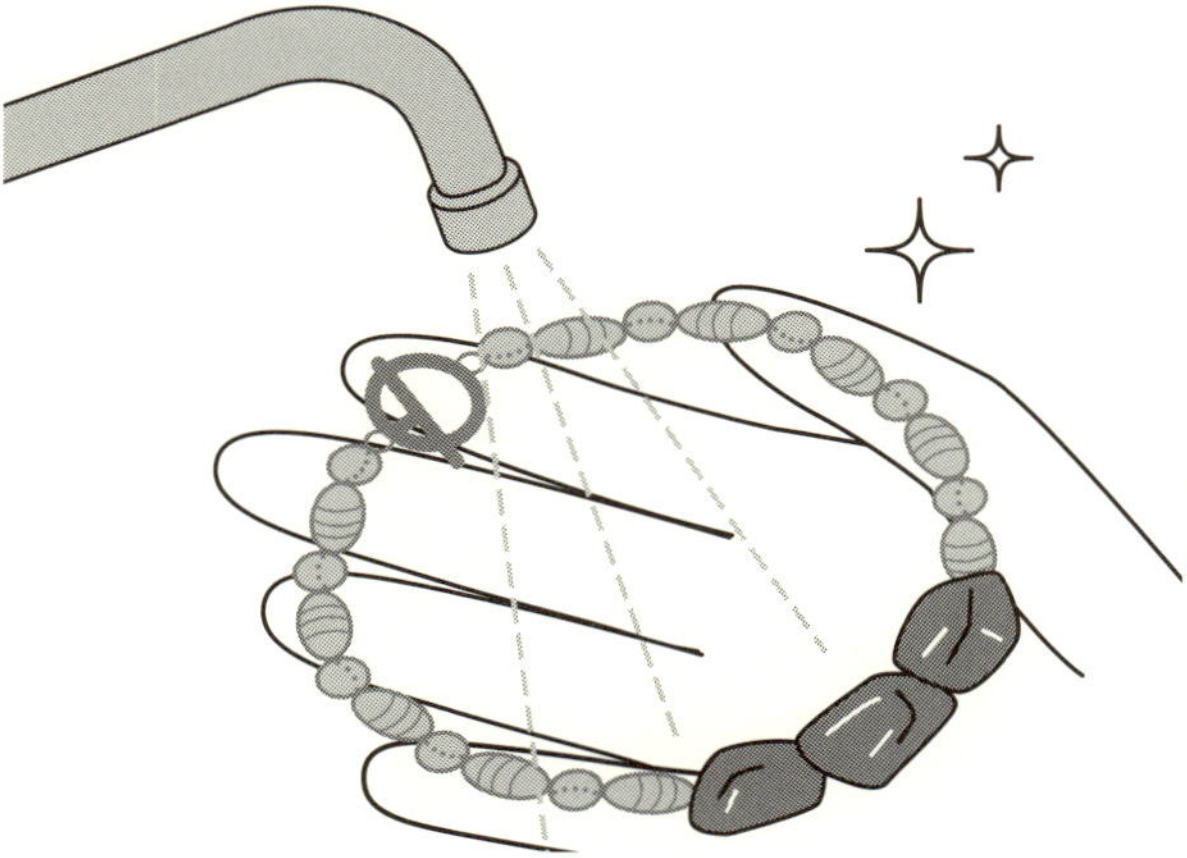

4 水洗いして、乾いた布で水分を拭き取り、
完全に乾かしてからしまいます。

くすんだダイヤモンドの輝きを取り戻す方法

油汚れがつきやすく、くすみやすいのがダイヤモンド。柔らかい布で磨くのが基本ですが、輝きを取り戻さない場合、しっかりしたケアを。

1 ぬるま湯に食器洗い用の中性洗剤を薄く溶かします。

2 ダイヤモンドのアクセサリーを入れて30分程度つけ置きします。

3 くすみが取れないようなら、
中性洗剤入りのぬるま湯につけたまま、
歯ブラシを使って汚れを落とします。

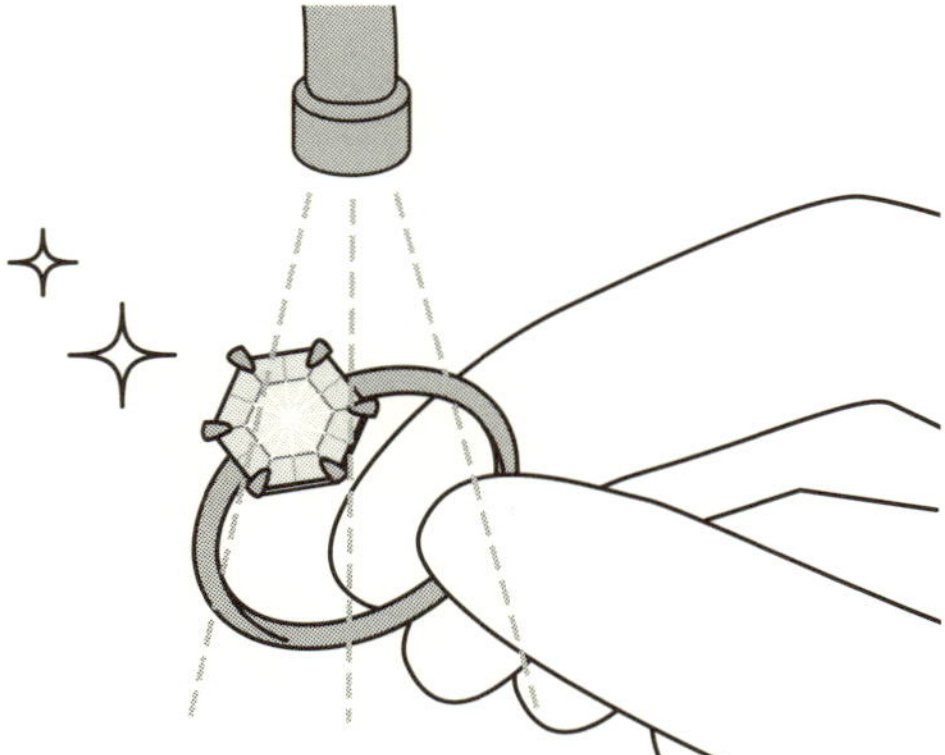

4 水洗いして洗剤をしっかり洗い流し、
乾いた布で水分を拭き取り、
完全に乾かしてからしまいます。

汚れた真珠の輝きを取り戻す方法

真珠は格別デリケート。身につけた後は、必ず拭いてからしまうようにします。汚れが目立つようになったら、思い切った手入れが必要です。

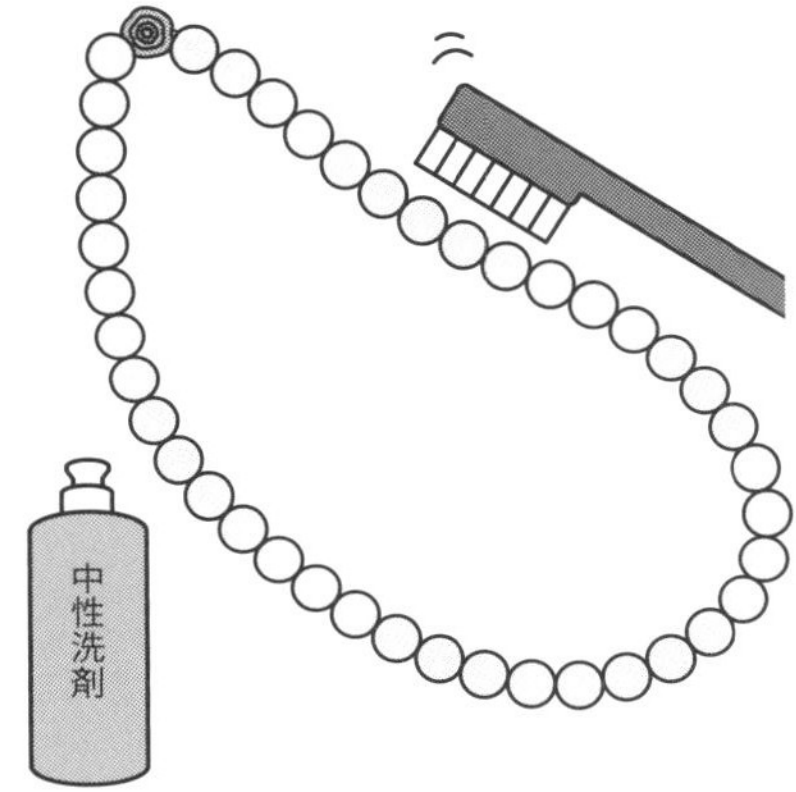

1 歯ブラシに食器洗い用の中性洗剤をつけて、手早く汚れを落とします。つやがなくなるので、絶対につけ置きしてはいけません。

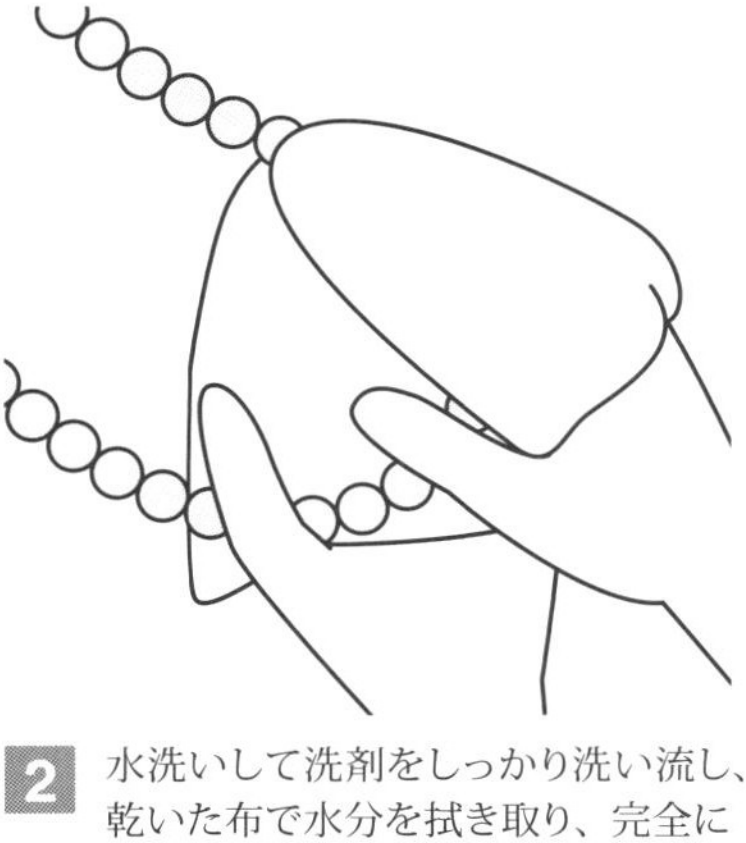

2 水洗いして洗剤をしっかり洗い流し、乾いた布で水分を拭き取り、完全に乾かしてからしまいます。

汚れたチェーンの手入れ

アクセサリー類のなかでも、手入れを怠りがちなのがチェーン。汚れに気づいたら、ひどくならないうちに、きちんと洗ってあげましょう。

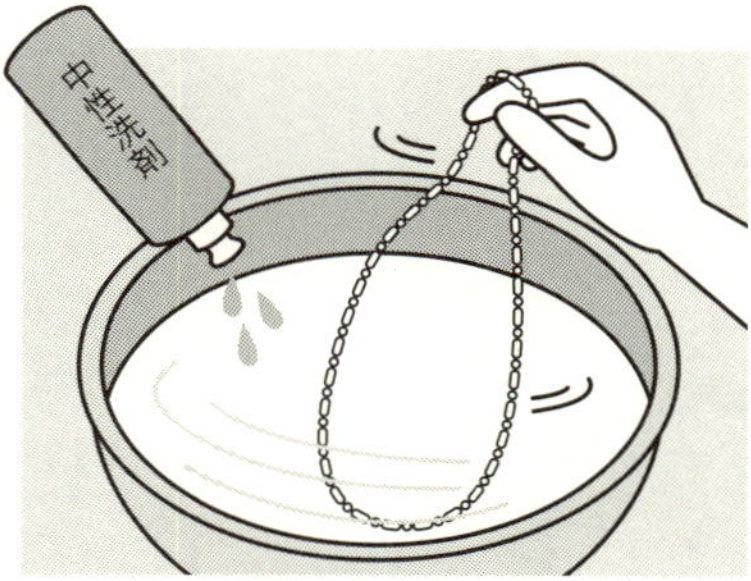

1 ぬるま湯に食器洗い用の中性洗剤を薄く溶かします。その中にチェーンを入れて、泳がせるようにして洗います。

2 汚れの落ちにくい部分は、中性洗剤入りのぬるま湯につけたまま、歯ブラシを使って汚れを落とします。

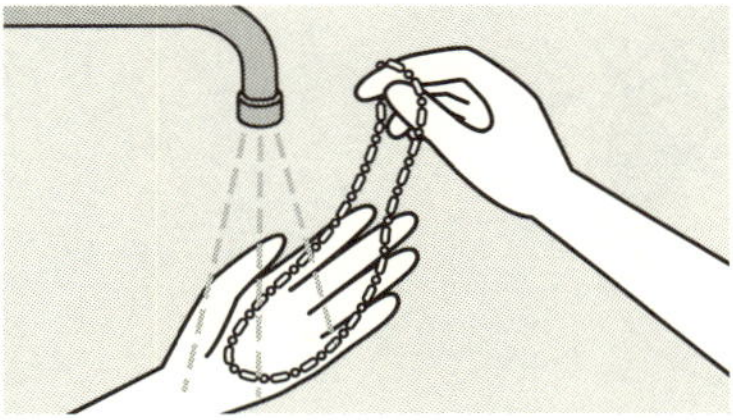

3 水洗いして洗剤をしっかり洗い流し、乾いた布で水分を拭き取り、完全に乾かしてからしまいます。

腕時計の汚れた金属バンドの手入れ

腕時計の金属バンドは肌に密着しているため、汗などで汚れがち。そのままだとサビにつながるので、時々、汚れを落とすようにしましょう。

1 石けんをぬるま湯に溶かし、軟らかい歯ブラシにつけて、バンドをこすり洗いします。時計本体に水がかからないように十分注意を。

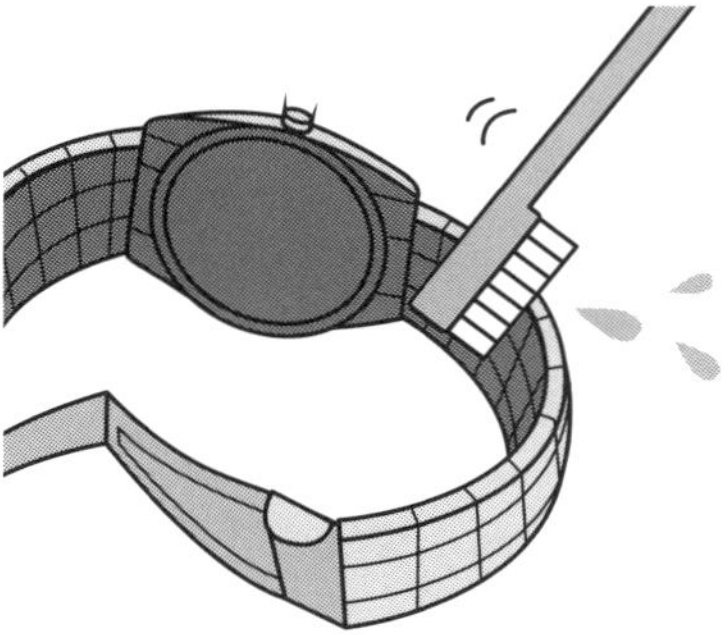

2 歯ブラシに水をつけて、バンドをこすって石けん水を落とし、乾いた布などで水気を拭き取ります。

腕時計の汚れた 革バンドの手入れ

革製のバンドも汚れたら、早めの手入れが必要です。なお、付けていると皮膚がかぶれる場合は、金属や合成皮革のバンドに交換しましょう。

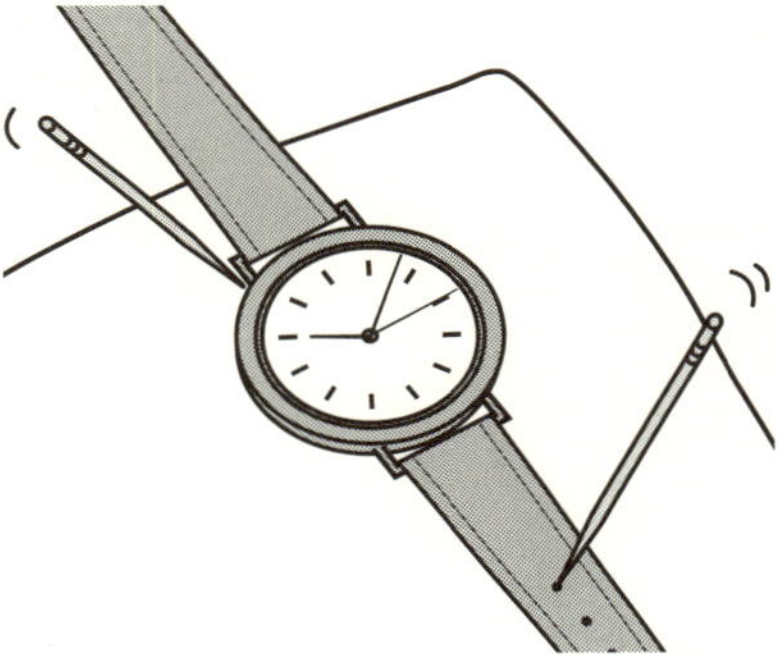

1 軟らかい布で全体の汚れを拭き取ります。隙間の汚れは爪楊枝で取り除きます。

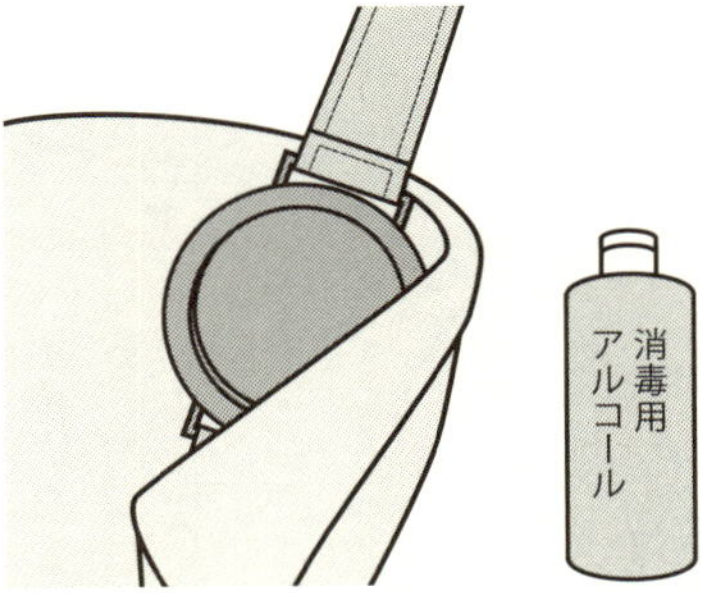

2 裏側は、ドラッグストアなどで消毒用アルコールを購入し、布に含ませて汚れを拭き取ります。

汚さないコツ

汗をかきやすい時期は、バンドを指1本分緩ませると、通気性が良くなって汚れを抑えることができます。

汚れた帽子の手入れ
［洗える場合］

帽子は汗で汚れやすいもの。まず、水洗いOKの洗濯表示を確認してから、型崩れしないように注意して洗うのがポイントです。

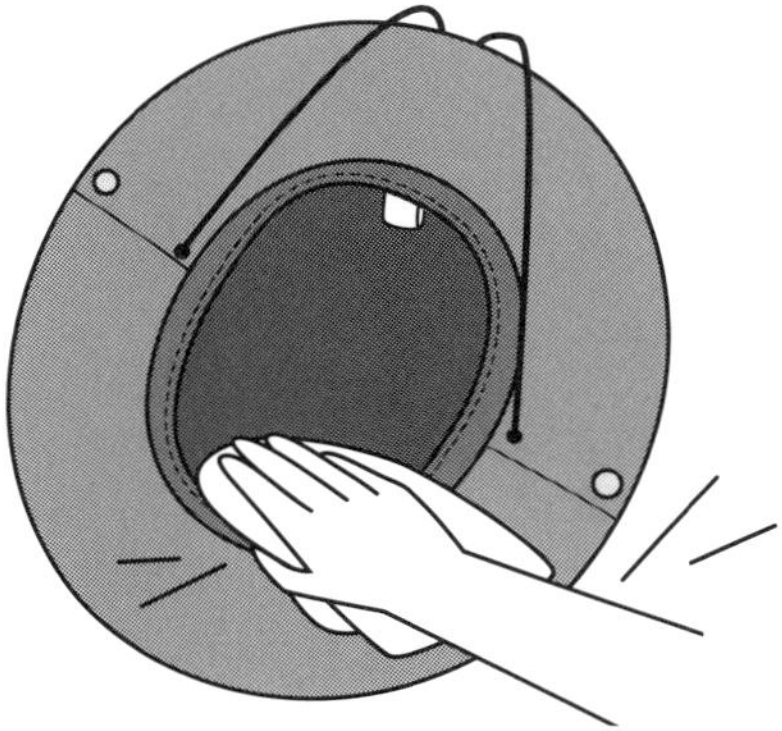

1 汚れのひどい部分や、ひたいが当たって汚れやすい内側は、洗濯用の中性洗剤をスポンジに含ませて叩きます。

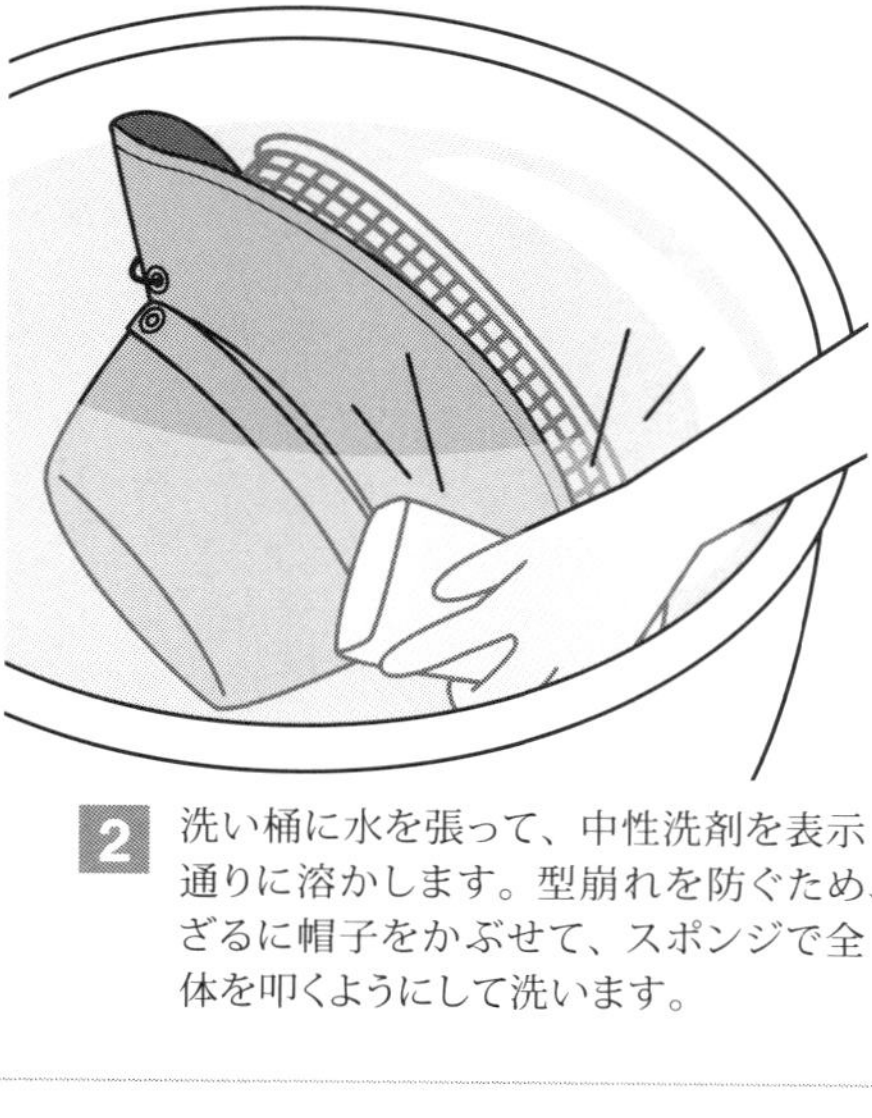

2 洗い桶に水を張って、中性洗剤を表示通りに溶かします。型崩れを防ぐため、ざるに帽子をかぶせて、スポンジで全体を叩くようにして洗います。

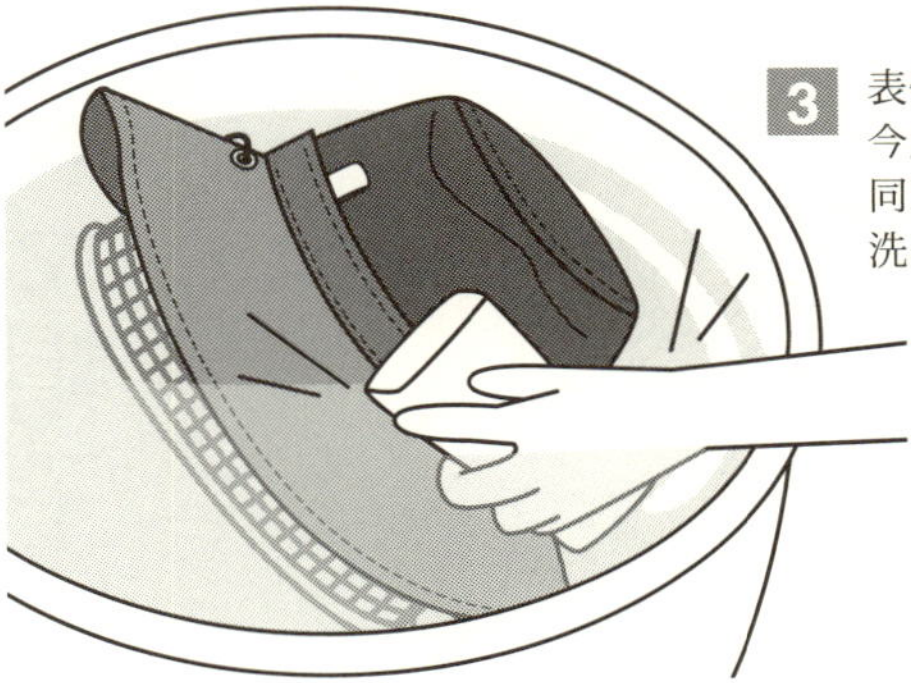

3 表側を洗ったら、今度は裏返して同じように洗います。

4 ざるにかぶせたまま、シャワーを当ててすすぎます。

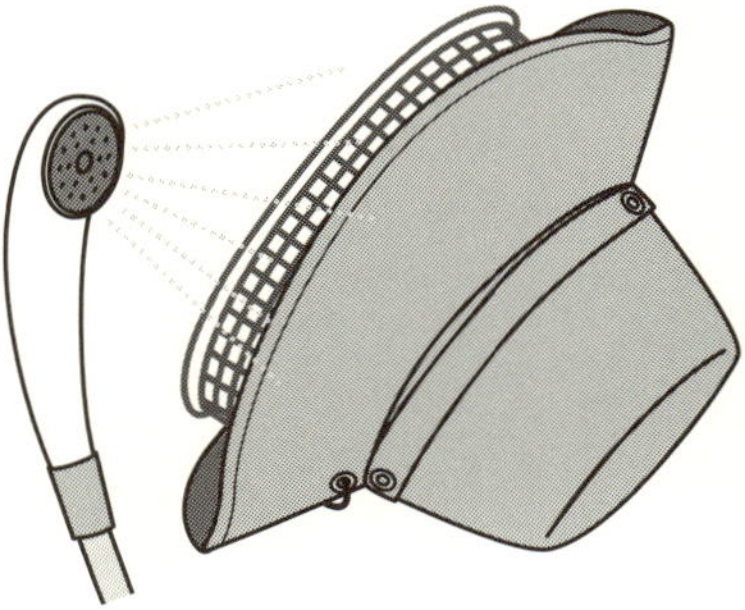

5 汚れが取れたら、乾いたタオルで水分を拭き取り、型崩れを防ぐため、帽子をざるにかぶせて陰干しします。

汚れた帽子の手入れ
［洗えない場合］

麦わら帽子やアクセサリーがついている帽子などは洗うことができません。洗剤を使わないで、汚れを丁寧に取りましょう。

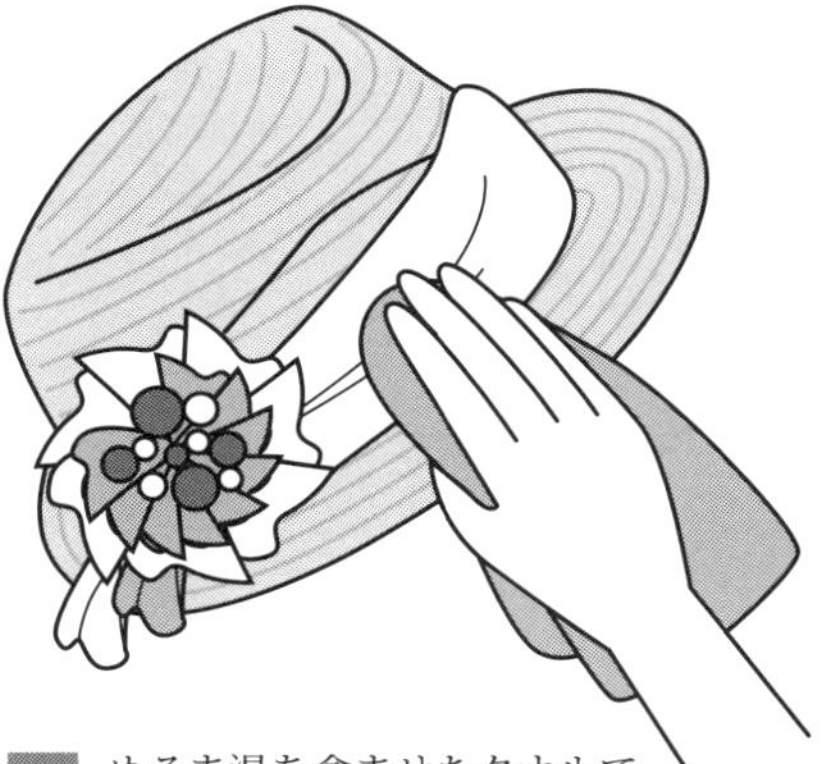

1 ぬるま湯を含ませたタオルで、汚れた部分を拭きます。水分が多すぎると、乾いた時に縮みやすいので注意。

2 汚れが取れたら、乾いたタオルで水分を拭き取り、型崩れを防ぐため、帽子をざるにかぶせて陰干しします。

汚れたスカーフの洗い方

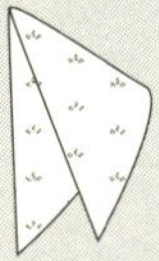

スカーフが汚れてしまっても、色落ちが怖くて洗えない…そんな人もいるのでは？ でも、優しく扱えば、スカーフだって洗えます。

1 洗い桶に水を張って、洗濯用の中性洗剤を表示通りに溶かし、スカーフをつまんで軽く振り洗いをします。水を入れ替えて、同じ要領で2回程度すすぎます。※事前に、目立たないところに原液をつけて、色落ちテストをしておきます。

2 白いタオルの上に広げて、タオルをかぶせるように押し当てながら水分を取ります。

3 乾ききる前に、裏側からアイロンをかけます。中央から角に向かって、円を描くようにかけるのがコツです。

汚れた絨《じゅう》毯《たん》の手入れ

部屋を彩る高級な絨毯も、足の裏からの汗や脂分などで汚れていきます。月に1回程度、しっかり拭き掃除すると、きれいなままで長持ちします。

1 バケツ１杯のぬるま湯に、食器洗い用の中性洗剤を薄く溶かします。

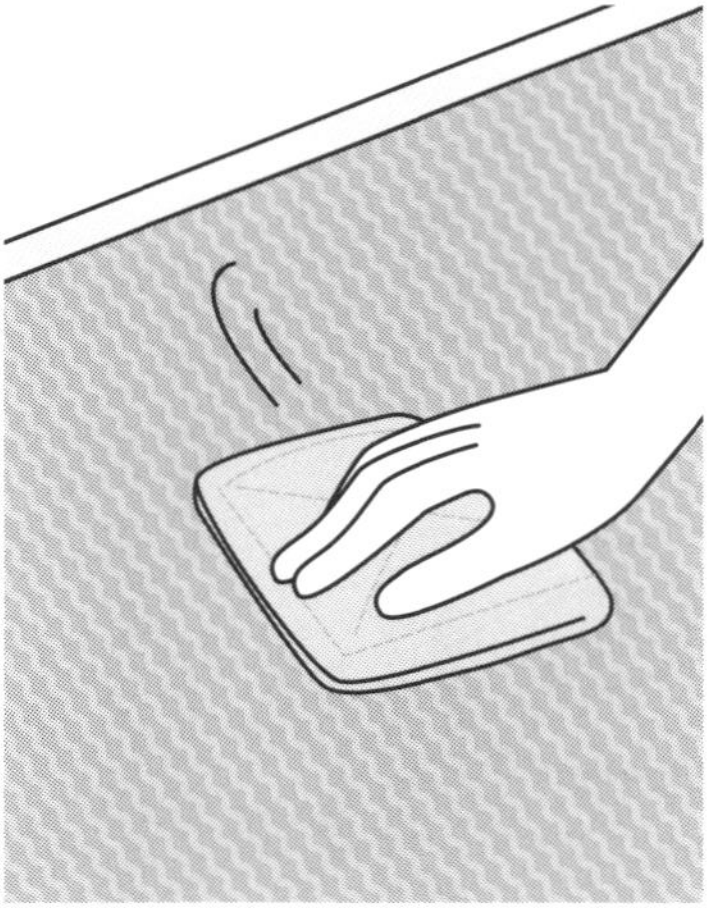

2 雑巾を洗剤液につけてから固くしぼり、絨毯の目に沿って拭きます。

第4章

住まいが快適に変わる

住まいが傷んでしまうと、
快適に暮らすことはできません。
壁や床、水回りなど、
手入れすべきところを見つけたら、
すぐに行動に移しましょう。

トイレの水が流れない時の直し方

トイレのトラブルで多いのが、レバーを回しても水が流れないこと。部品に問題があれば、ホームセンターで購入して直します。

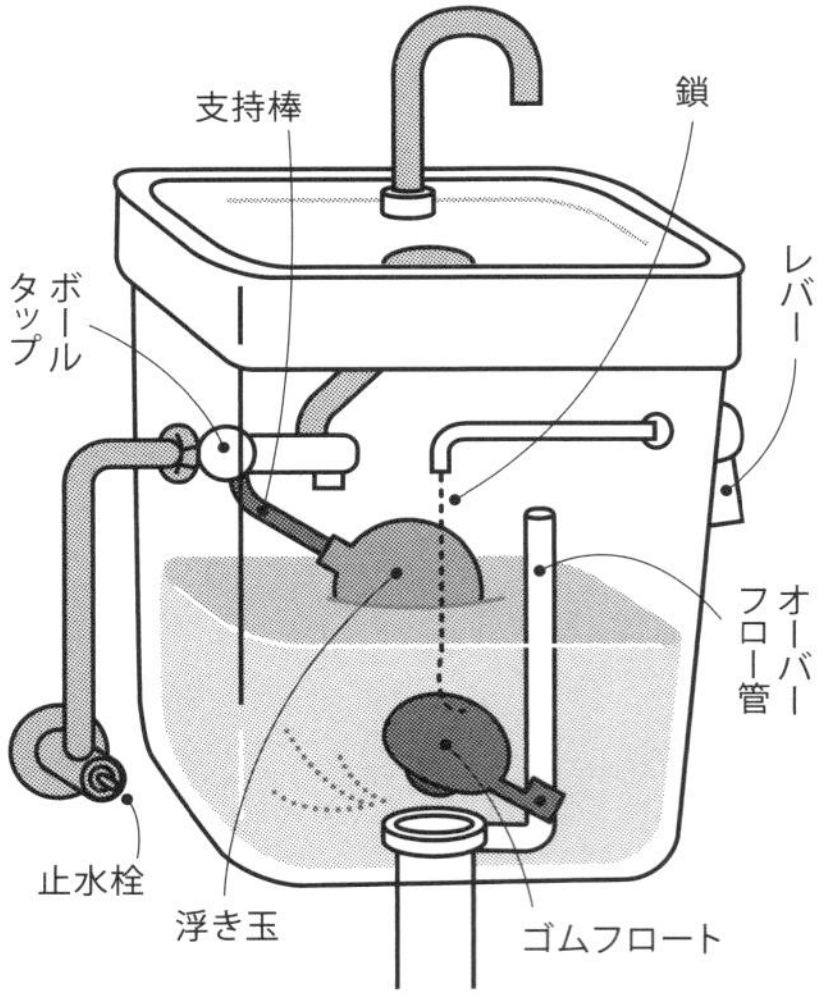

1 まず、タンクの止水栓を確認。きつく締まっているのが原因の場合、左に少し回すと水流が強くなって直ります。

2 止水栓に問題のない場合、タンクのふたを開けてチェックします。

3 浮き玉が壁面などに引っ掛かっていれば、支持棒を動かして壁から離すなど調節します。水位が下がっている場合は、浮き玉が水にきちんと浮くまで、バケツなどで水を加えて調節します。

4 浮き玉に問題のない場合、ゴムフロートとレバーを結ぶ鎖を点検し、外れていたらつなぎます。

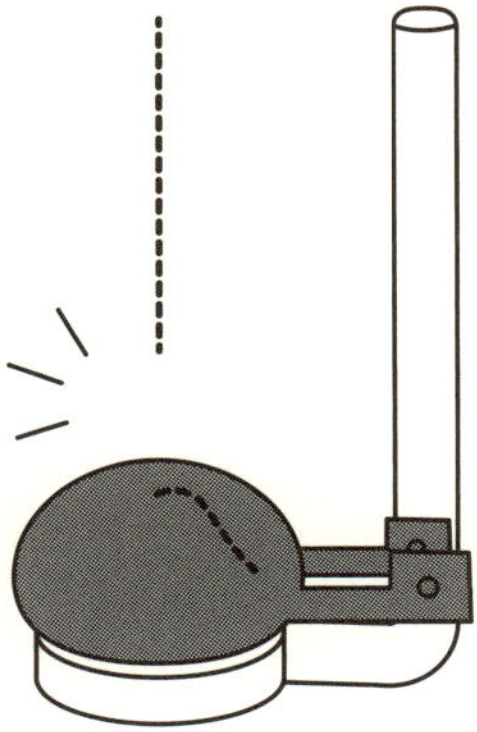

トイレの水が止まらない時の直し方

トイレの水を流したら、止まらなくなった…。これも、トイレのよくあるトラブル。浮き玉とゴムフロートをチェックしてみましょう。

1 浮き玉が外れているのが原因の場合、支持棒につないで調節します。

2 ゴムフロートがオーバーフロー管から外れている場合、正しくはめ直します。

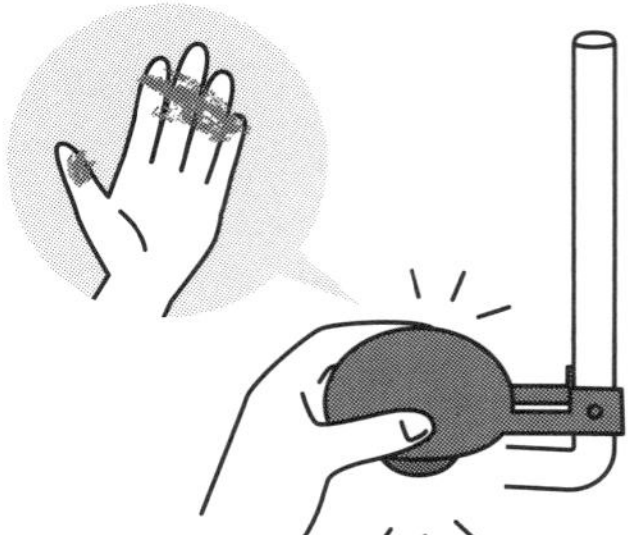

3 ゴムフロートをさわってみて、黒い汚れが手につくようなら、根元から外して、ホームセンターで新しいものを購入して取り替えます。

水の出が悪い シャワーヘッドの直し方

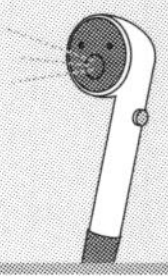

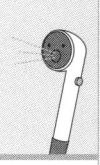

シャワーの水がうまく出なくなった場合、シャワー板の汚れが原因であることが大半。ヘッドを交換する前に、きちんと手入れしましょう。

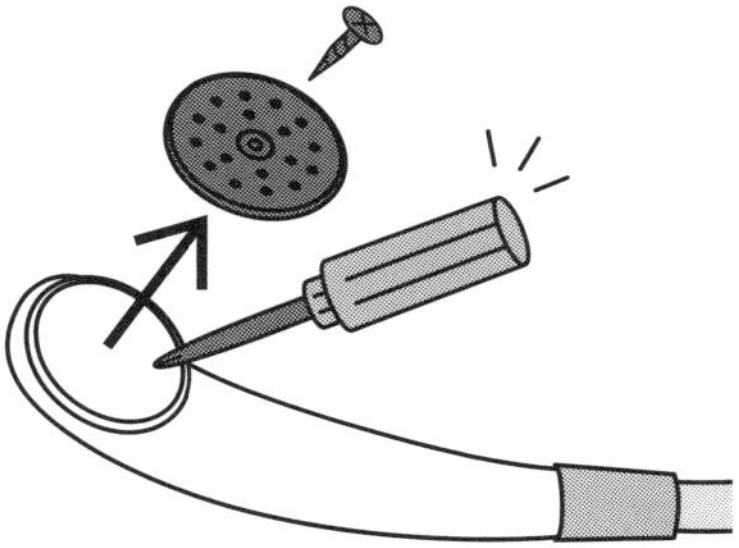

1 シャワー板を固定しているネジをゆるめて板を外します。ネジがないものは板を回して外します。

2 板の裏側を歯ブラシでこすり洗いします。汚れがひどい場合、浴室用洗剤をつけて洗います。

3 改善しない場合、針で穴を真っ直ぐに刺して汚れを取ります。

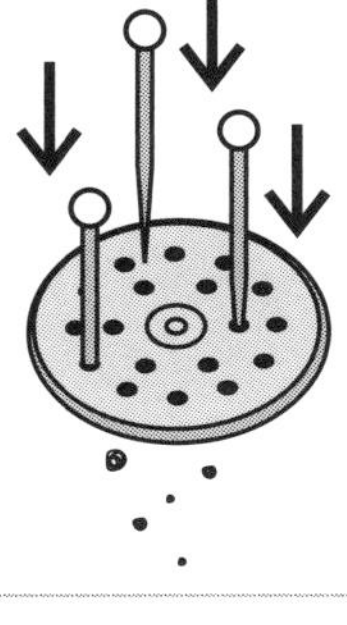

水道の水漏れの止め方

水滴程度の水漏れでも、積もれば水道代が馬鹿になりません。ホームセンターで「コマ」などの部品を購入して、早く直しましょう。

2ハンドル式の場合

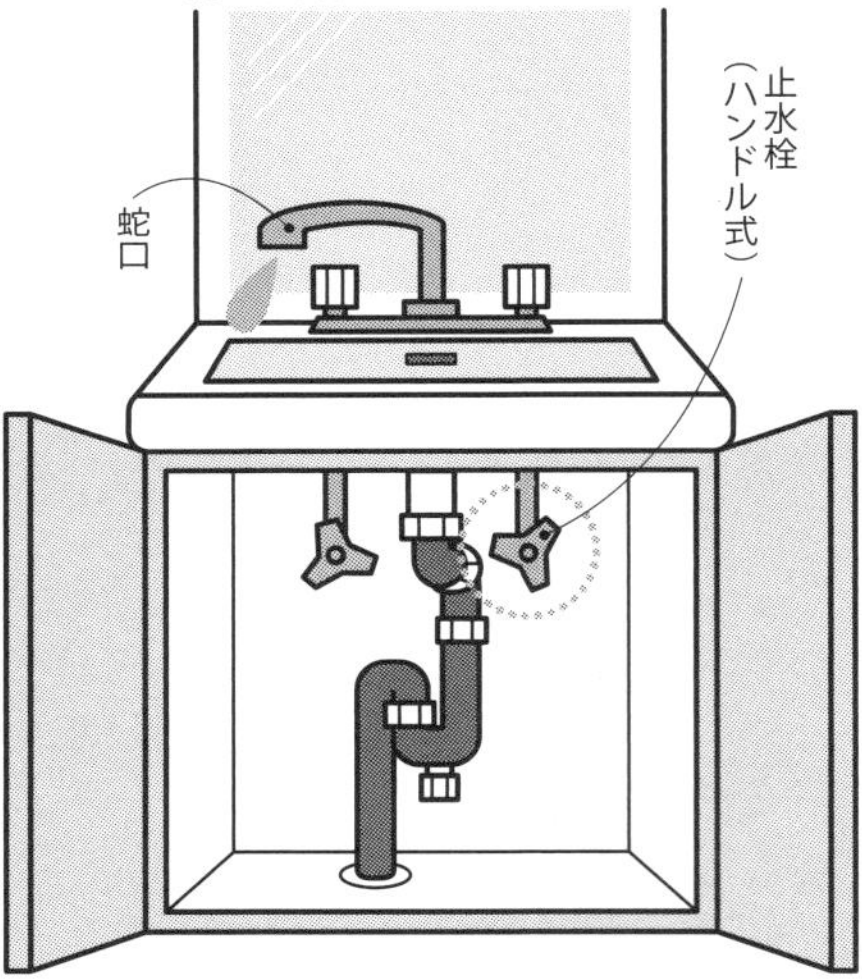

1 作業前には必ず、屋外にある元栓か、洗面台の下にある止水栓を右に回して止めます。止水栓にはいろいろなタイプがあります。

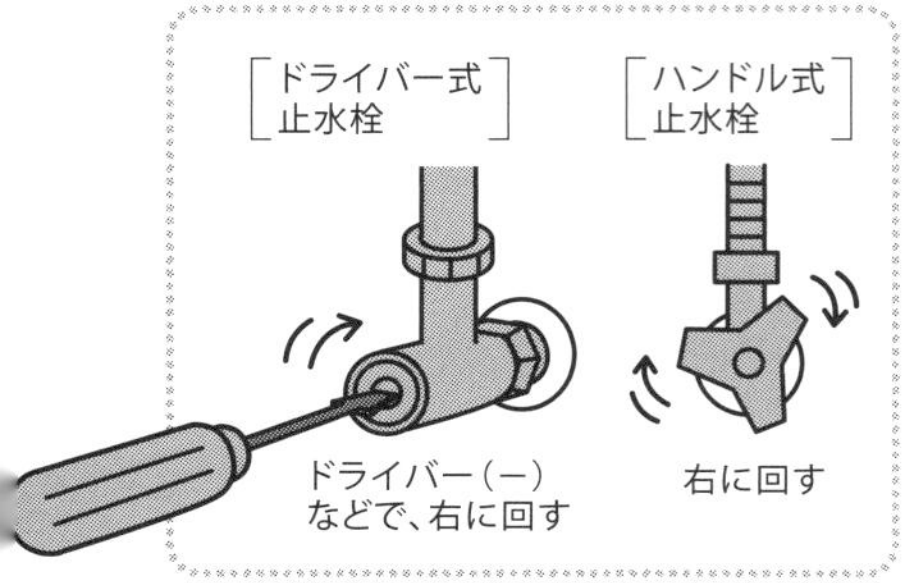

■蛇口の部品■

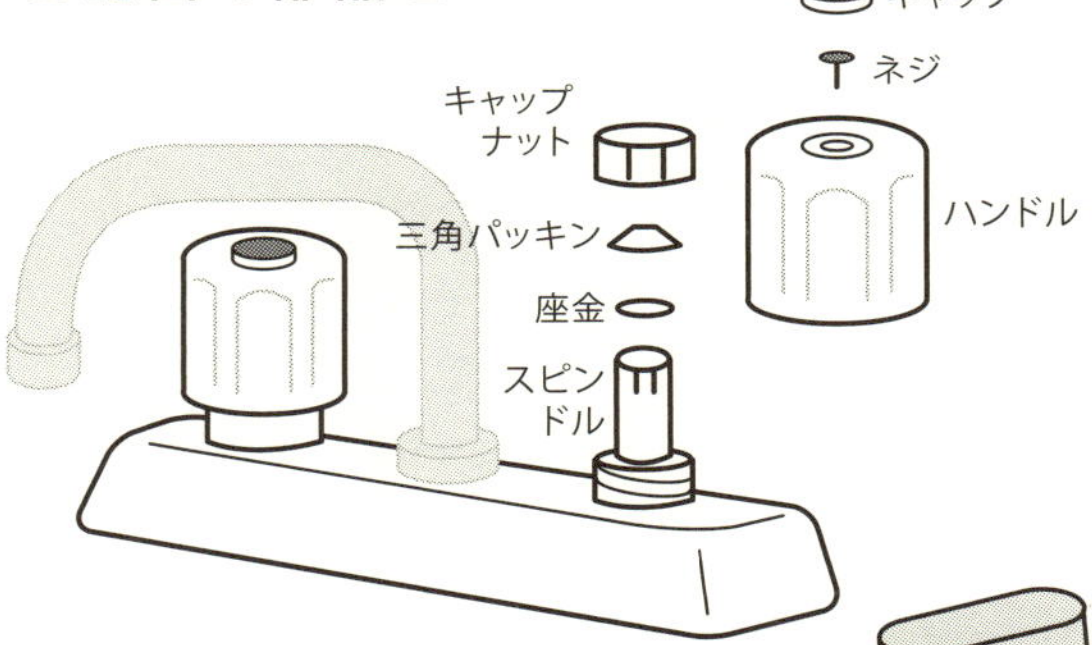

※シングルレバー混合栓の場合は作業が難しいので業者に頼みましょう。

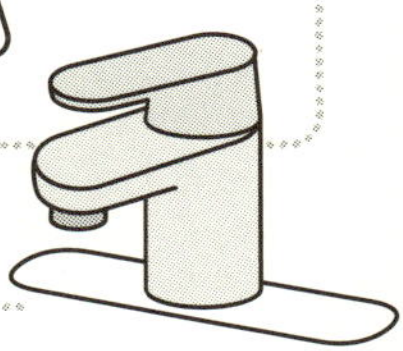

2 キリか先の細いドライバー(—)などでキャップを押し上げて外します。

3 ネジをドライバー(+)で外し、ハンドルを引き抜きます。

◀次ページに続きます

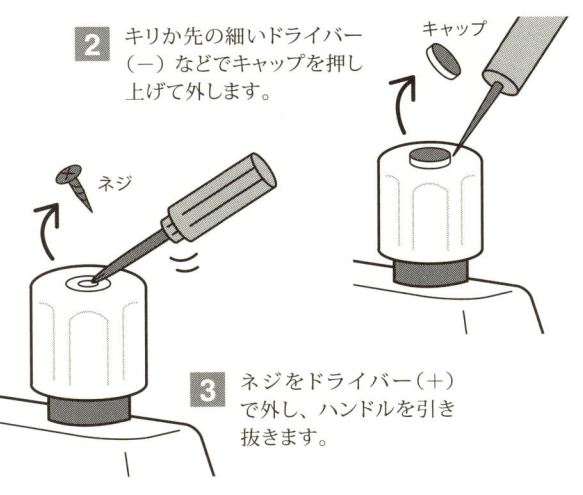

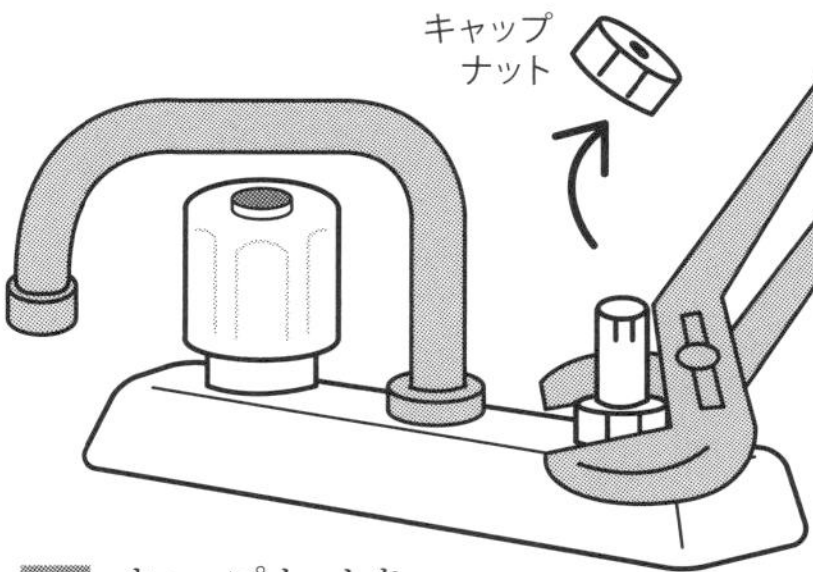

4 キャップナットを
プライヤーなどでゆるめて外します。

5 スピンドルを回して、三角パッキンと座金を外します。

6 ピンセットなどでコマをつまみ出して交換します。コマパッキンだけを交換する手もあります。その後、逆の手順で元の状態に戻します。

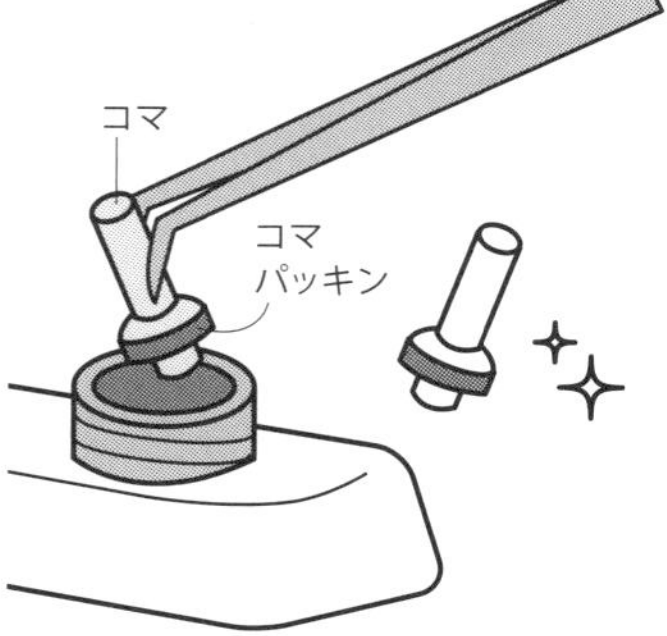

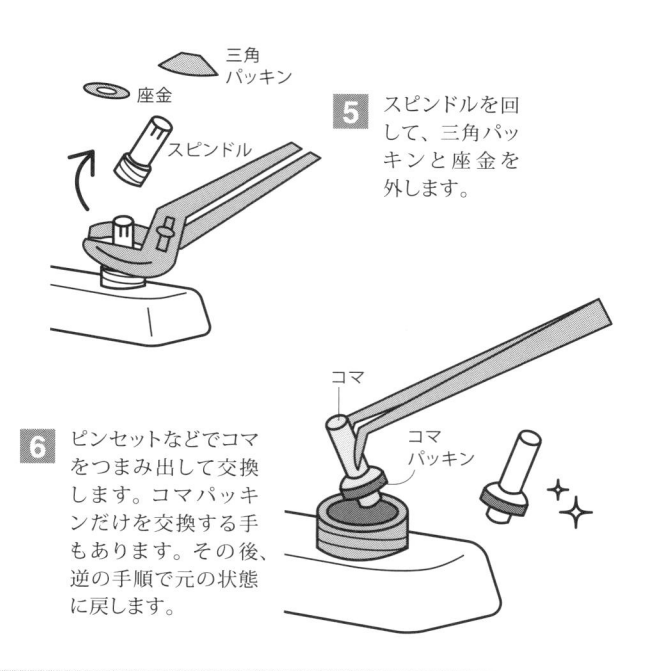

きしむフローリングの直し方

フローリングの上を歩いたら、ギシギシ…と嫌な音がする。こうした場合、板と板の継ぎ目がこすれていることが多いもの。手入れは簡単です。

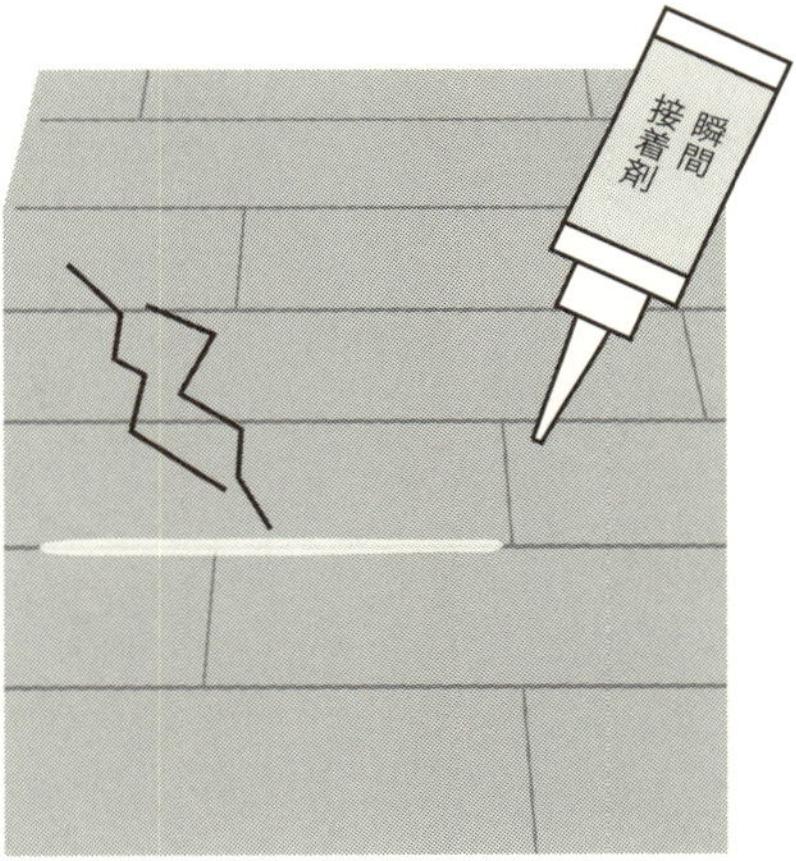

1　板と板の継ぎ目に瞬間接着剤を流し込みます。

2　接着するまで、継ぎ目の両側の板の上に重しを乗せておきます。

フローリングについた傷の手入れ

ものを落としたり、ひっかいたりで、フローリングに傷はつきもの。ホームセンターで着色補修剤を購入して、目立たないように手入れを。

1 傷ついた部分を濡れ雑巾でよく拭きます。

2 透明の着色補修剤を塗ります。それでも傷が目立つなら、フローリングと似た色の着色補修剤を塗ります。

フローリングについた焼け焦げの消し方

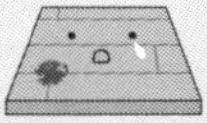

タバコなどによるフローリングの焼け焦げはけっこう目立ちます。ひと手間かけて手入れして、元通りに近い状態にしましょう。

1 焼け焦げの部分を彫刻刀やカッターの先で削り取ります。

2 ホームセンターで着色補修剤を購入して塗り込みます。

畳についた焼け焦げの消し方

畳はい草などの自然素材でできているので、火には弱いものです。焼け焦げができたら、サンドペーパーと絵の具を使って手入れしましょう。

1 焦げた部分を400番程度の細めのサンドペーパーで軽くこすります。

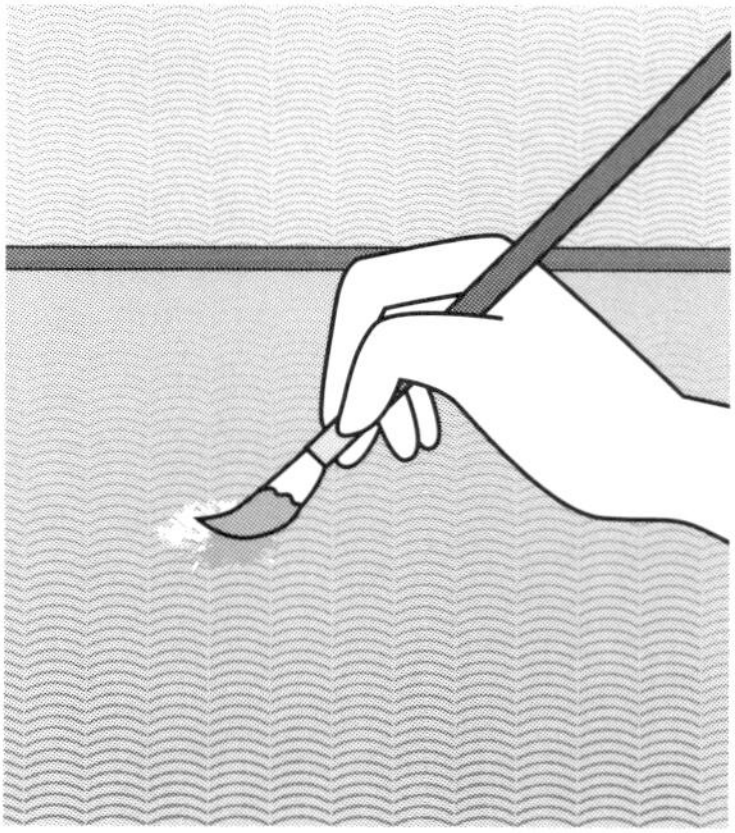

2 畳と同じ色に水彩絵の具を混ぜ合わせて、筆で畳の目に沿って塗ります。

畳のへこみの直し方

畳の上に重い机や家電を置く場合、敷板をしないと、へこんでしまうことがあります。対処の仕方はあるので、試してみましょう。

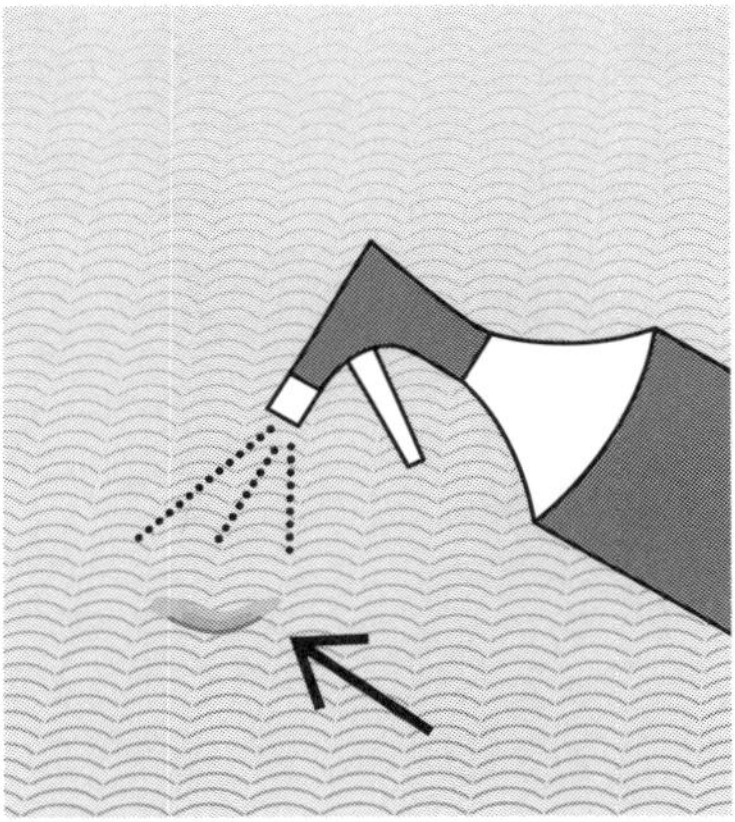

1 へこんだ部分を
霧吹きで湿らせます。

2 タオルなどの当て布をして、中温程度のアイロンを軽く当てます。へこみが戻るまで繰り返します。

畳のささくれ、黄ばみの直し方

畳は時間がたつにつれて、黄ばんだり、ささくれやすくなります。もう古いから…とあきらめないで、きちんと手入れすることが大切です。

ささくれを直す

木工用接着剤を水で３倍程度に薄めて、畳の目に沿って筆や指で押さえながら塗りつけます。

黄ばみをなくす

水に酢を１％程度混ぜた薄い酢水を作り、雑巾を固く絞って拭き掃除をします。天気の良い日に窓を開けて行い、速く乾かします。

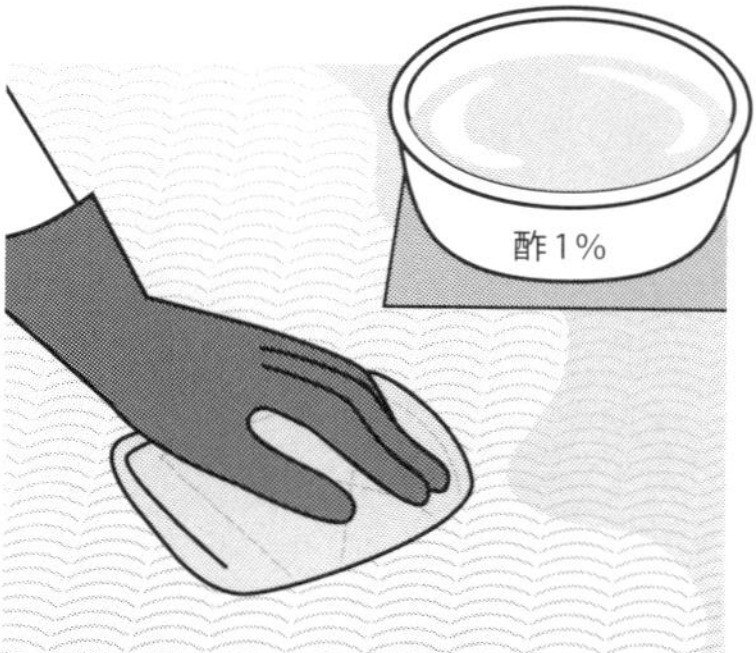

壁クロスに開いた穴のふさぎ方

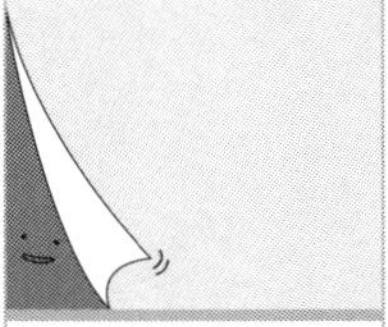

ポスターやカレンダーなどを貼った時にできる壁クロスの穴。ホームセンターで専用の充填剤を購入して、目立たないようにふさぎましょう。

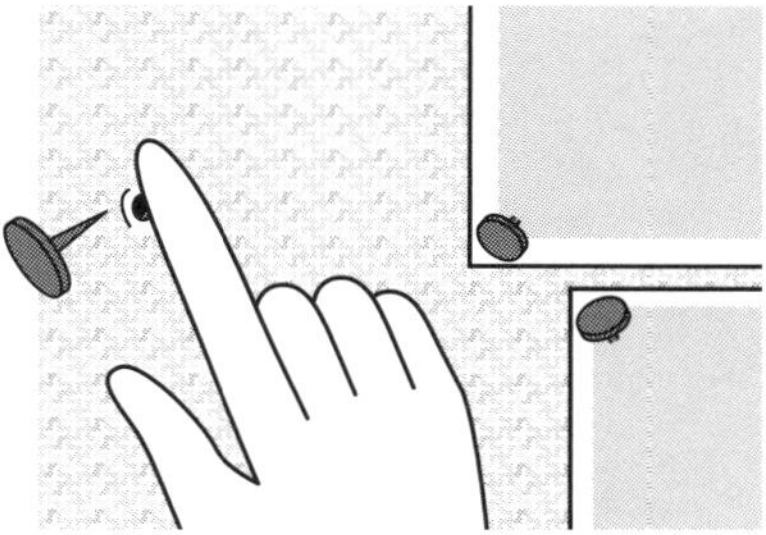

1 画鋲やピン、ネジ穴などの周りに盛り上がりがある場合、指で押して平らにします。

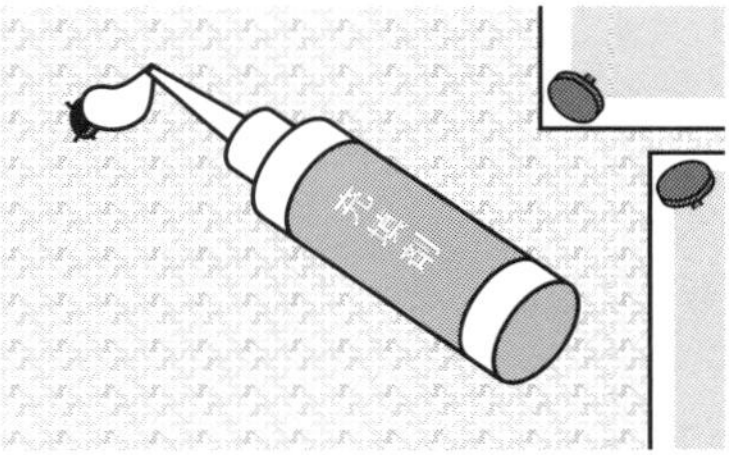

2 水性アクリル樹脂系の充填剤を穴に注入します。

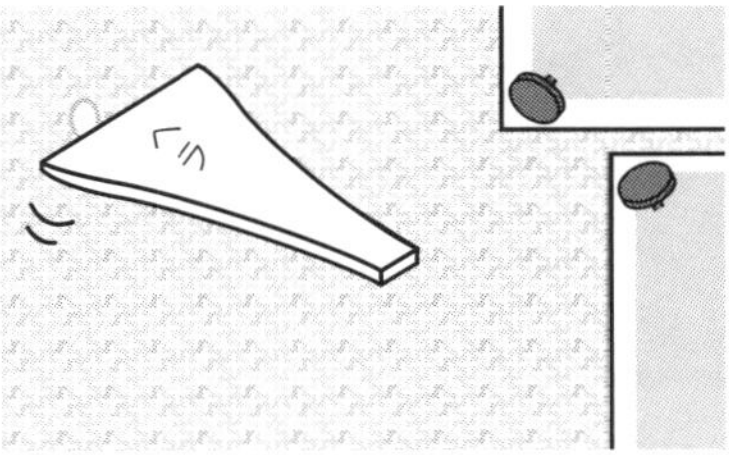

3 余分な部分をヘラでこすり取って平らにします。色が合わない場合は水彩絵の具などを塗ります。

はがれた壁クロスの直し方

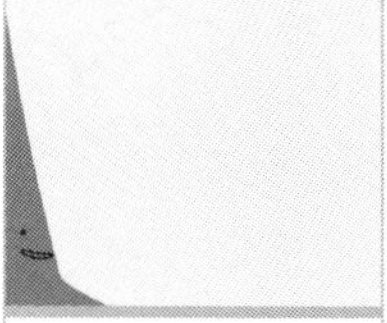

壁クロスの継ぎ目がはがれると、部屋の雰囲気が何だか古ぼけてしまいます。専用の接着剤を購入して、元のように蘇らせましょう。

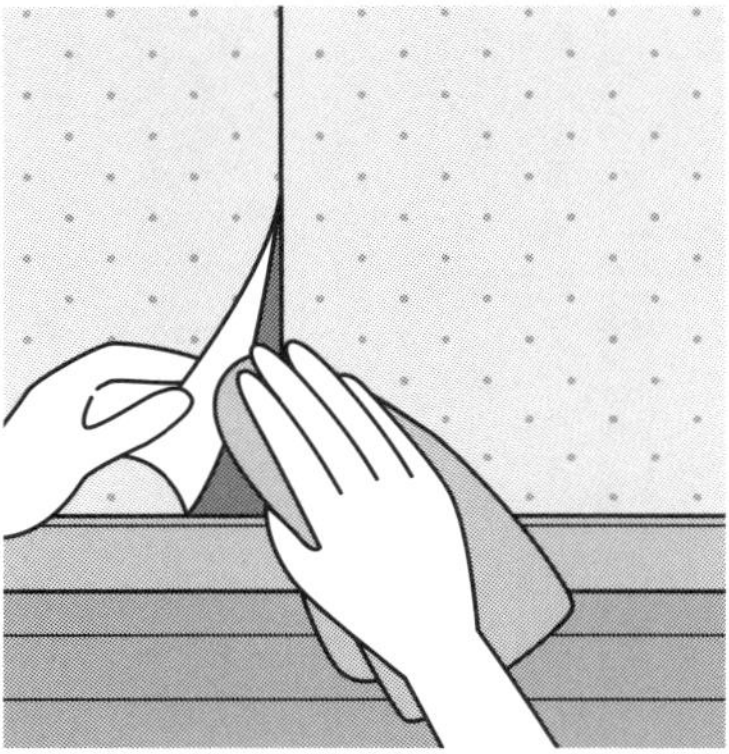

1 はがれは小さなうちに直します。まず、はがれた壁クロスの裏側の汚れやほこりを雑巾などで拭き取ります。

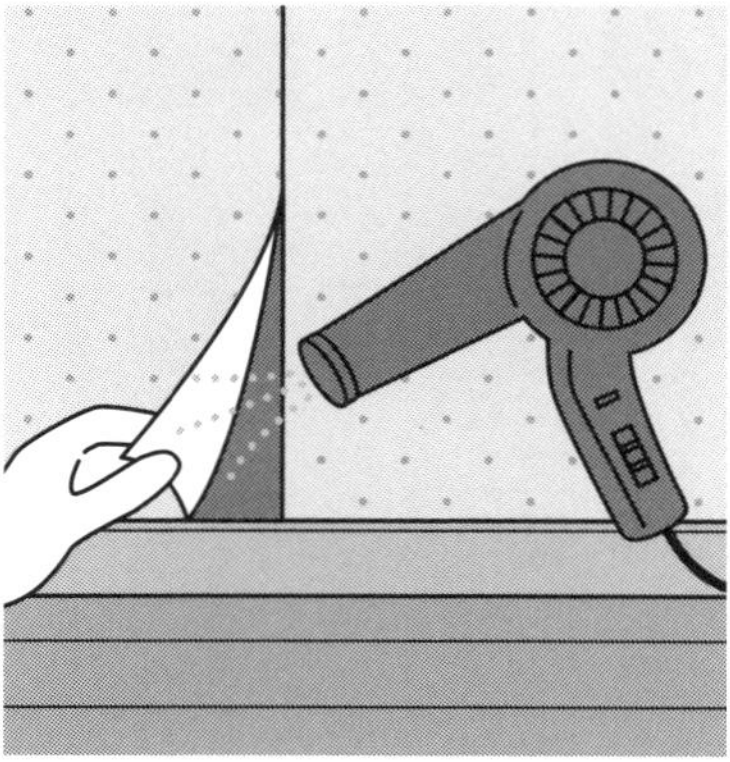

2 めくれぐせがついている場合、布や紙クロスには蒸しタオルを当て、ビニールクロスにはドライヤーの温風を当てて直します。

3 ホームセンターで壁クロス用接着剤を購入し、ヘラや歯ブラシなどで均一に塗ります。

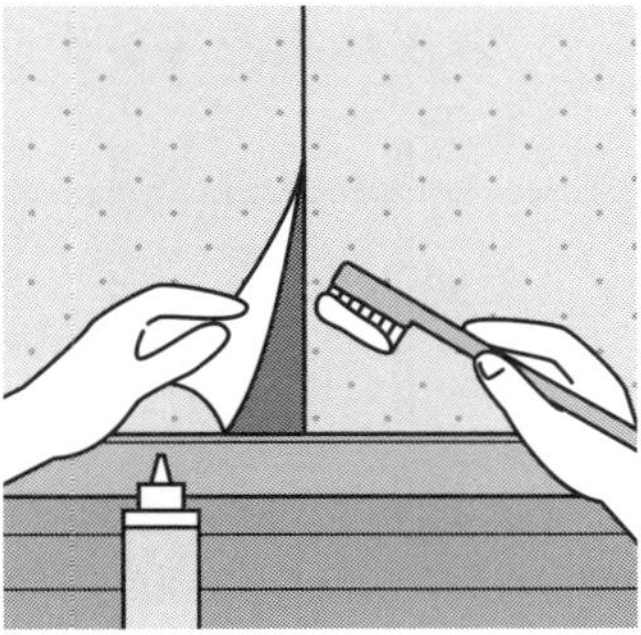

4 壁と壁クロスの間の空気を押し出すように貼ります。ビンなどを転がしながら貼るとうまくいきます。

5 接着剤が乾くまで押しピンなどで押さえておきます。

穴の開いた障子の手入れ

障子の全面を張り替えるのはなかなか大変な作業。穴が開いたり、破れたりした程度なら、部分的な手入れをするのが現実的です。

小さな穴をふさぐ

1 穴を隠すように、障子用の補修シールを貼ります。余った障子紙があれば、穴に合わせて切り、のりで貼ってもかまいません。

2 裏側にも同じように補修シールを貼ります。

3 補修跡を目立たせたくない場合、穴が開いていない部分にも貼れば、透かし入りの障子のように見えます。

大きな穴をふさぐ

1 大きな穴は1枠ごと張り替えます。まず障子の裏側の桟に定規を当てて、カッターナイフで四角く切ります。

2 水をつけた刷毛や筆で桟に貼られている部分を湿らせ、内側の1枠分だけを丁寧にはがします。

3 桟にのりをつけます。

4 1枠分の大きさに切っておいた障子紙を丁寧に貼ります。

カーテンレールの直し方

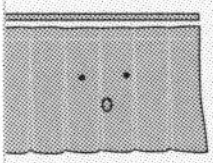

カーテンレールはネジで取りつけられているので手入れは簡単。取りつけや位置をずらす場合は、壁の内部構造に注意して行いましょう。

カーテンレールの構造

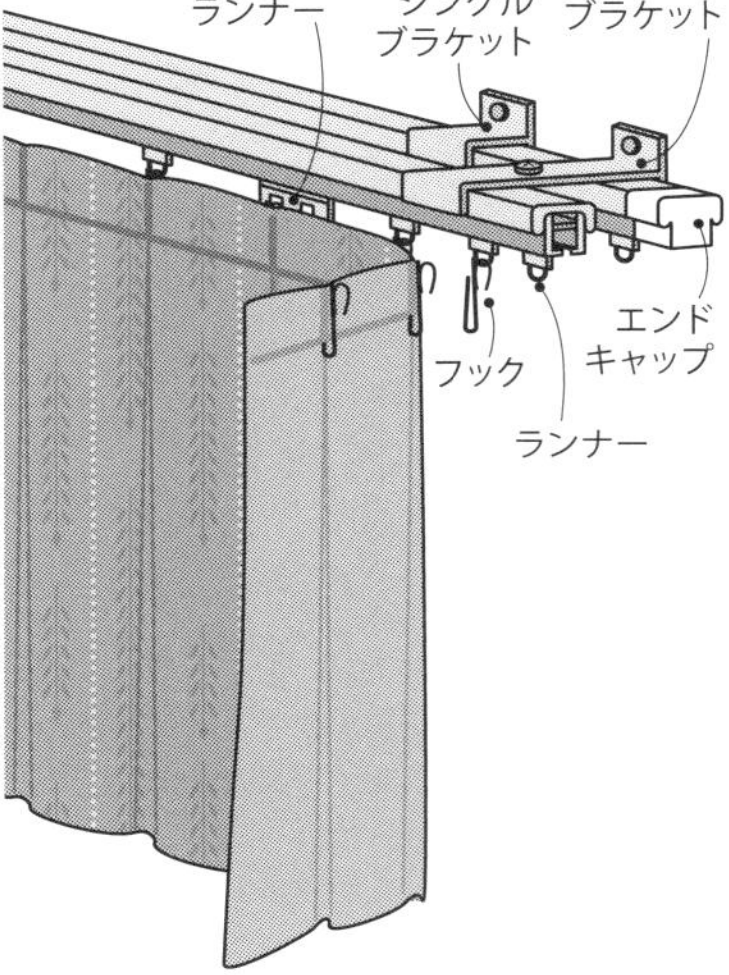

ぐらつきを直す

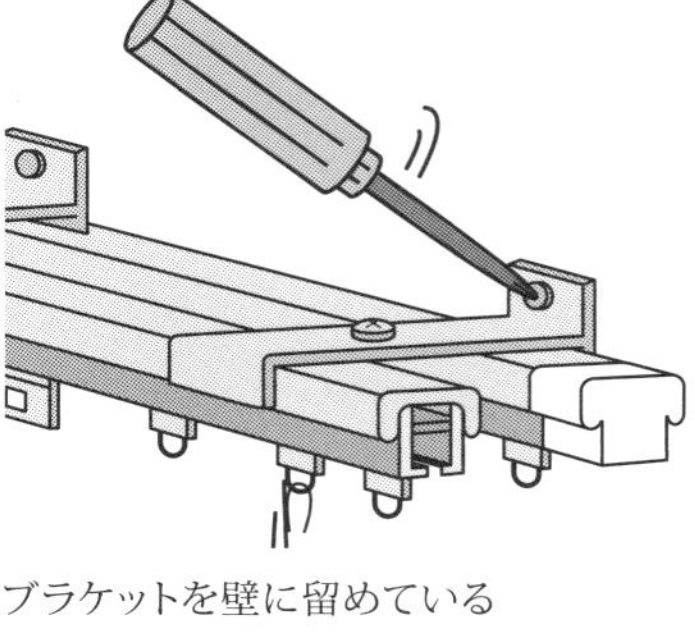

ブラケットを壁に留めているネジを締め直します。

カーテンレールを取りつける

1 壁をこぶしやドライバーの柄などで叩き、柱などの下地を見つけます。軽い音がするところは裏が空洞なので避けます。建築会社に下地の場所を尋ねるのが最も確実です。

2 ブラケットをつける位置を決めて、鉛筆などで印を付けます。

3 ネジを締めやすいように、キリなどで下穴を開けます。

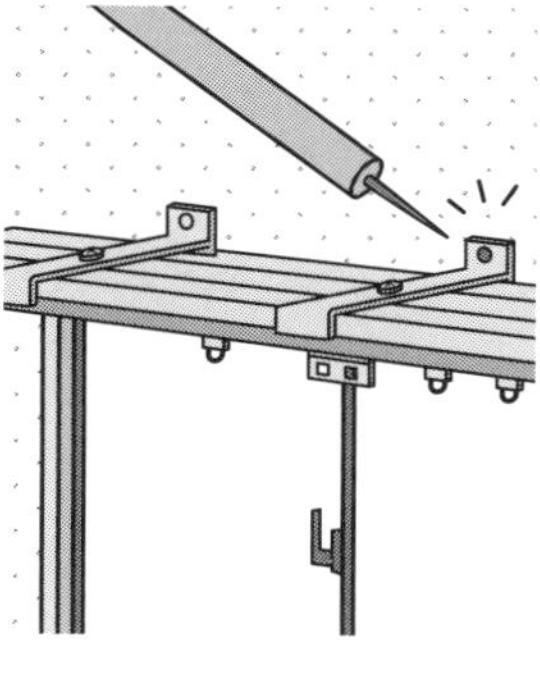

4 ブラケットをネジで締めていきます。2人で作業すると能率があがります。

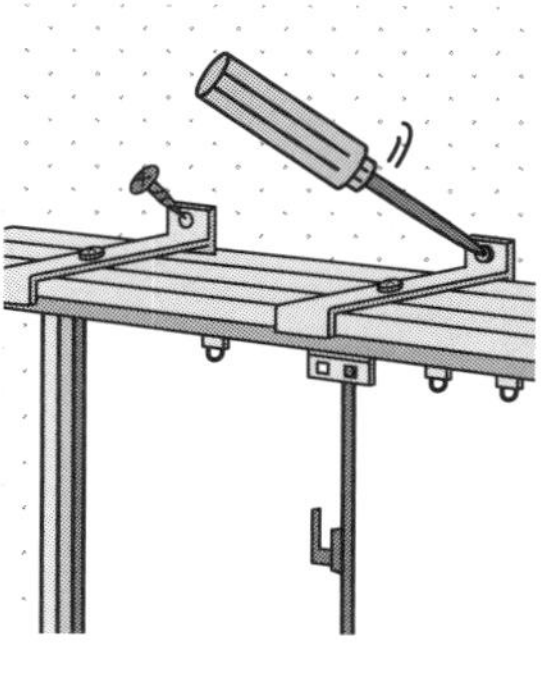

節電にもきくエアコンの手入れ

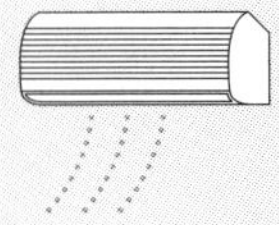

エアコンのメンテナンスを怠ると、衛生的でないのに加えて、電気の使用量も増えます。きちんと手入れして、しっかり節電しましょう。

エアコン本体の手入れ

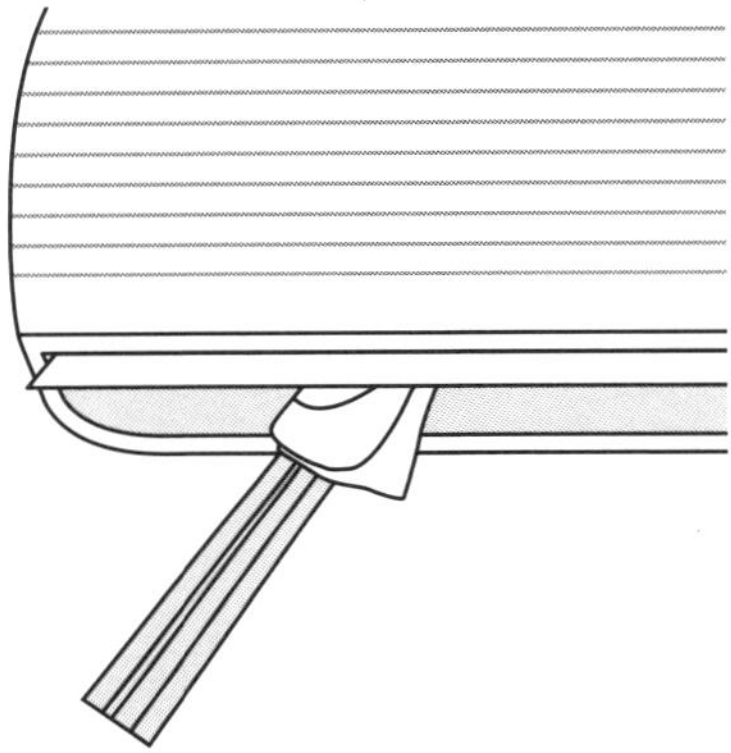

1 吹き出し口にほこりがたまっていたら、割り箸にティッシュペーパーを巻いて取り除きます。

2 汚れていたら、住宅用洗剤を含ませた布で拭き取ります。

フィルターの手入れ

2週間に1回程度、フィルターを掃除すると、
冷暖房の効率があがります。

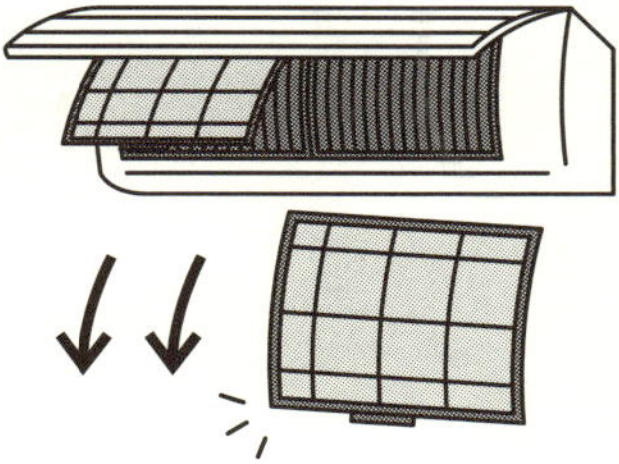

1 まず、エアコンのふたを開けてフィルターを取り出します。

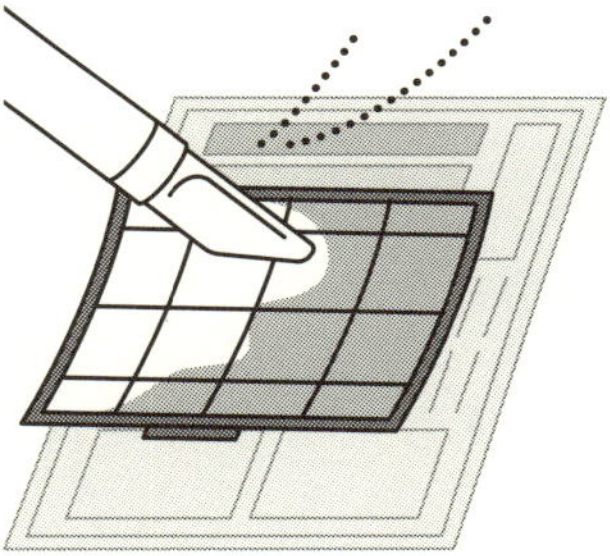

2 フィルターの裏に新聞紙を当てて、掃除機でほこりを吸い取ります。

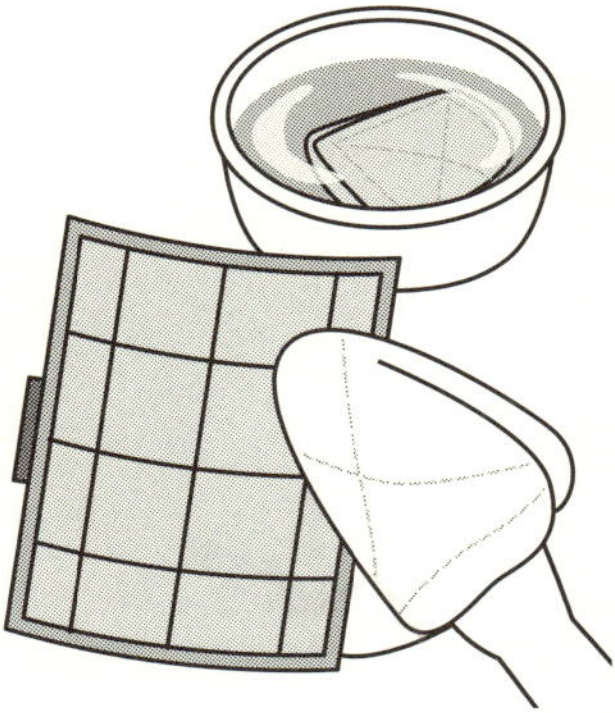

3 汚れがひどい場合、中性洗剤を薄く溶かして、雑巾などに含ませて拭きます。

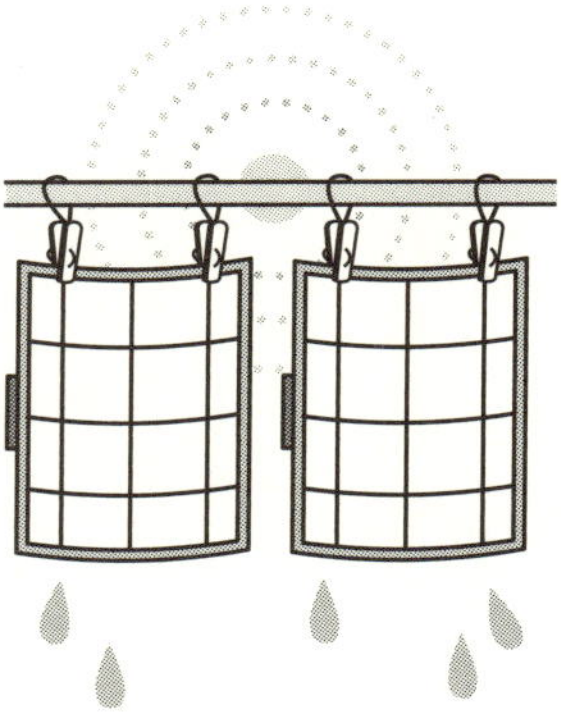

4 カビが生えないように、十分乾かしてから取りつけます。

ガラス用フィルムの貼り方

ガラス用フィルムには地震時の飛散防止用、紫外線カット、目隠し用などいろいろなタイプがあります。２人で手際よく作業しましょう。

1 濡れないように周りをビニールや新聞紙などで保護しておき、水200ccに食器洗い用洗剤を2～3滴加えた液をガラス面にスプレーして、ゴムのヘラで汚れをこそげ取ります。

2 フィルムをガラスよりも2cmほど大きめに切ります。

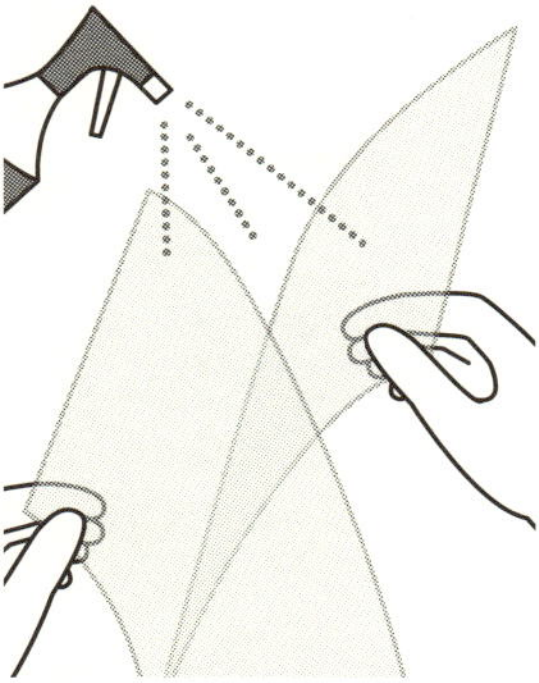

3 フィルムをはがします。この時、粘着面に洗剤液をかけながら行います。

4 ガラス面に洗剤液をスプレーして、フィルムを丁寧に貼ります。

5 フィルムに洗剤液をスプレーし、ヘラを押し当てて、フィルムとガラス面の間の空気を抜くようにしてしっかり貼りつけます。

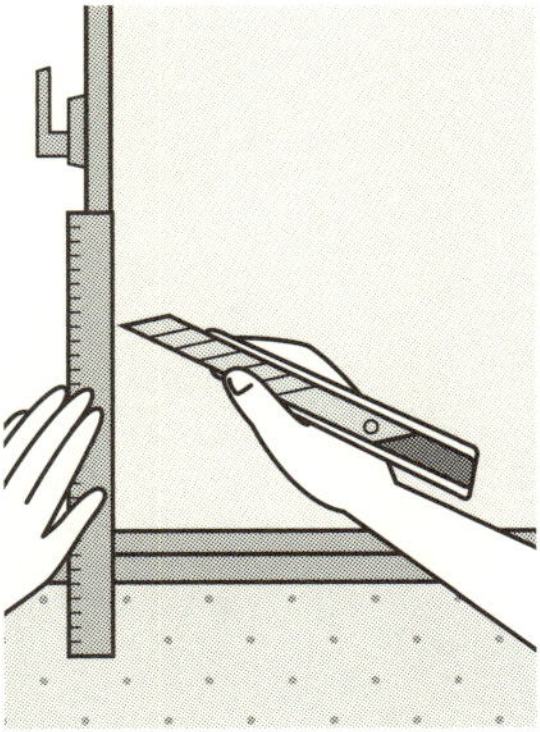

6 余分な部分をカッターで切り取ります。

家具の地震対策

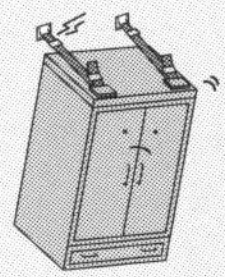

地震で家具が転倒したら、大けがをしたり、逃げ道をふさがれたりする恐れがあります。万一のために、しっかり固定しておきましょう。

突っ張り棒で固定する

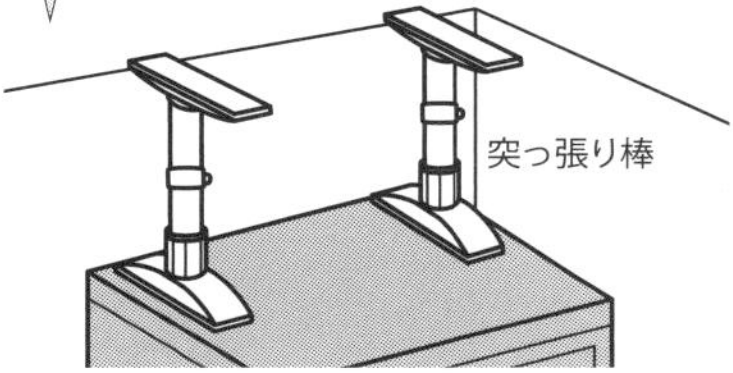

1 たんすや食器棚などの背の高い家具は、突っ張り棒で固定する方法があります。

耐震用ベルト器具で固定する

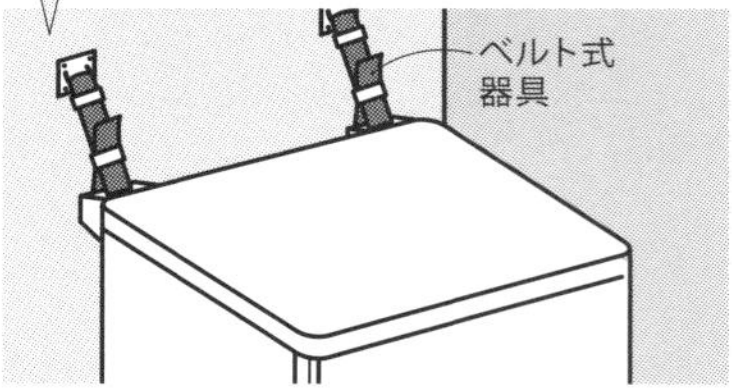

2 冷蔵庫などの大型の家電類は、耐震用のベルト式器具を使って、壁になるべく近づけて固定します。

耐震用粘着マットで固定する

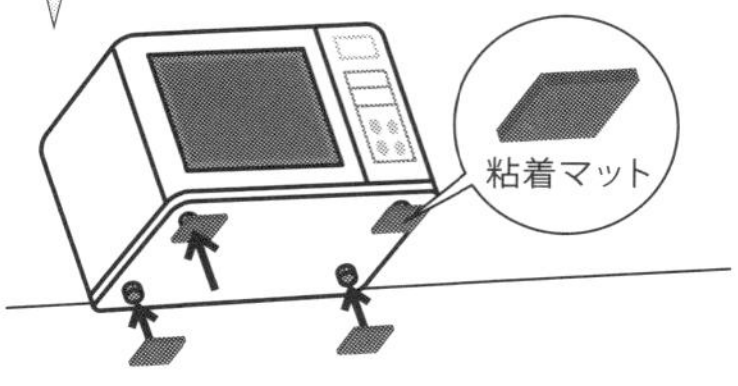

3 電子レンジなどの小型の家電類は、耐震用の粘着マットを底に貼って固定します。

L型金具で固定する

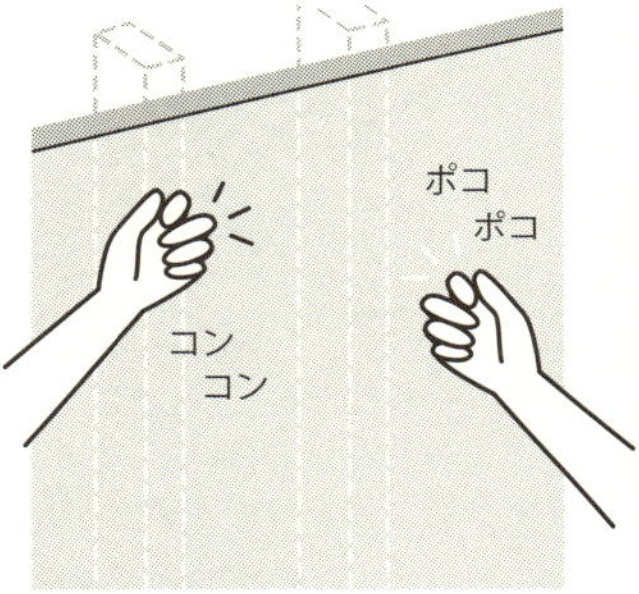

1 壁をこぶしやドライバーの柄などで叩き、柱などの下地を見つけます。軽い音がするところは裏が空洞なので避けます。建築会社に下地の場所を尋ねるのが最も確実です。

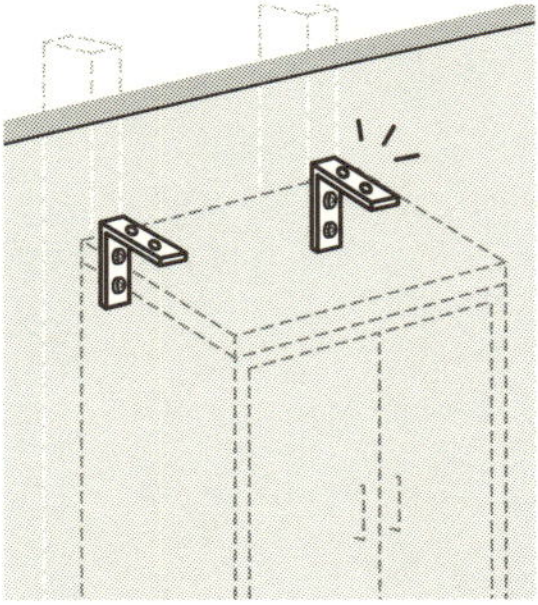

2 金具の位置を決めてから家具を移動させて、金具を壁に取りつけます。下向きにつけるほうが効果的です。

3 家具を戻して金具を天板に取りつけます。

4 家具の天板が薄い場合は、上に板を渡してネジで止め、その上から金具を取りつけます。

開けにくい、締めにくい　鍵の直し方

鍵を長く使っていると、開け締めの際、ちょっと引っかかる感じになることがあります。こうした場合、鍵と鍵穴の滑りを良くすれば直ります。

1 一般的な鍵なら、軟らかい芯の鉛筆を切り込み部分にこすりつけたら、抜き差し時のすべりが良くなります。

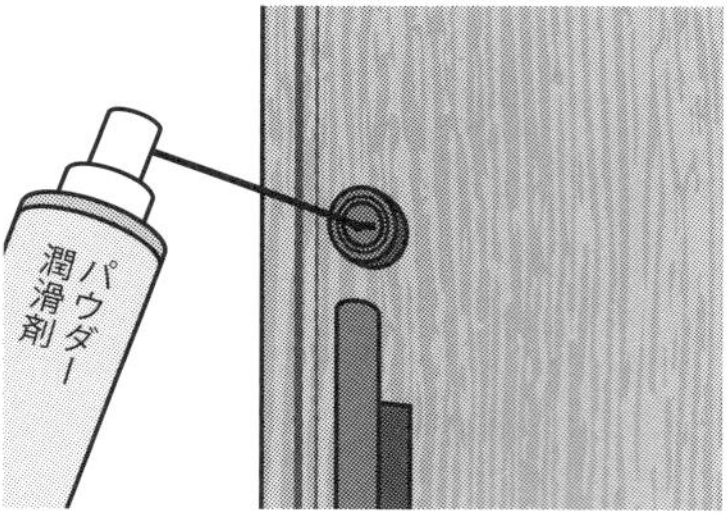

2 改善しない場合、ホームセンターで専用のパウダー潤滑剤を購入して、鍵穴に注入します。

×これはNG!

1 ミシン油などの液体の油を使うと、砂やほこりが付着して、より悪化する可能性があるので避けます。

2 ピッキングに強いとされる複雑な構造のディンプルキーや電気錠前には不向きです。

第5章

家の外観が美しくなる

住まいは外観も美しくありたいもの。
古ぼけた門扉の塗り替え方から、
庭木の剪定、芝生の再生方法まで、
我が家のイメージアップにつながる
手入れの仕方を紹介します。

さびた門《もん》扉《ぴ》の塗り替え方

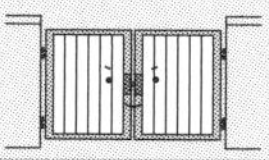

門扉の塗装がはがれたり、さびついたりしたら、風のない晴れた日に塗り替えてみましょう。必要な道具はホームセンターで揃います。

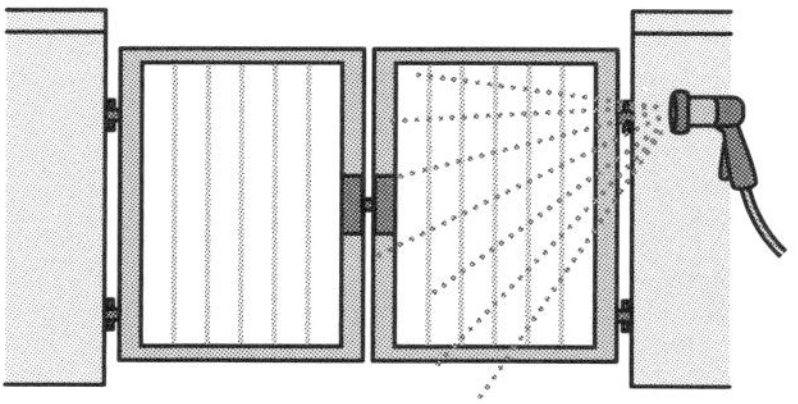

1 前日、きれいに水洗いして汚れを落としておきます。こうしておけば、翌日、汚れのない乾いた状態で作業できます。

2 はがれかかっていたり、さびが浮いている部分を金ベラやワイヤーブラシで削り取ります。

3 鉄の地肌が見えるまでサンドペーパーで磨きます。

4 ペンキがついたら困るところにマスキングテープを貼り、門柱や地面などは新聞紙でカバーします。

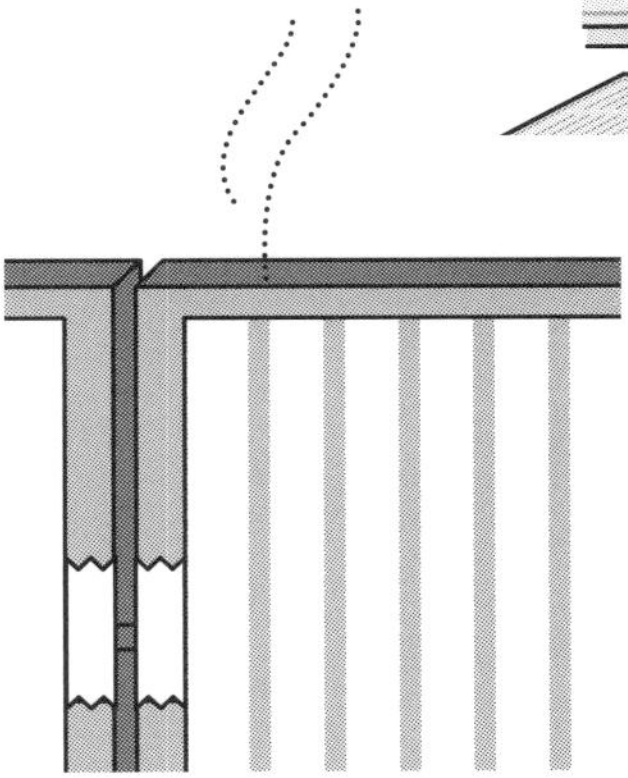

5 さびを落とした部分にさび止め塗料を塗り、乾くまで2時間以上おきます。

6 塗りにくい部分から水性ペンキを塗ります。縦の柵は上から下に向けて。一度塗りだとムラができやすいので、2〜3時間後に重ね塗りします。終わったら「ペンキ塗り立て」の札を下げておきます。

きしむ門《もん》扉《ぴ》の直し方

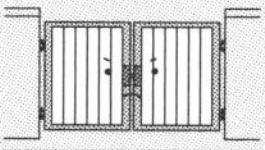

門扉が嫌な音を発してきしむのは、金属部分がさびたり、汚れたりしたのが原因。どちらのタイプの手入れでも、防さび潤滑剤が活躍します。

開き戸式門扉

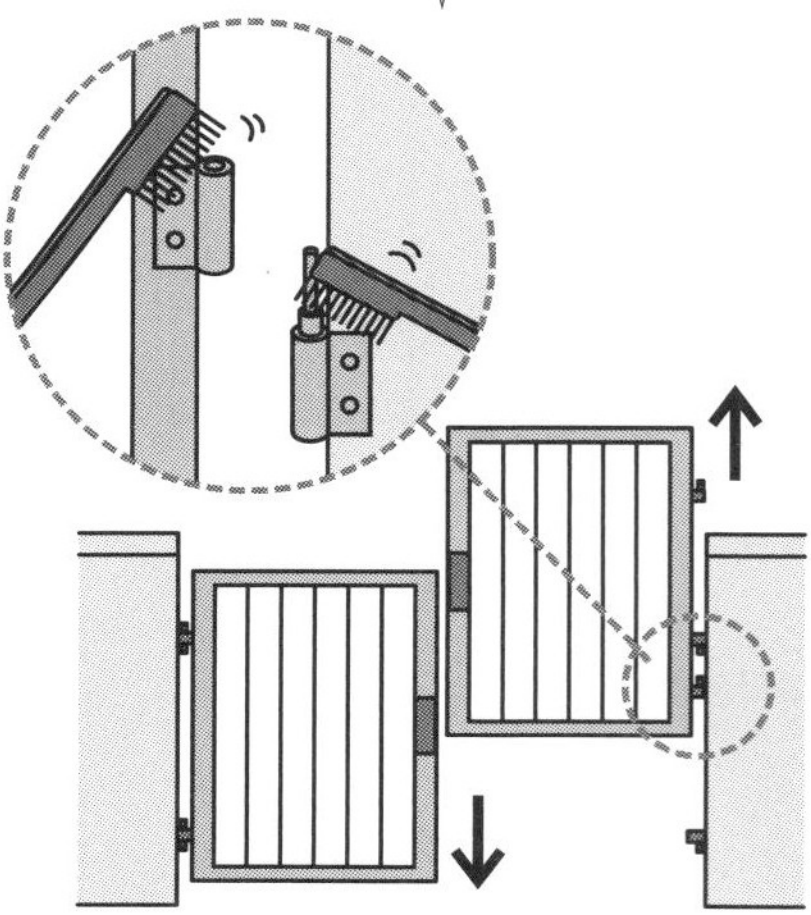

1 門扉を真っ直ぐに持ち上げて外し、ワイヤーブラシでさびをこすり落として、ぼろ布で細かい汚れをぬぐい取ります。

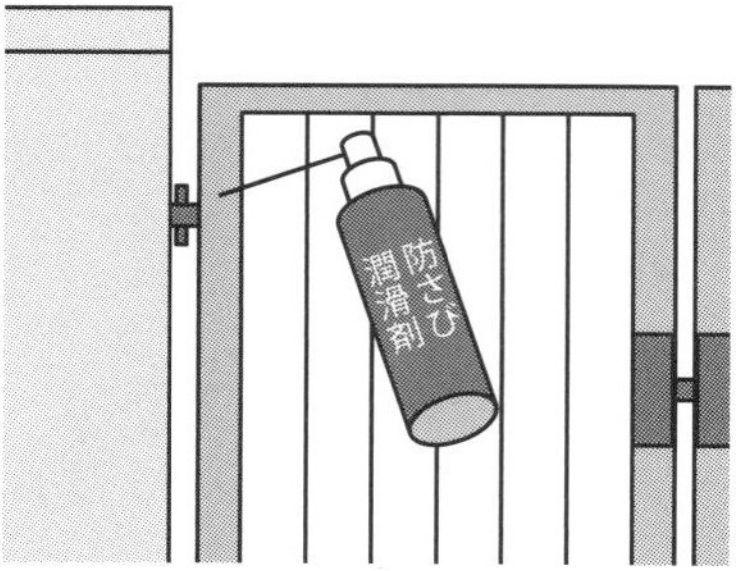

2 門扉を戻して、防さび潤滑剤をスプレーします。

アコーディオン式門扉

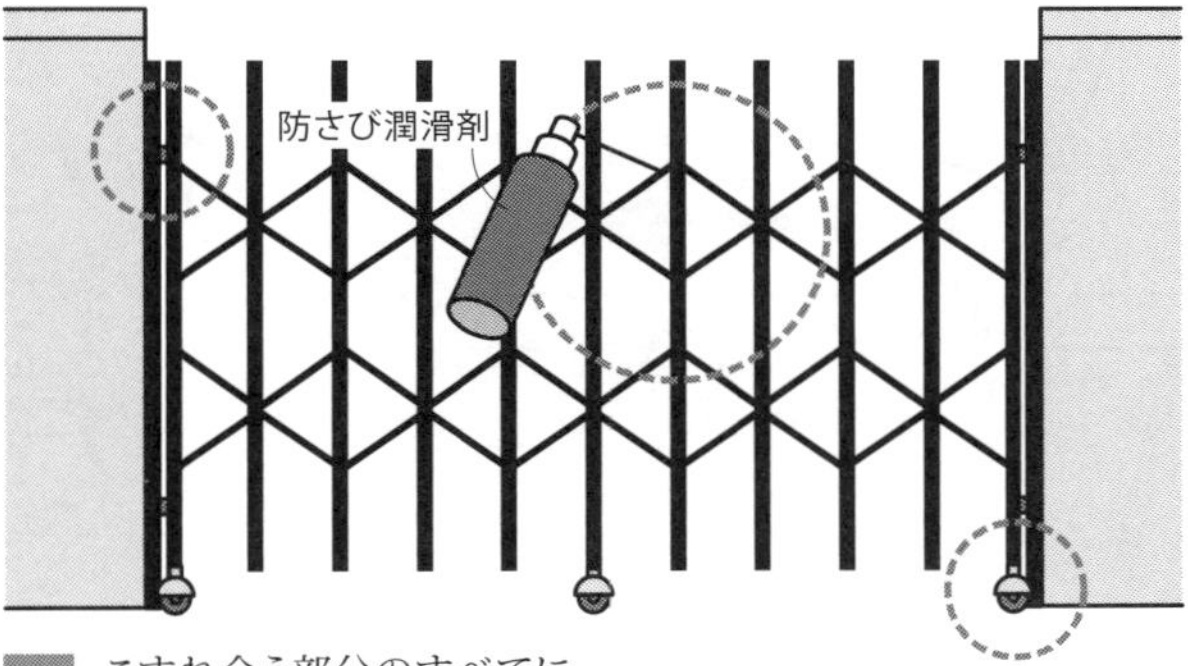

1 こすれ合う部分のすべてに
防さび潤滑剤をスプレーします。

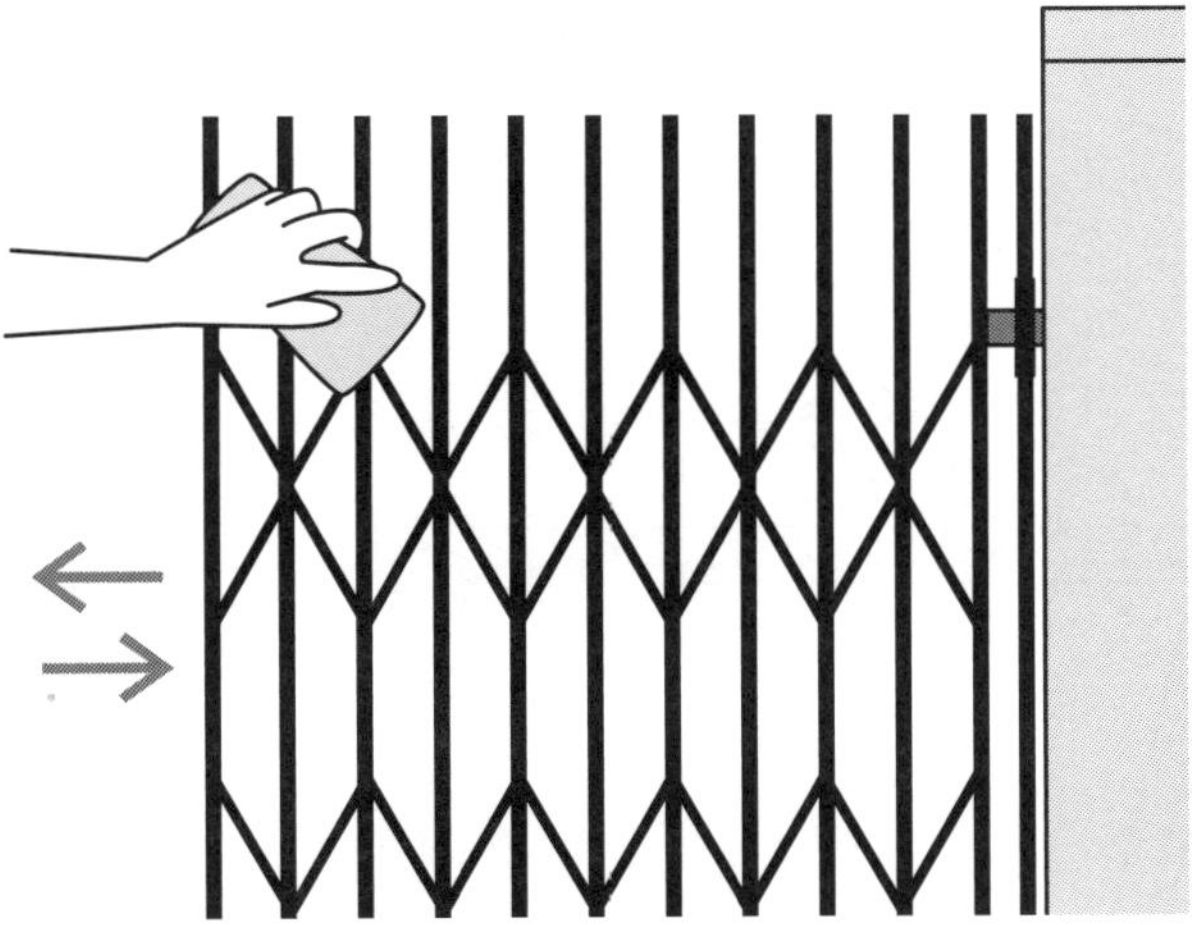

2 何度か開け閉めを繰り返すと、
さびが溶けて浮き出てくるので、ぼろ布で拭き取ります。

傷んだ網戸の張り替え方

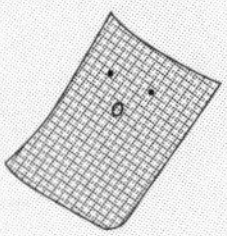

大変そうに思える網戸の張り替えも、じつは意外に簡単。専用道具の網戸ローラーなどをホームセンターで入手して取りかかりましょう。

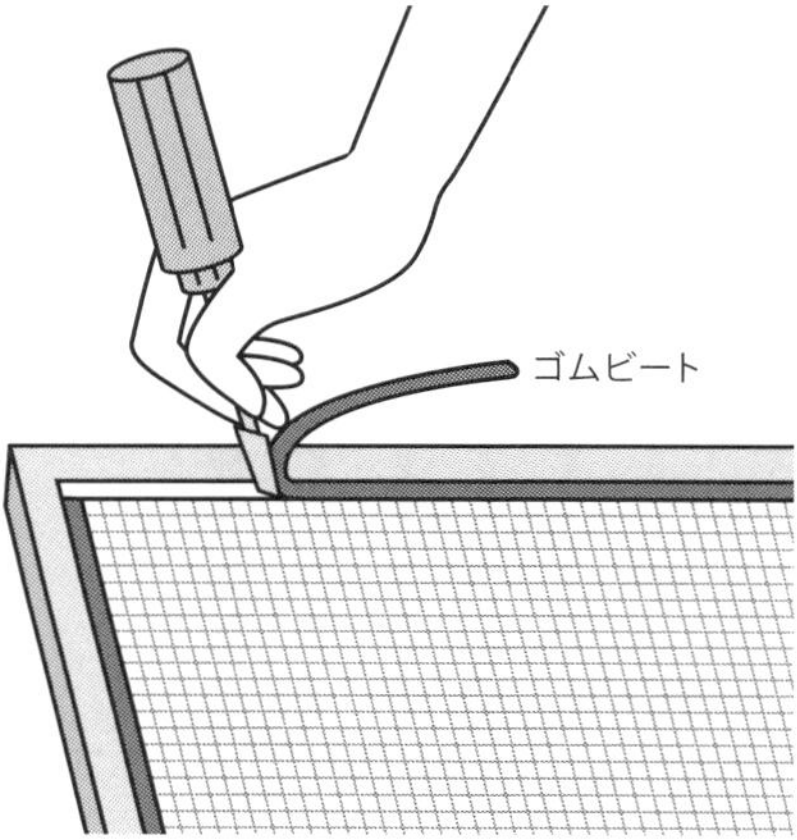

1 網戸を外し、マイナスドライバーでゴムビートの端をこじり起こして外し、網を取り外します。

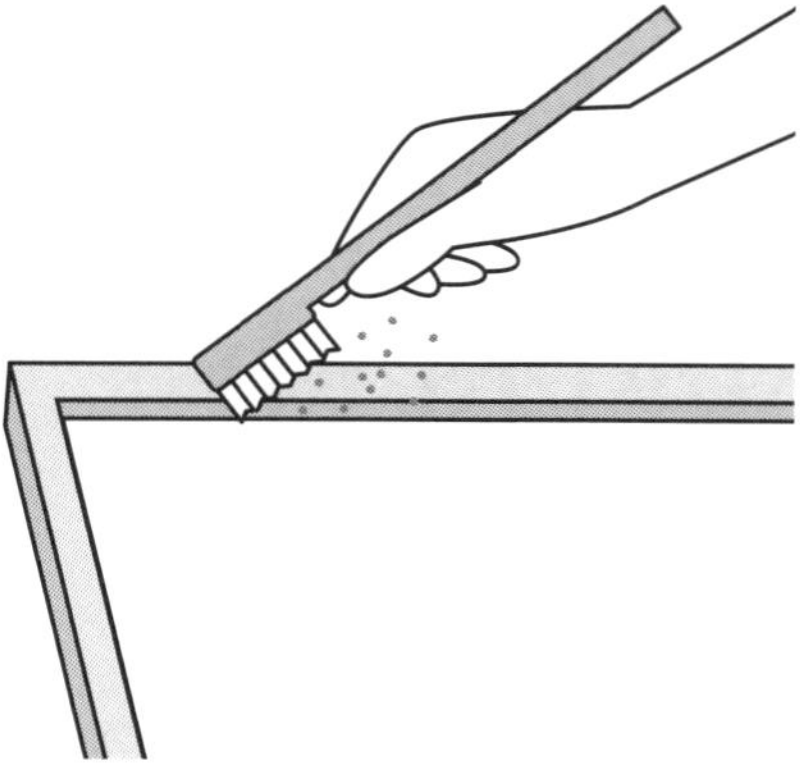

2 溝にたまっているゴミやほこりを歯ブラシなどできれいに掻き出します。

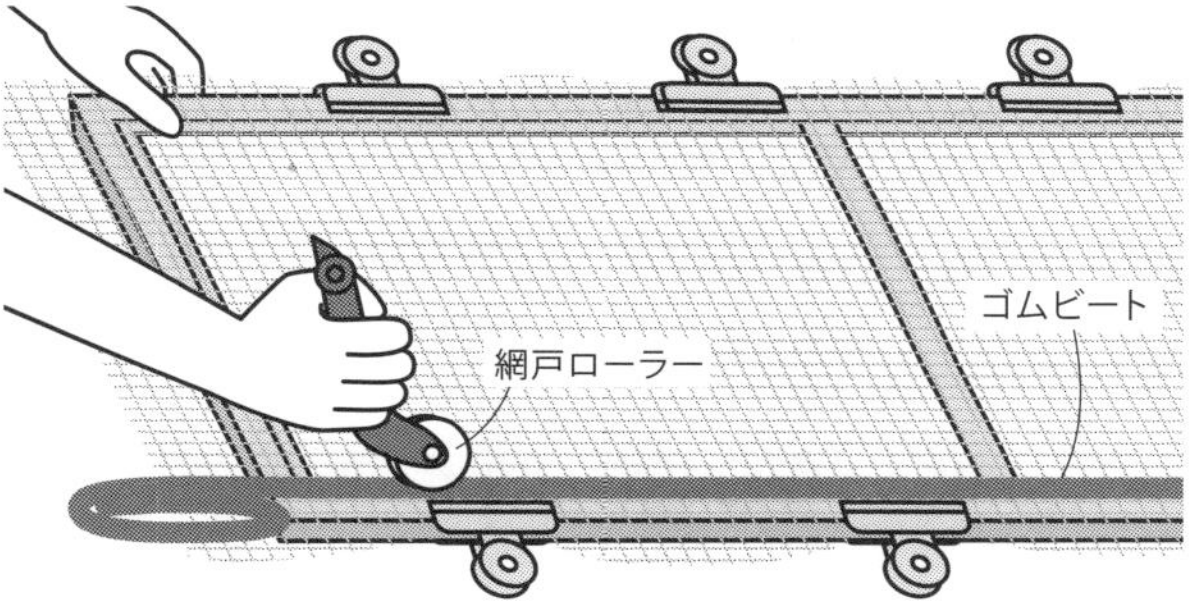

3 枠よりも周囲10cm以上大きな網を用意しておきます。枠に網を乗せて、クリップや粘着テープで仮止めします。

4 枠の縦辺と横辺を足した長さのゴムビートを2本用意しておきます。網戸ローラーを使って、縦枠から溝にはめていきます。網目が枠と並行になるように、網を軽く引っ張りながら押し込むのがコツです。

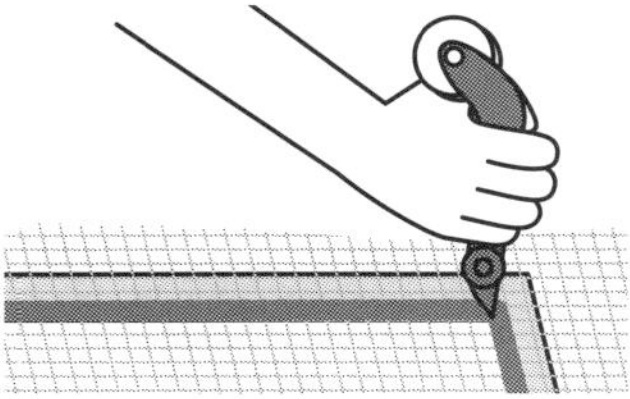

5 1本を縦枠だけにはめたら、次はもう1本のゴムビートを向かい側の縦枠だけに、次いで横枠2つの順に行います。角の部分は網戸ローラーの逆側のヘラを使って押し込みます。

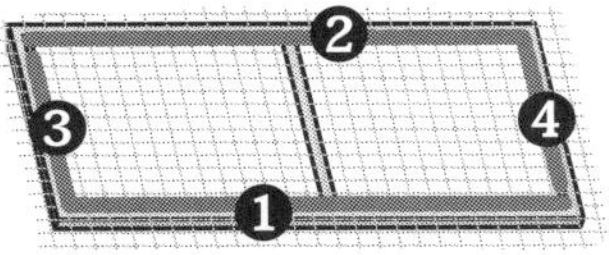

※❶→❹の順番で

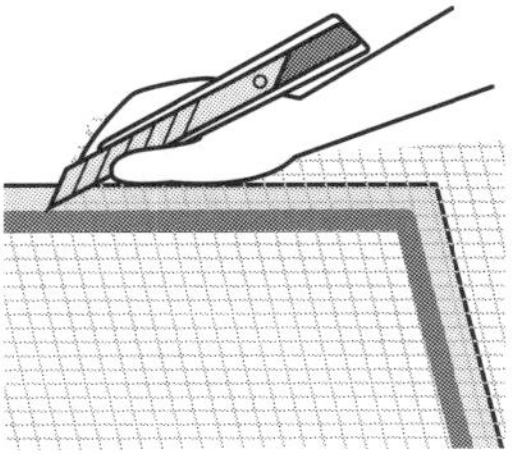

6 ゴムビートや網の余った部分を、カッターで溝の外側に沿って切り取ります。

伸びすぎた庭木の 剪《せん》定《てい》の仕方

庭の日当たりや風通しを良くし、樹の健康も保つのが庭木の剪定。落葉広葉樹は夏か冬、常緑広葉樹は5～6月か9～10月に行いましょう。

剪定すべき枝

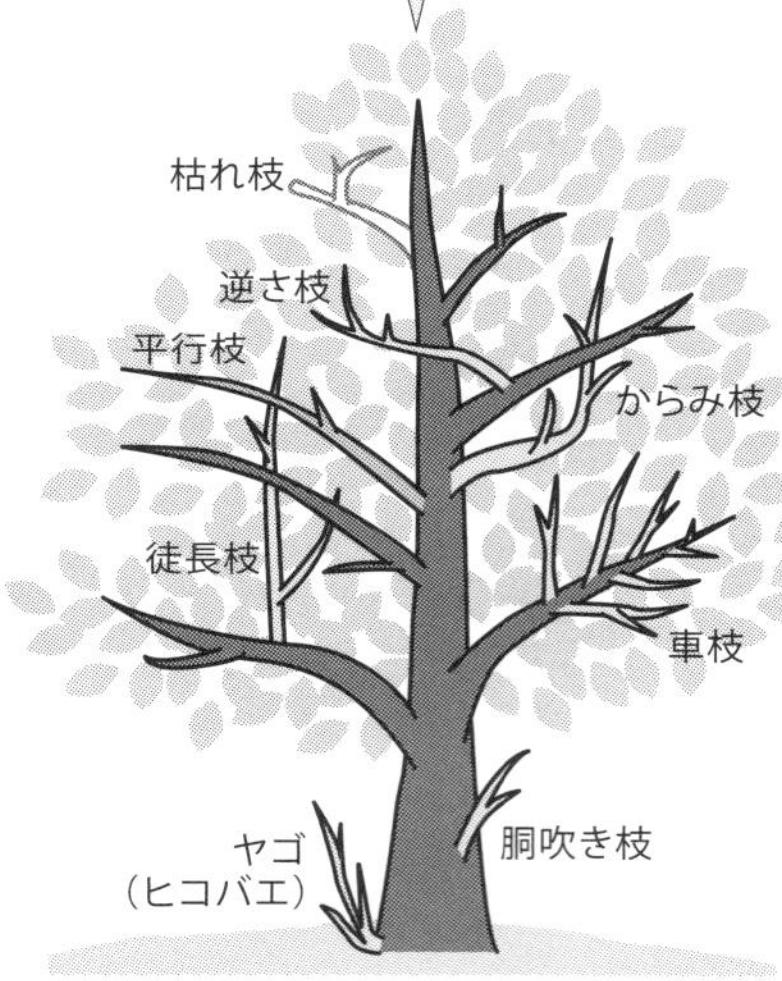

大きな枝の剪定の仕方

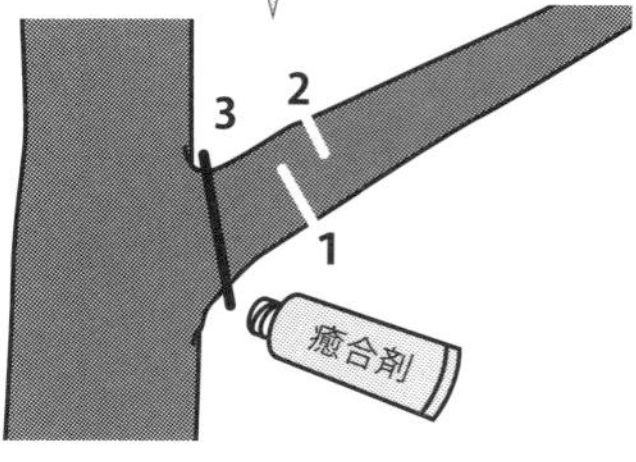

一度に切ろうとすると、枝の重みで折れて、切り口がギザギザになりやすい。①②の順に切れ込みを入れてから、根元に近い③の部分を切り落とし、腐敗防止に園芸店やホームセンターなどで癒合剤を購入して塗っておきます。

芽のある小枝の剪定の仕方

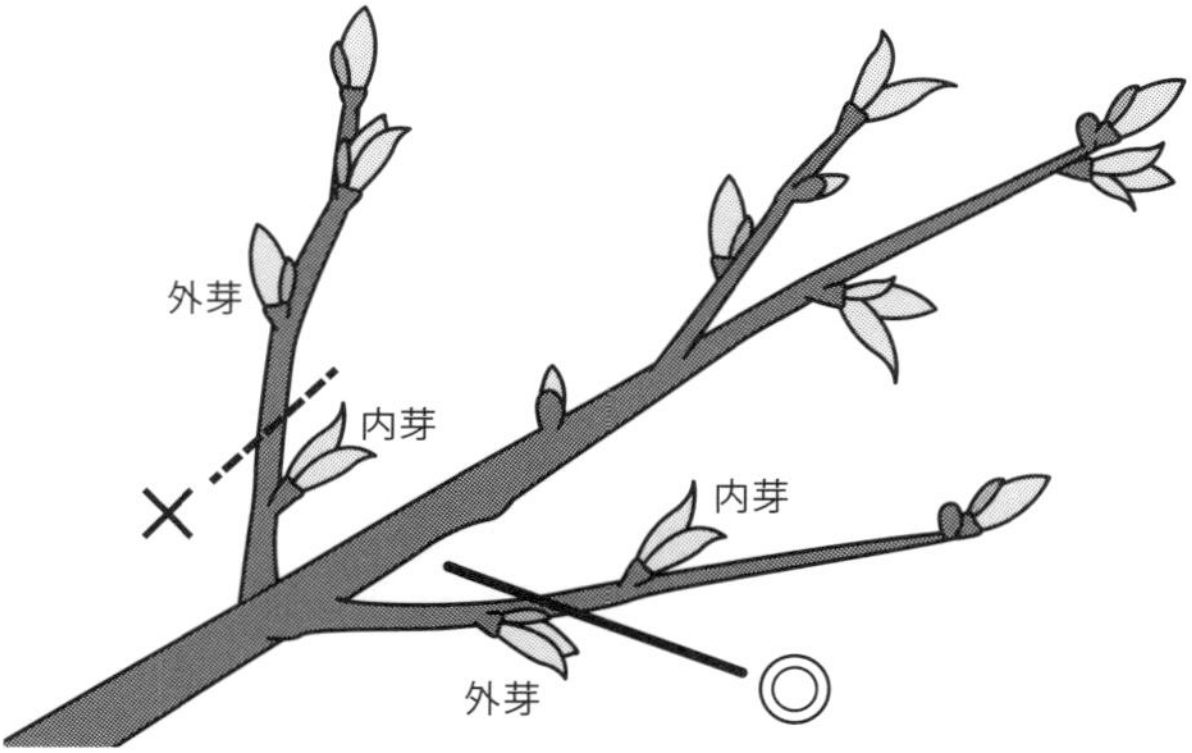

枝の外側に出ている外芽を残すのがポイント。
外芽の上、5mm程度の部分を芽と同じ方向に切り落とします。

混みすぎた枝の剪定の仕方

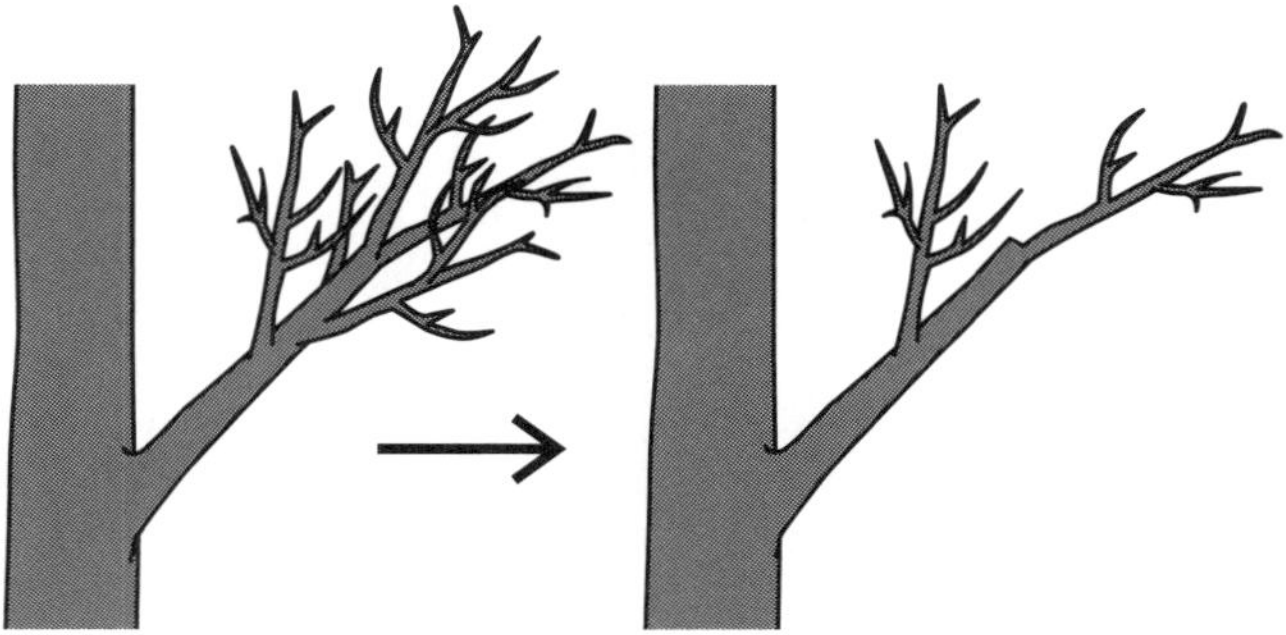

枝の途中で切ると、切り口から小枝が出る場合があるので、枝のつけ根から切り落とします。

傷んだ芝生を
蘇らせる方法

美しい芝生を作るには適切な手入れが大切。サッチを取り除いて適度な穴を開け、要所に新しい芝を入れたら、傷んだ芝生も蘇ります。

サッチ取り

サッチ（刈りかすなどの層）は病害虫の原因になるので、レーキや竹ぼうきを使ってかき取ります。

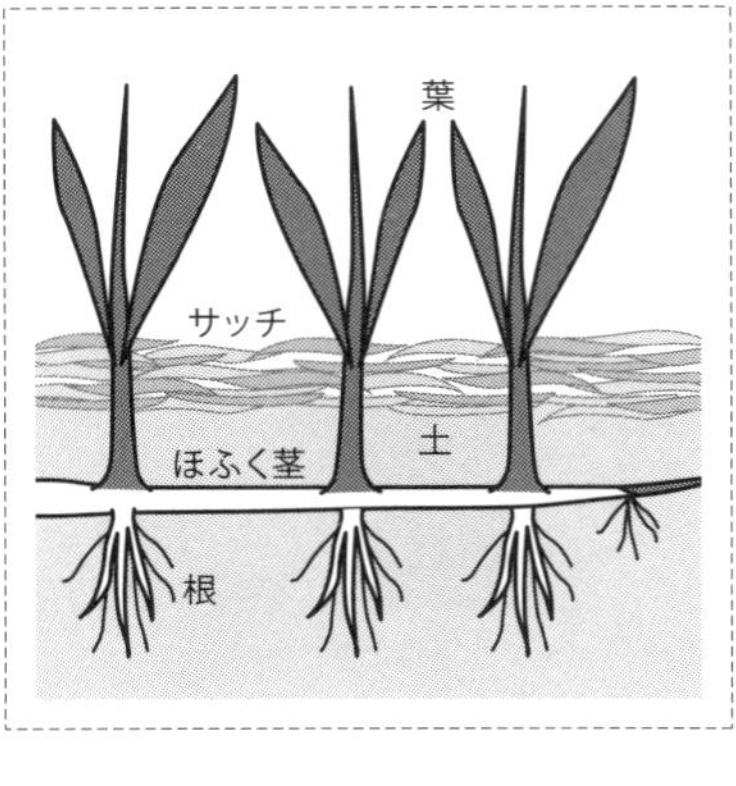

穴開け

1 サッチを取り除いたら、土の中の通気性を良くするため、専用のローンスパイクや園芸用フォークなどを使い、深さと間隔がともに10cm程度の穴を開けます。

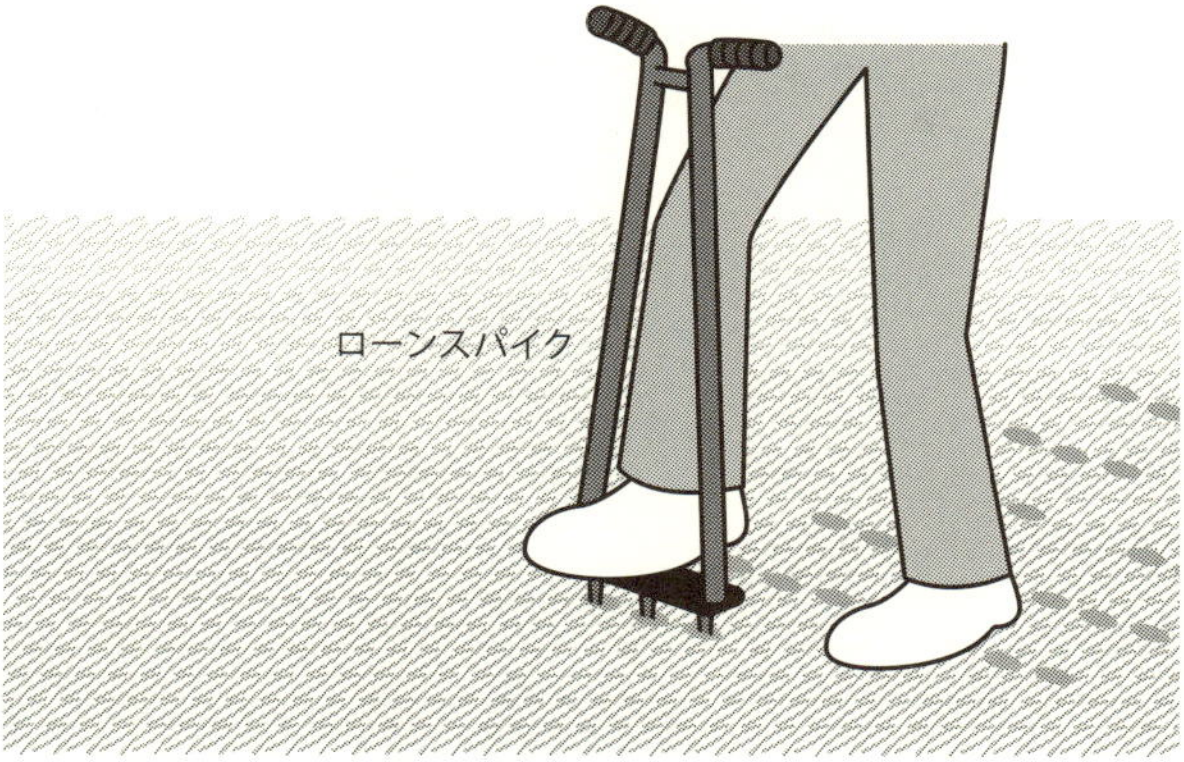

2 土を活性化させるため、ホームセンターなどで購入した目土（芝生にかける細かい土）をまいて、トンボなどでならして穴をふさぎます。

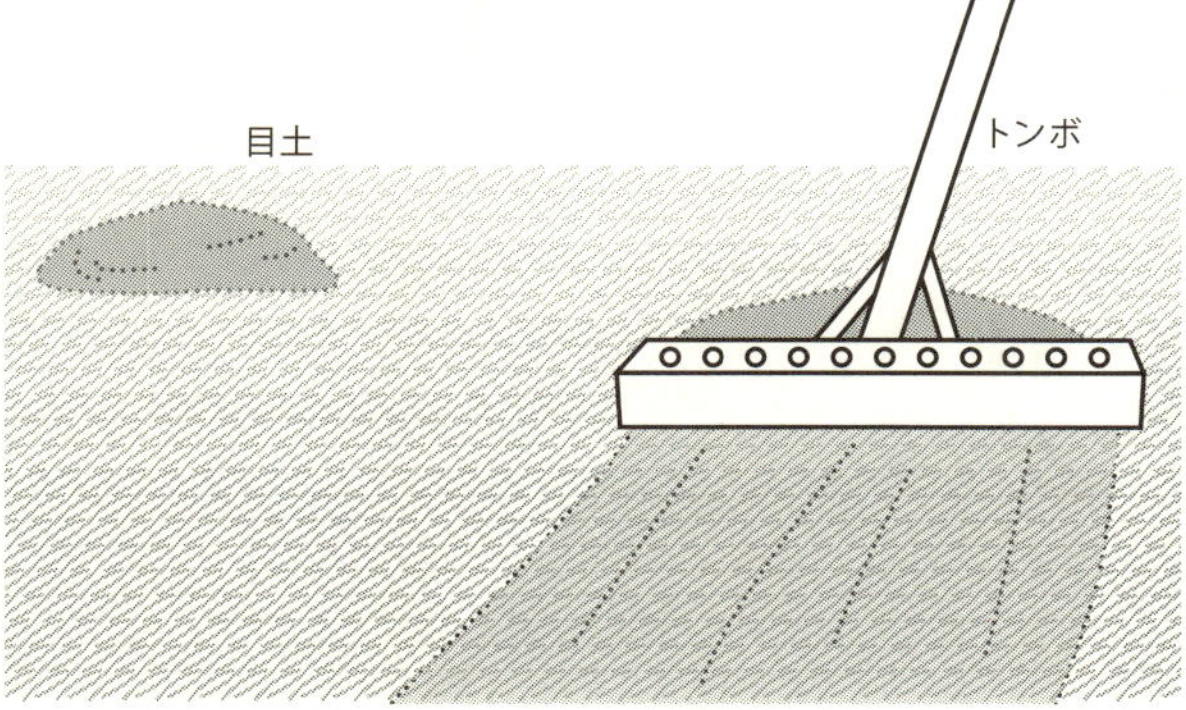

◀次ページに続きます

補植（芝の入れ替え）

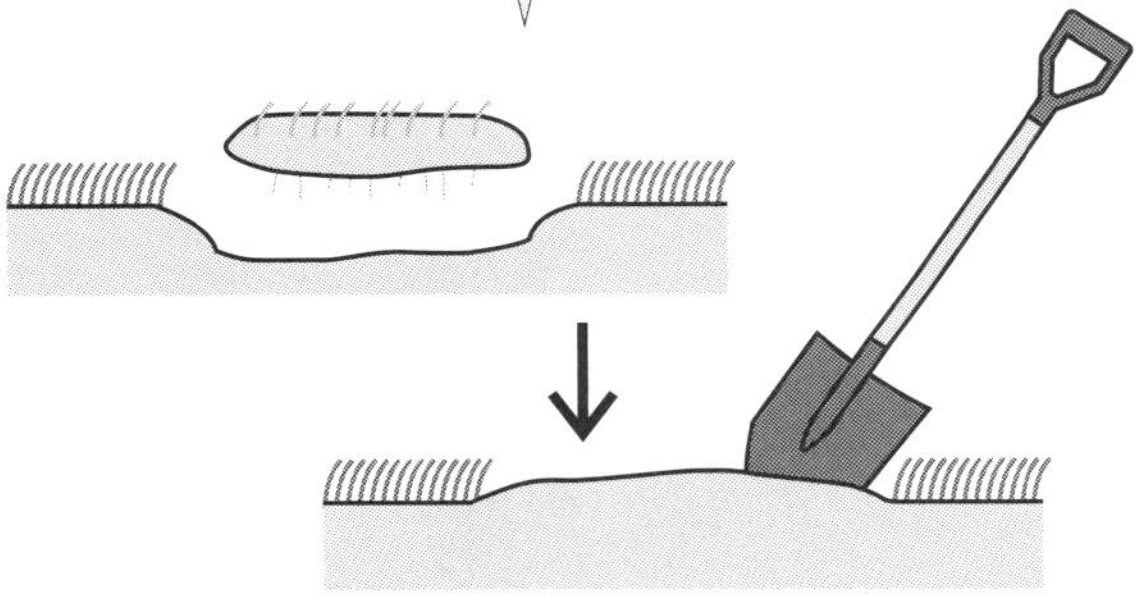

1 傷んでいる部分の芝生をはがし、
シャベルなどで耕して周囲よりも少し高くします。

2 新しい芝を植え付け、上から軽く叩きます。

3 目土をまいてからもう一度叩いて、周りの土と同じ高さにします。目土が細かい隙間まで入るように、水を十分まきます。

第6章

キッチンで過ごすのが楽しくなる

切れ味の悪くなった包丁、傷んだ鍋や土鍋などがあれば、すぐにも手入れを実践しましょう。ピカピカのキッチン用品を使えば、料理が一層楽しくなります。

切れ味を取り戻す
包丁の研ぎ方

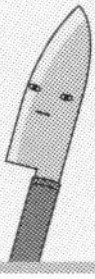

包丁の切れ味を保つには、ひと月に1回程度は研ぎたいもの。砥《と》石《いし》の臭いが食材に移らないように、調理直前には研がないようにします。

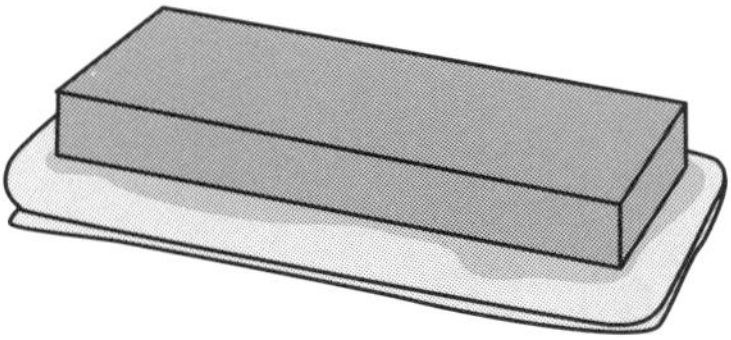

1 砥石を20分ほど水に浸した後、研ぐ時に動かないように、濡れ布巾などの上に置きます。

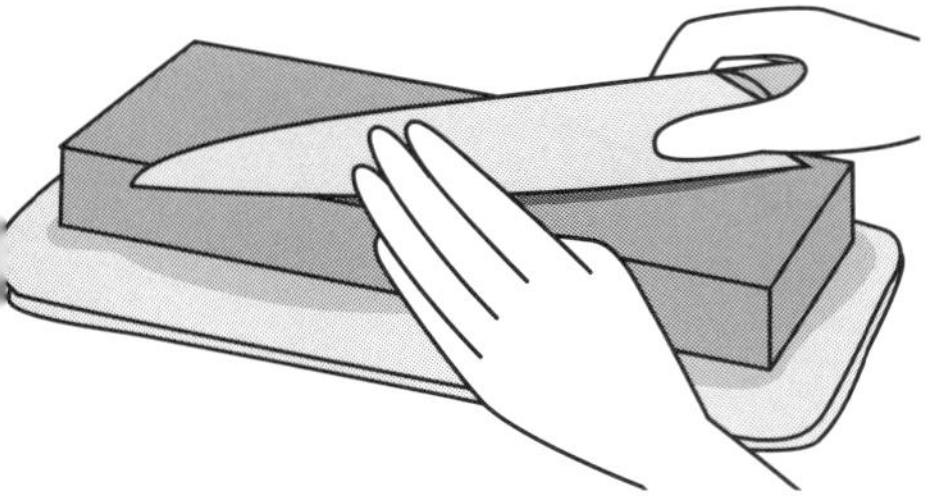

2 利き手で包丁を握り、刃を手前に向けて、反対の手の指で押さえます。みね側を少し浮かせて、刃先を砥石にぴったり当てます。

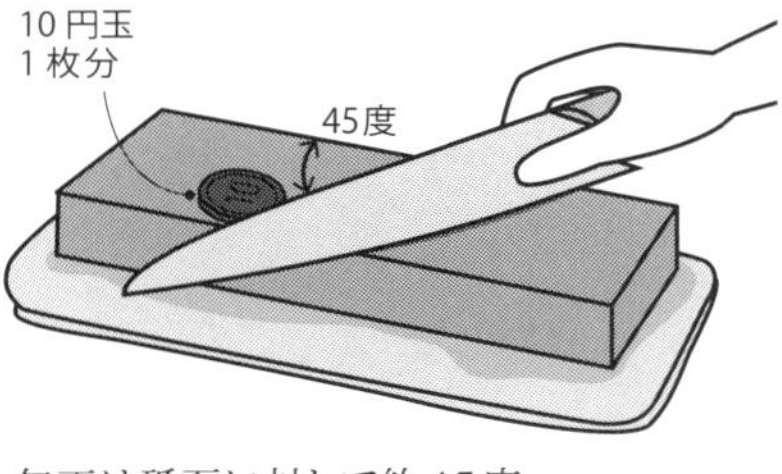

- 包丁は砥石に対して約45度。
- 浮かせる厚さは10円玉1枚程度。

3 砥石に対して真っ直ぐに包丁を動かします。力を入れずに、滑らせるように動かすのがコツです。

4 数回繰り返したら、刃先を軽くさわります。引っかかり（きちんと研がれた時にできる「刃返り」）を感じたら、刃を裏返して研ぎ、引っかかりがなくなれば研ぎ終えます。

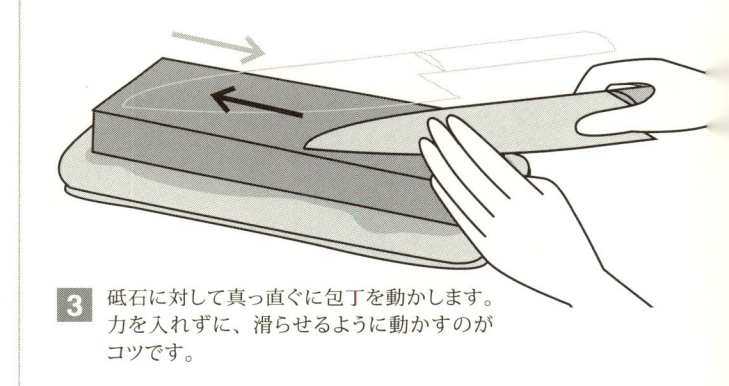

鍋のしつこい焦げつきを取る方法

キッチンの手入れで重宝するのが重曹（炭酸水素ナトリウム）です。鍋をうっかり焦げつかせてしまった場合も、大いに効果を発揮します。

1 焦げつきが隠れるまで水を入れて火にかけ、いったん沸騰させて焦げをふやかします。

2 重曹を加えて（濃度は水1カップに重曹大さじ1杯程度）、10分ぐらい沸騰させます。

×これはNG!

アルミの鍋に重曹を加えると変色するので避けます。

3 湯の入った状態で木ベラを使って、軟らかくなった焦げつきをこそげ取ります。それでも落ちにくい焦げつきがあれば、湯を捨てて重曹を直接振りかけてこすります。

4 仕上げにスポンジで洗って、焦げつきをきれいに落とします。

5 それでも焦げつきが落ちない場合は、天日干しでしっかり乾燥させます。焦げつきがパリパリになったら、水洗いして落とします。

臭いやひび割れのある土鍋の手入れ

土鍋のトラブルで多いのが、嫌な臭いやひび割れ。いずれも身近な自然素材を使って、安全に手入れできるので、ぜひ試してみましょう。

嫌な臭いを除く

土鍋に水をたっぷり入れて、茶殻を加えます。火にかけて10分ほど煮立てたら、茶殻が嫌な臭いを吸い取ってくれます。

カビ臭さを除く

土鍋にたっぷり水を入れて、
大さじ２杯程度の酢を加えます。
火にかけて10分ほど煮立てたら、
酢の香りがカビ臭さを消してくれます。

ひび割れを直す

1 土鍋に水を張って、残りもののご飯を入れておかゆを炊きます。ひび割れにご飯をすり込んでから炊けば、より効果的です。

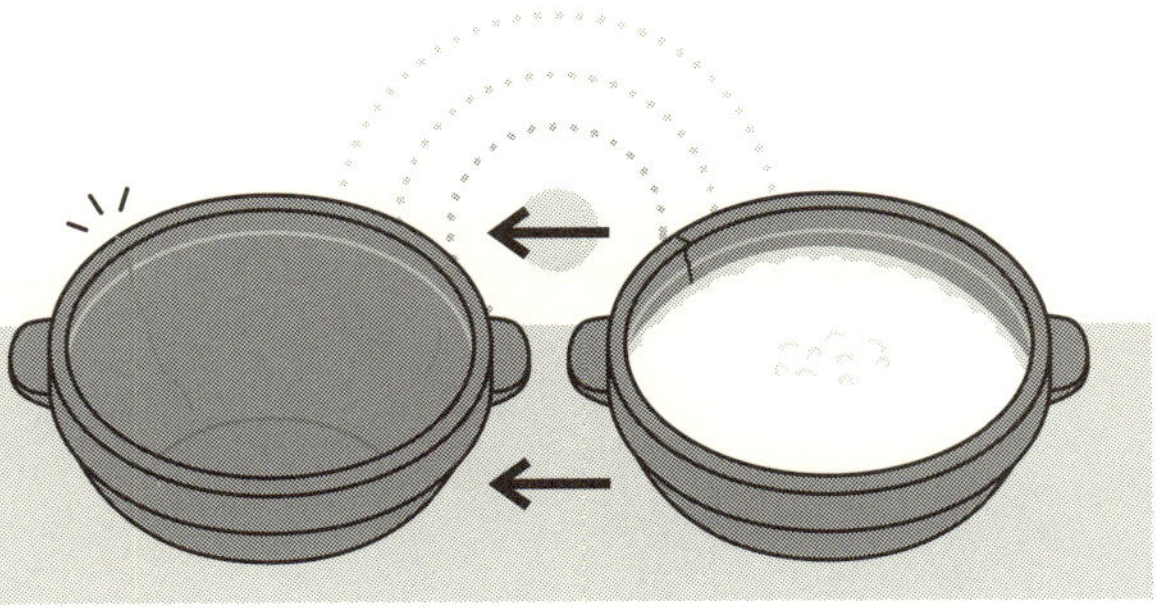

2 炊き上がった後、半日程度そのままにしておけば、おかゆのでんぷん質がひび割れをふさいでくれます。冷えたおかゆを取り出して水洗いし、十分乾燥させます。

手入れ

まな板を清潔に保つ

食材がじかに触れるまな板は、常に清潔さを保たなくてはいけません。使用後の手入れに加えて、カビの発生を抑えることにも注意しましょう。

普段の手入れ

1 使った後、食器洗い用洗剤を使って水洗いします。熱湯をかけると、たんぱく質が固まって取れにくくなるのでよくありません。

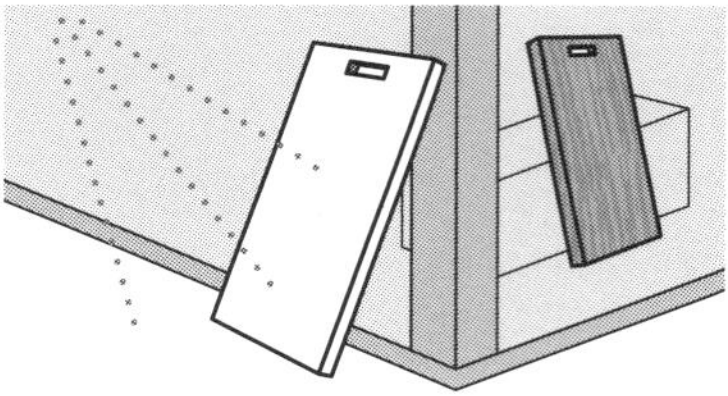

2 洗ったら、風通しの良いところで、必ず立てて乾燥させます。木製は陰干し、樹脂製は週１回程度、日光に当てて消毒します。

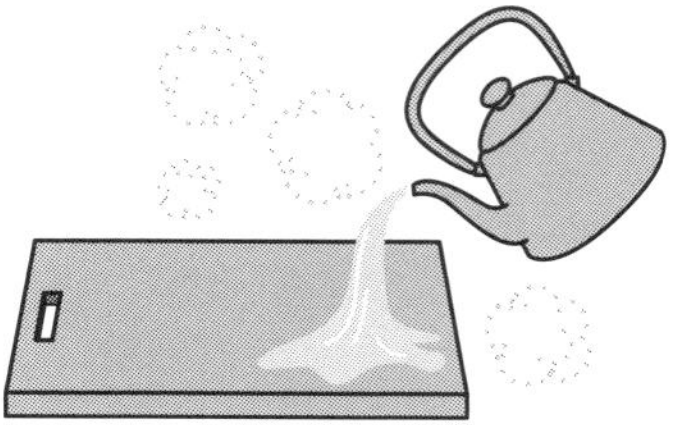

3 週2～3回は洗った後に熱湯をかけて消毒します。

カビを防ぐ

1 週1回程度、漂泊液で殺菌します。まず、まな板をよく水洗いして、濡れ布巾をかぶせます。

2 漂白剤を薄めて、濡れ布巾の上からまな板全体にかけます。その後、10分程度そのままで置きます。

3 食器洗い用洗剤でよく洗い、立てて乾燥させます。

4 木製のまな板の場合、黒ずんできた部分があれば、サンドペーパーで表面を削り取ります。

洗いにくい調理器具の手入れ

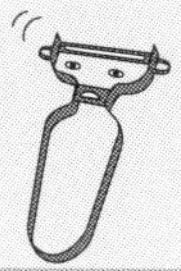

特殊な形状をした調理器具は、スポンジで洗うだけではなかなか汚れが落ちにくいものです。それぞれに合った洗い方を覚えておきましょう。

ざる、油こし網

1 目の細かい調理器具は、ブラシやタワシに食器洗い用洗剤をつけてこすり洗いします。

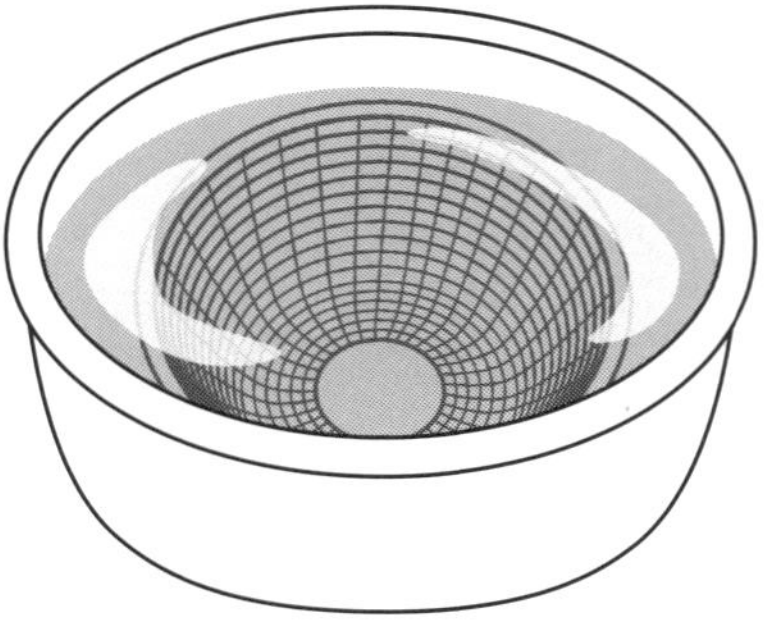

2 なかなか取れない汚れがある場合、つけ置きタイプの洗剤か漂白剤を加えた水に30分〜1時間程度つけ置きします。

おろし金、ピーラー

野菜などの細かいカスがこびりつきやすい調理器具は、歯ブラシを使って洗います。

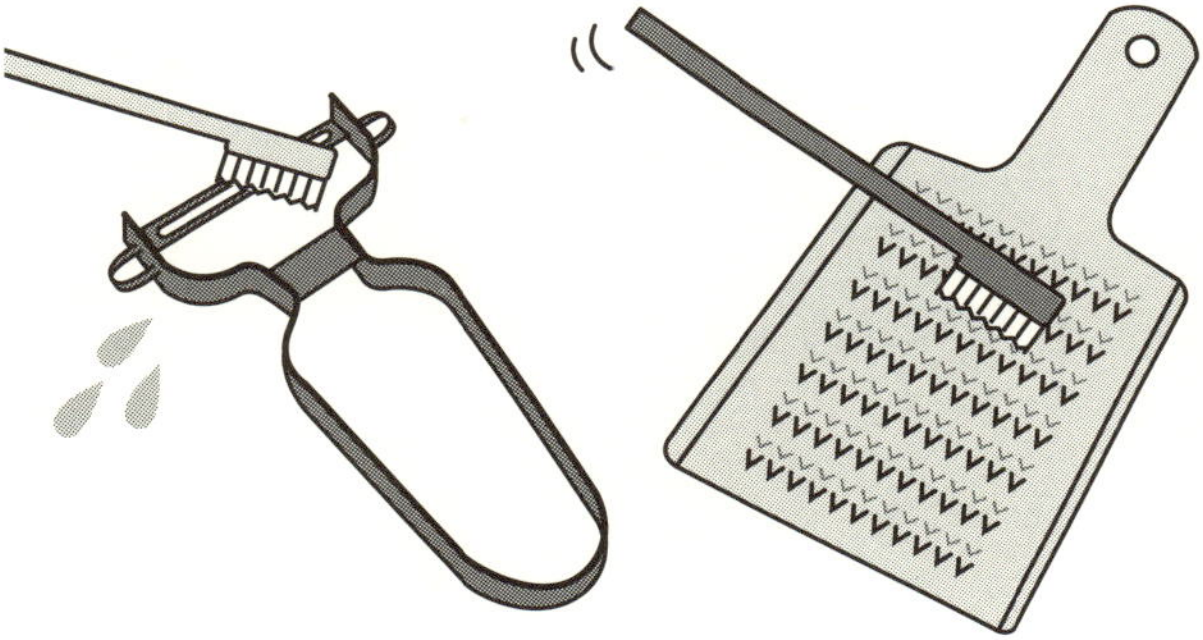

木製の調理器具

洗剤が浸み込みやすいのが、しゃもじや菜箸などの木製調理器具。落ちやすい汚れなら洗剤は使わず、使用後すぐにぬるま湯につけ置きして、汚れを浮かせてから流水で洗います。

泡立て器

洗いにくい泡立て器は、ボウルに水と食器洗い用洗剤を入れて、泡立てるような感じで洗います。

漬け物がおいしくなる ぬか床の手入れ

日々の手入れが何よりも大切なのがぬか床。管理にちょっと気をつけるだけで、いつでもおいしいぬか漬けが食べられます。

毎日の手入れ

1 野菜を漬けていない時でも、1日1～2回、清潔な手で底のほうまで空気を送り込むようにしてかき混ぜます。

2 かき混ぜたら、空気を抜くように押して平らにします。容器の周りについたぬかは拭き取ります。

水っぽくなったら

1 隅っこにくぼみを作って半日程度置き、たまった水をキッチンペーパーなどで拭き取ります。

2 水気が多い場合は、木綿の布を敷いたざるの中にぬかを全部入れます。ざるごとボウルなどに入れて、ふたをしてひと晩置くと水気が取れます。

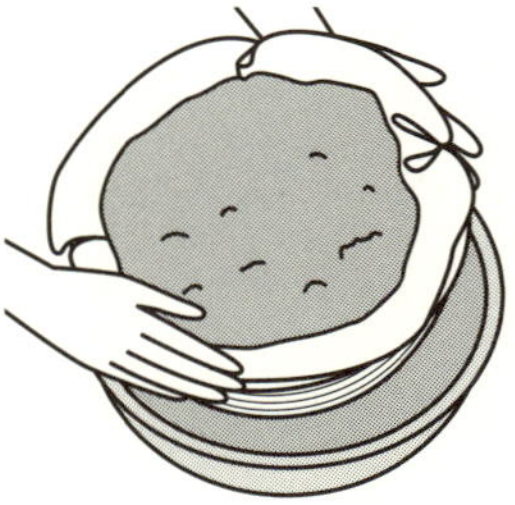

白い膜ができたら

1 白い膜（カビではなく産膜酵母という微生物）と周囲のぬかを取り除き、底のほうまでかき混ぜます。

2 その後、捨て漬け（野菜を漬けて食べずに捨てる）を1回行ったら、ぬか床は復活します。

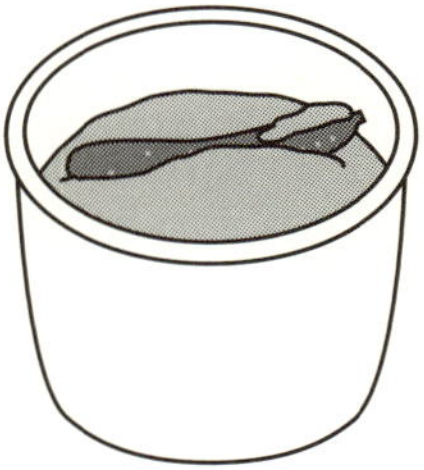

火がつきにくくなった ガスレンジの手入れ

ガスレンジがつきにくくなるのは、バーナーが汚れて目詰まりするのが原因。バーナーキャップを取り外して、きちんと掃除すれば復活します。

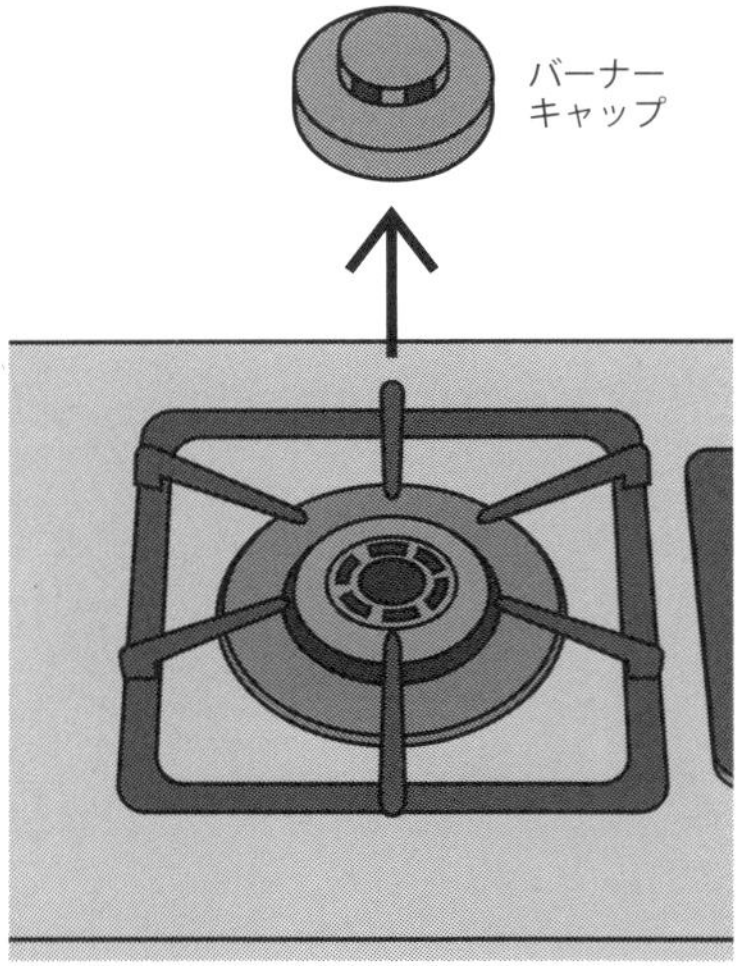

1 週１回、
バーナーキャップを手入れします。
コンロやグリル内が
十分冷えていることを確認し、
バーナーキャップを取り外します。

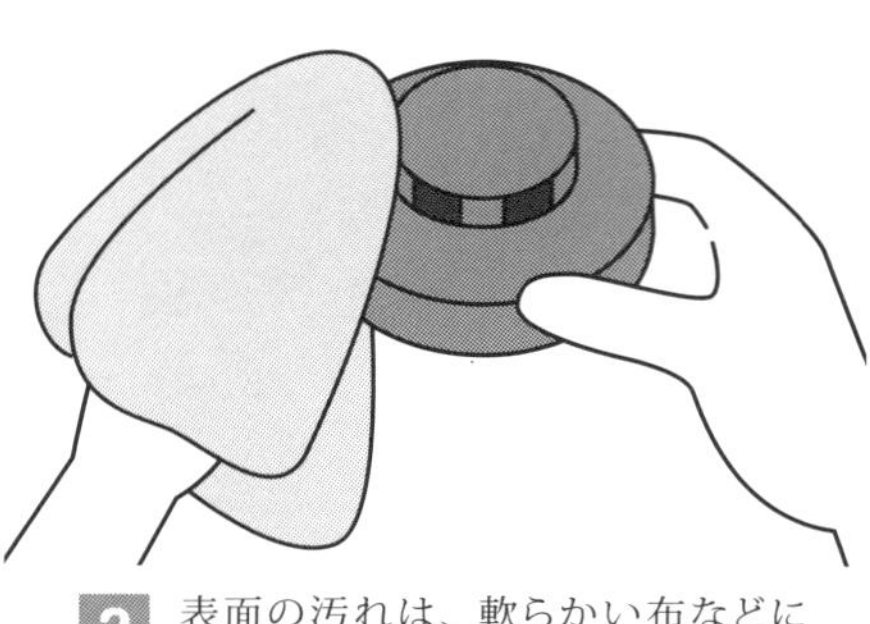

2 表面の汚れは、軟らかい布などに
水で薄めた食器洗い用洗剤を
含ませて拭き取ります。

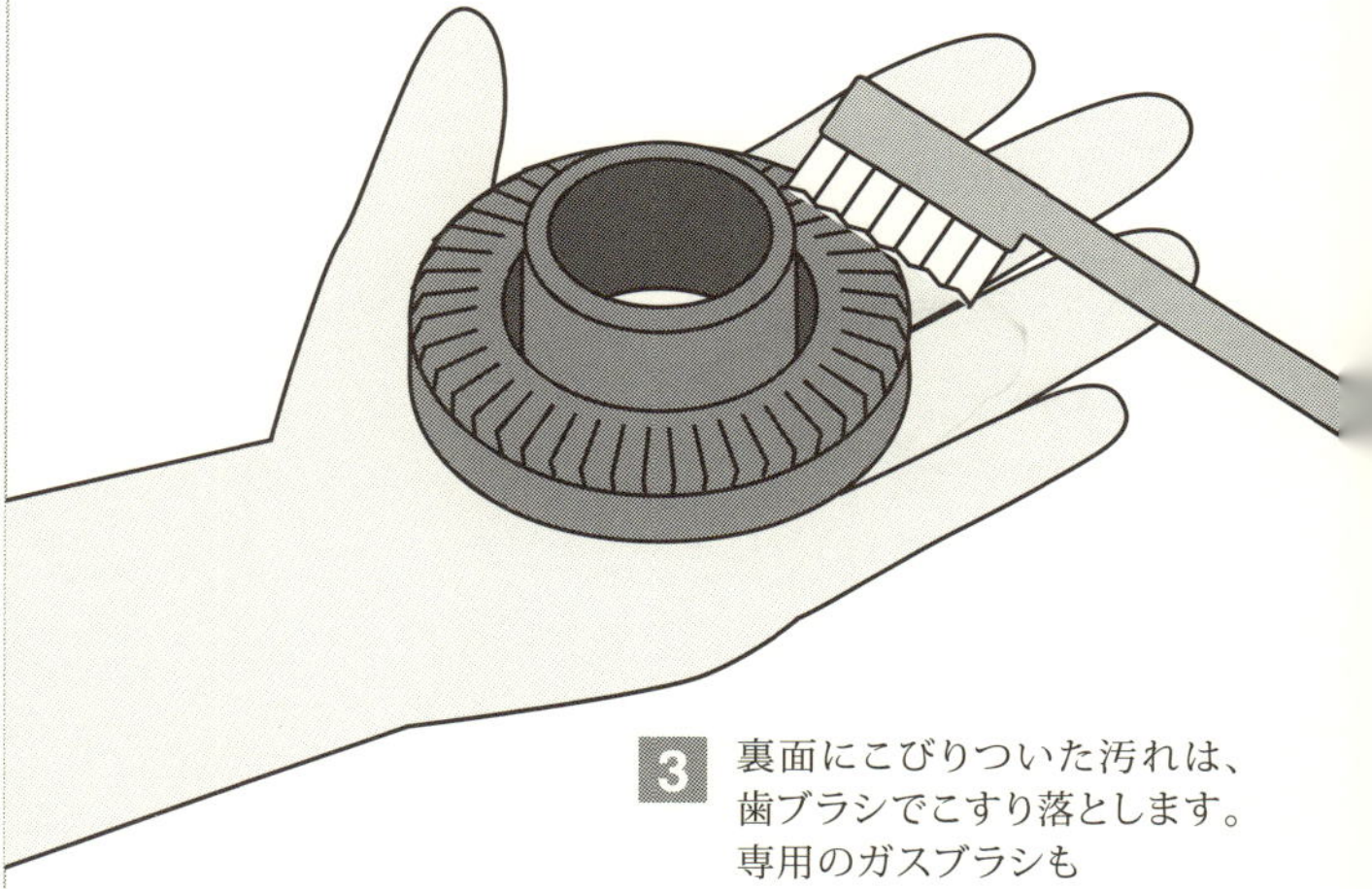

3 裏面にこびりついた汚れは、
歯ブラシでこすり落とします。
専用のガスブラシも
市販されています。

4 隙間部分に
こびりついた汚れは、
爪楊枝やキリなどで
取り除きます。

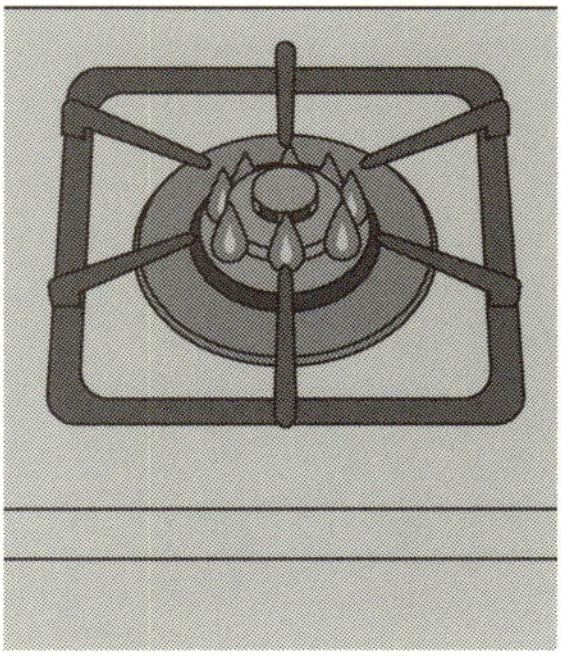

5 汚れを取り除いたら、
よく水洗いします。
完全に乾いたらレンジに
セットして、点火するか
どうか確認します。

油汚れのひどい換気扇の手入れ

掃除を怠ると、油でひどく汚れてしまう換気扇。悪臭や故障の原因にもなるので、3か月に1回程度、しっかり手入れするようにしましょう。

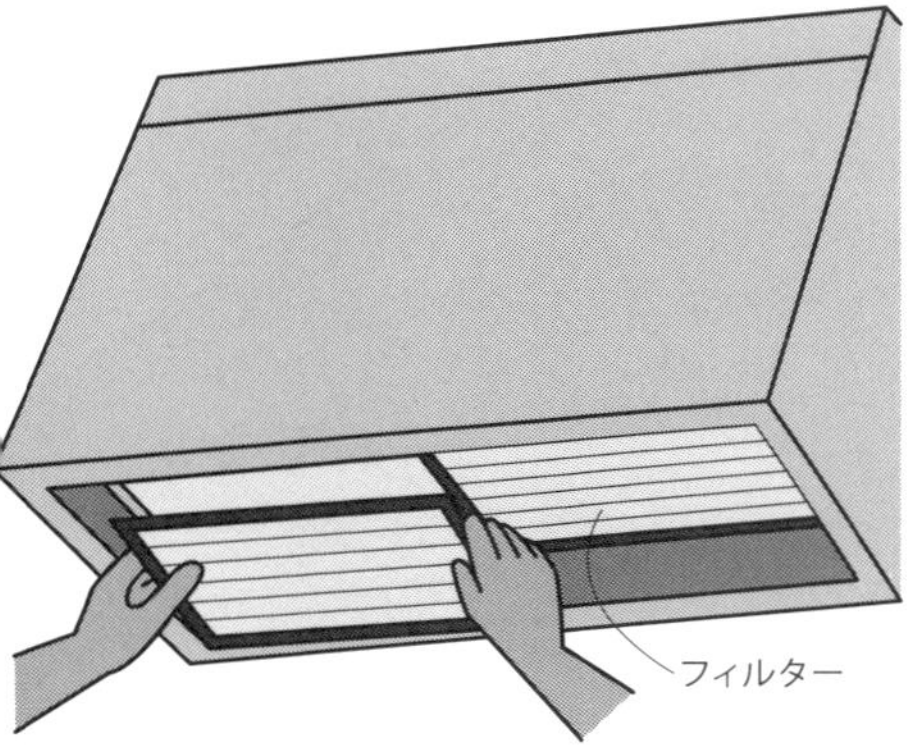

1 電源コードを抜いてからフィルターを外します。手が汚れないように、ゴム手袋をはめて行います。

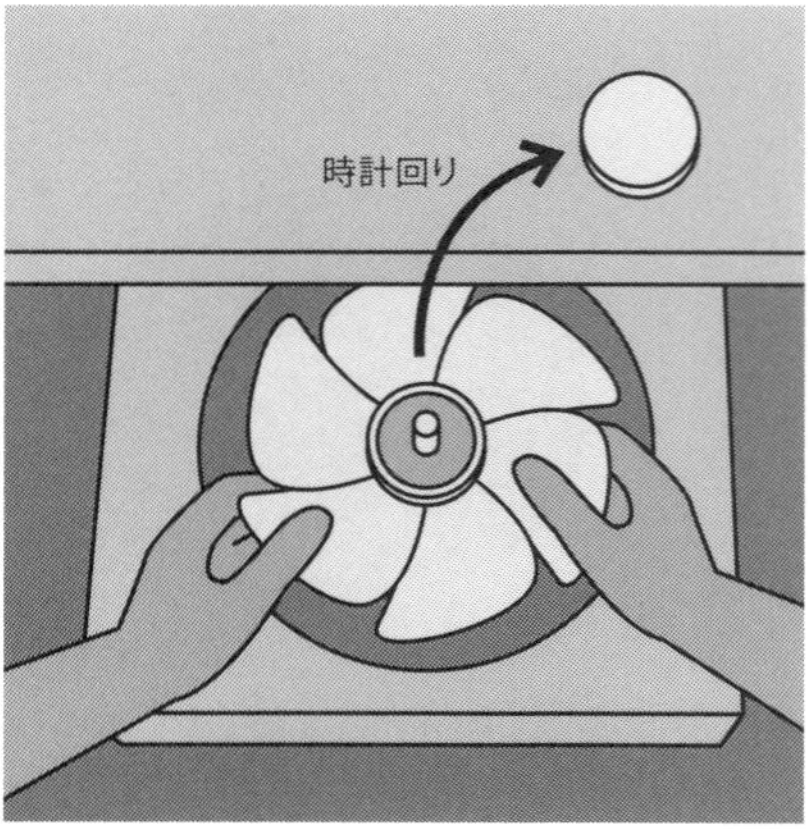

2 プロペラの中央つまみを時計回りに回して外し、手前に引き出します。

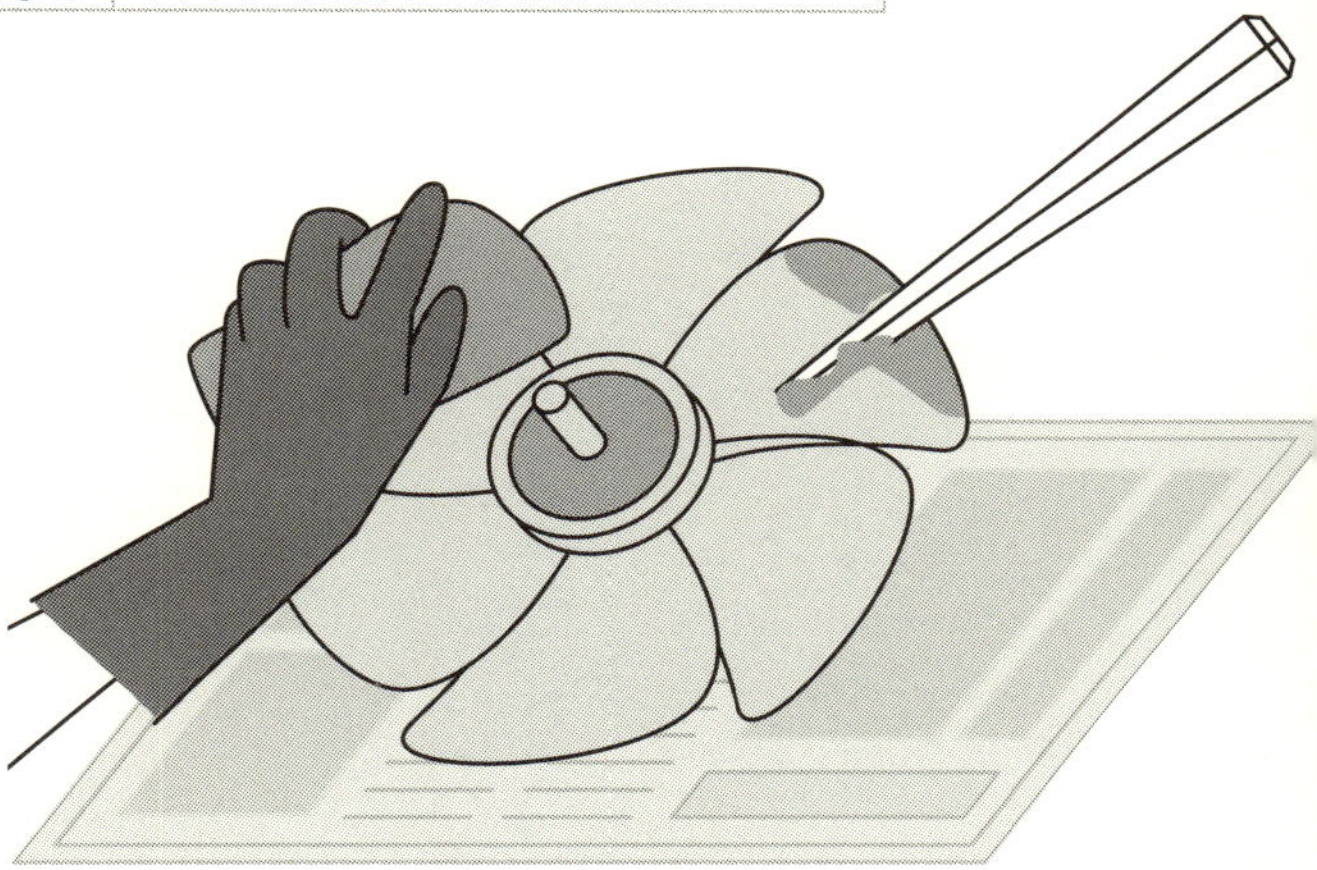

3 プロペラを新聞紙の上に置き、ベトベトした油汚れを新聞やぼろ布で拭き取ります。油汚れの塊は割り箸でこそげ取ります。

4 油汚れ用の洗剤をかけて、古新聞やぼろ布で拭き取ります。細かい部分の汚れは歯ブラシで落とします。

◀次ページに続きます

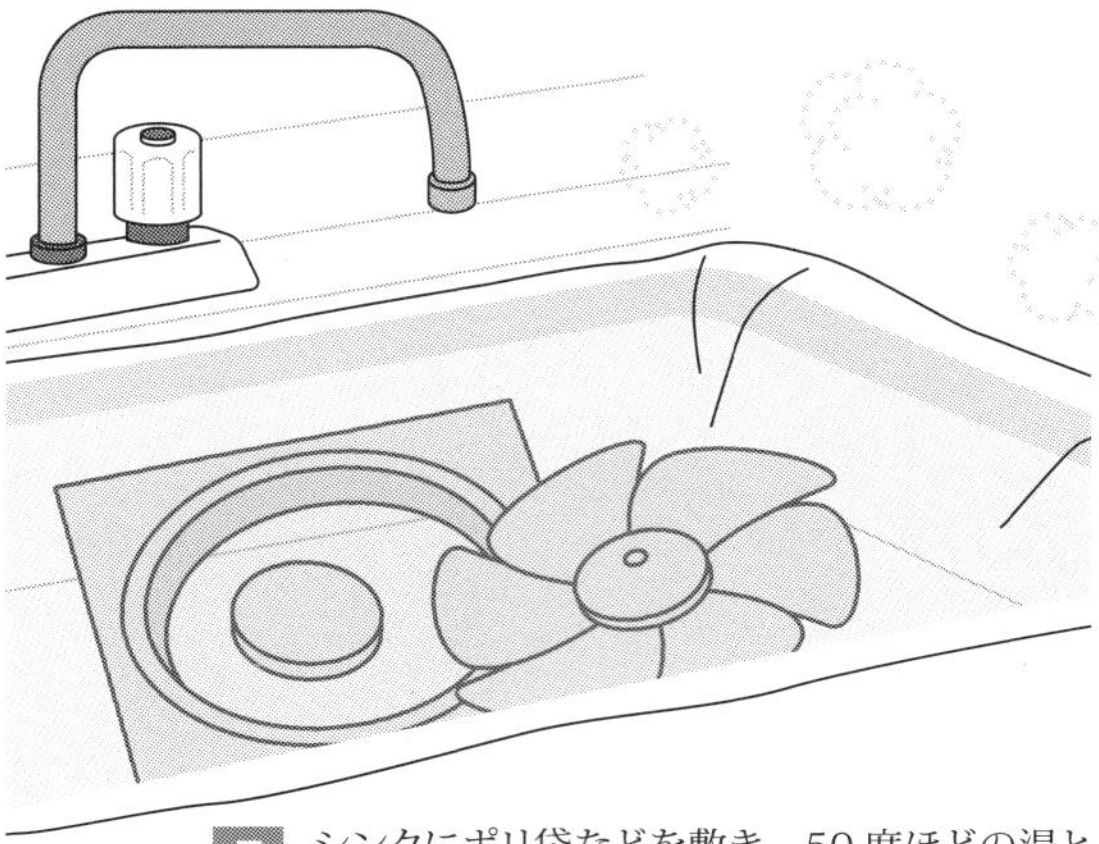

5 シンクにポリ袋などを敷き、50度ほどの湯と食器洗い用洗剤かつけ置きタイプの洗剤を入れて、プロペラやほかの部品を2時間ほどつけ込みます。汚れのひどい側を下向きにするのがコツです。

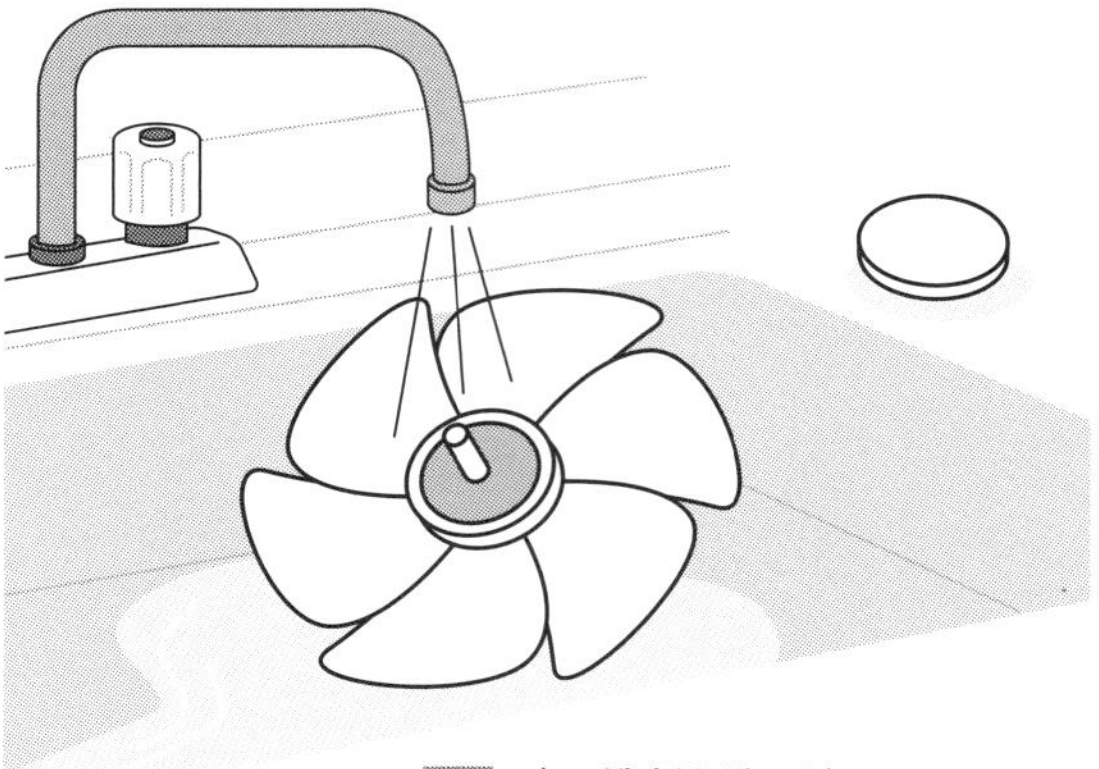

6 水で洗剤を洗い流し、
よく乾燥させてから取りつけます。

頑固な茶渋のついた急須の手入れ

いつの間にか、茶渋がこびりついてしまう急須。手入れする際に頼りになるのが粗塩です。プラス、ある自然素材を使うと、もっと効果的。

1 茶渋の部分に粗塩をつけて、指の腹や歯ブラシでごしごしこすり取ります。みかんやレモンなど柑橘類の皮の内側でこすると、さらに効果があがります。

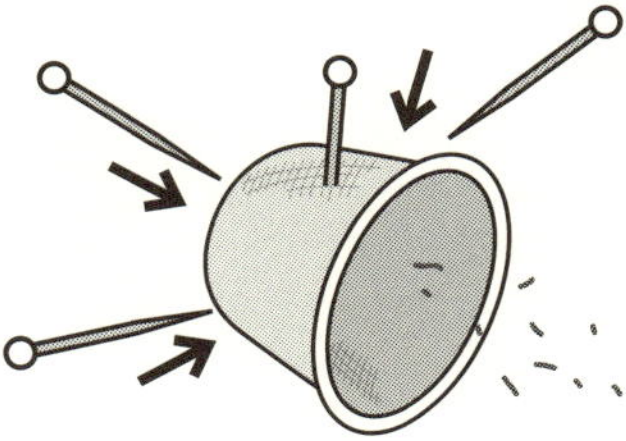

2 茶こしの網目にくっついている細かい茶葉は、爪楊枝や針で押し出してきれいにします。

3 注ぎ口の汚れは、綿棒に粗塩をつけてこすります。

漆器の美しさを保つ手入れ

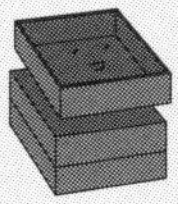

漆器は普段使う機会が少ないので、正しい手入れ方法を知らない人が多いかもしれません。水気に格別弱いほか、ポイントがいくつかあります。

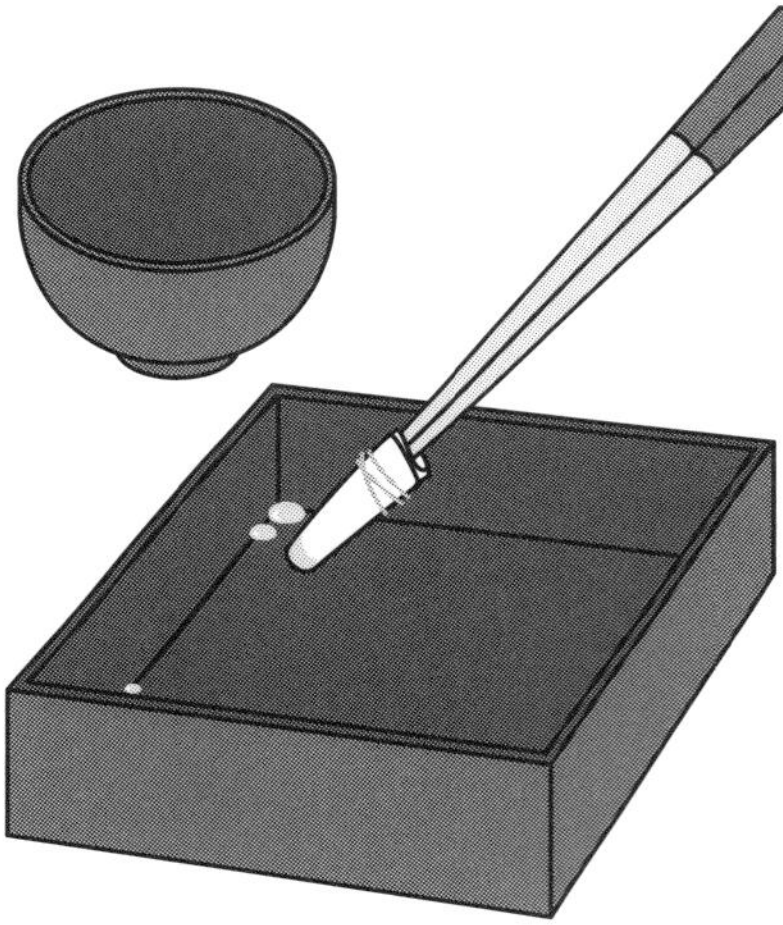

食器洗い用洗剤を使って洗い、布巾などですぐに水気を拭き取ります。重箱の隅やお椀の底など、水分が残りやすい部分は、箸にキッチンペーパーを巻きつけて念入りに拭きます。

×これはNG!

ひび割れを起こしたり、
傷んだりする場合があります。

- 水につけ置きする
- 電子レンジで温める
- 食器洗い乾燥機で急速に乾燥させる
- ドライヤーやストーブで乾燥させる
- 冷蔵庫に入れる
- 直射日光に当てる

第7章

日用品を大事に使い続ける

普段使いのアイテムにも、日ごろのメンテナンスはとても大切。きちんと向き合って手入れすれば、買ったばかりの新品のように蘇ることでしょう。

つゆ先が外れた傘の直し方

つゆ先（親骨の先端部分）は糸で縛っているだけなので、けっこう外れやすいものです。不恰好なので、早めに直したほうがいいでしょう。

傘の構造

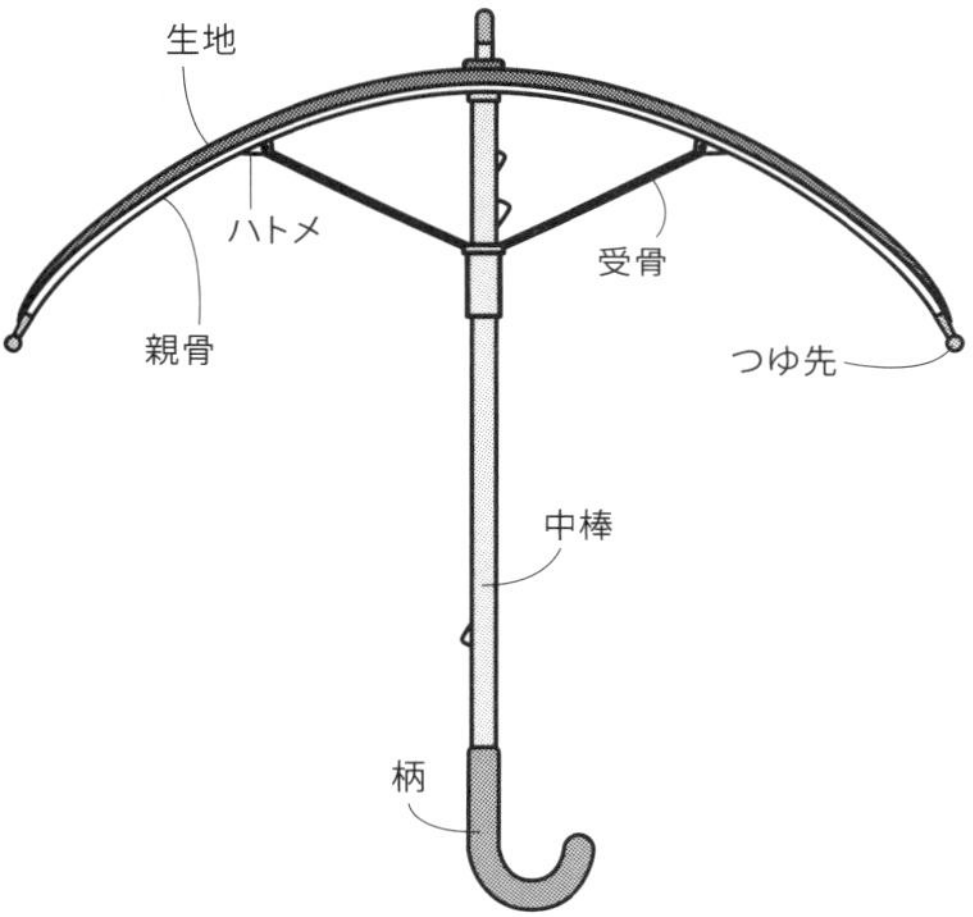

1 木綿糸にろうそくのロウをすり込みます。こうすると、糸が水をはじくので、ほつれにくくなります。

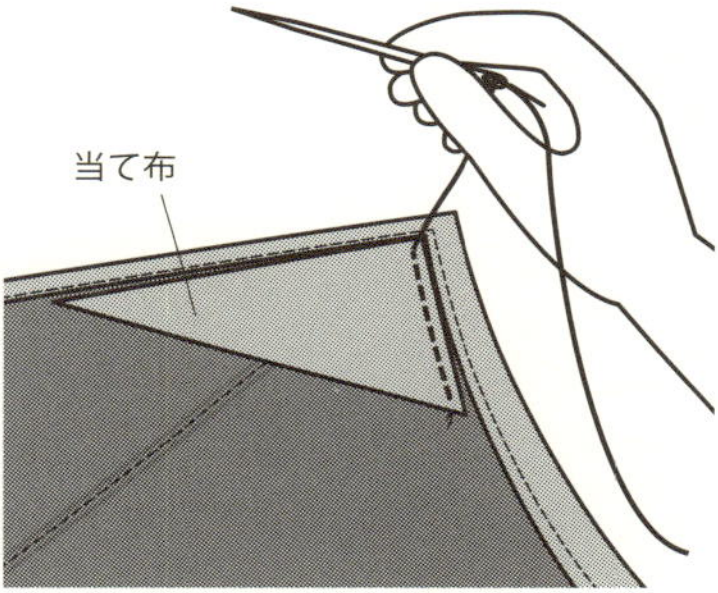

2 布の先端部分が弱っていたら、丈夫な木綿などの当て布をして縫い合わせます。

3 布の先端部分を4〜5mmほど内側に折ります。この折り返した布だけを針ですくい、つゆ先に通します。3〜4回、同じように縫います。

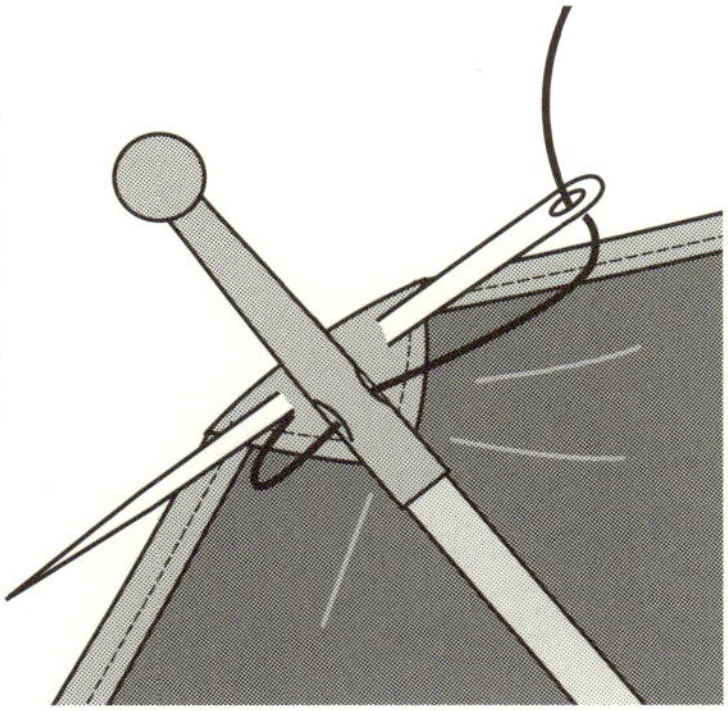

4 布をつゆ先ごと巻くようにして、3回程度、縫い合わせます。

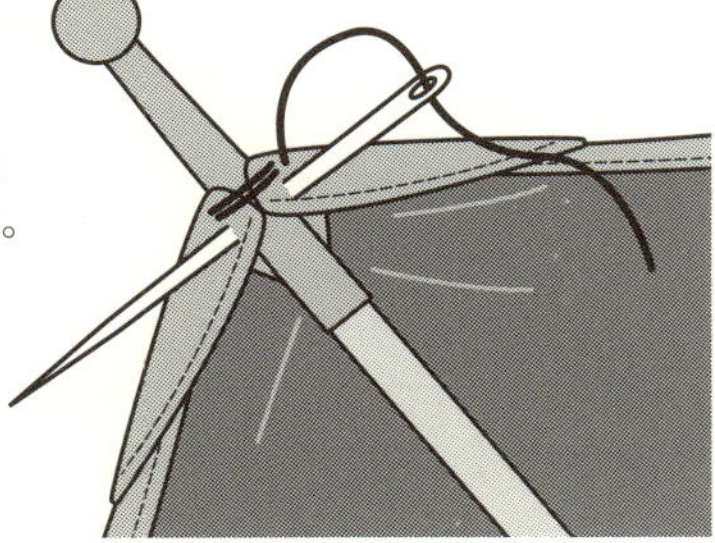

親骨が折れた傘の直し方

親骨と受骨が接する部分は折れやすいもの。傘用の修理部品「三ツ爪」「四ツ爪」をホームセンターで購入すれば、しっかり補強することができます。

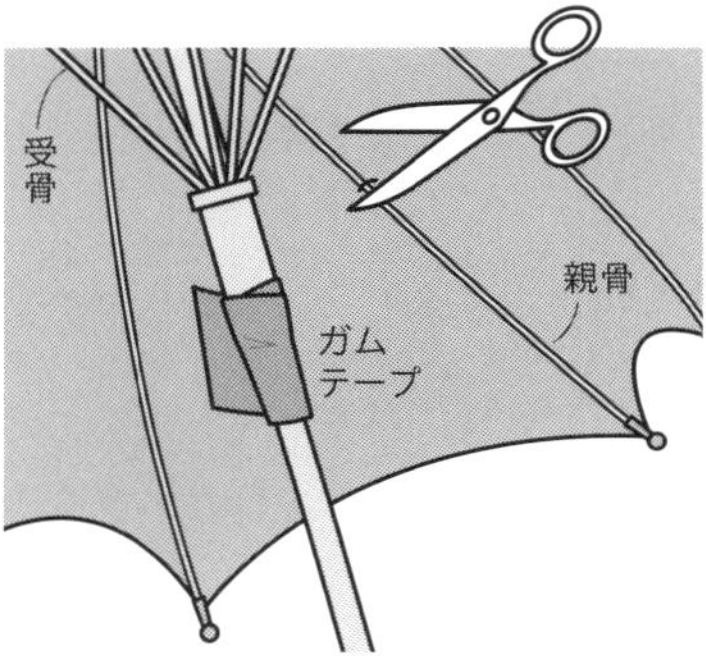

1 作業しやすいように、傘を半開きにしてガムテープを巻いて固定し、布と親骨を結んでいる糸を切ります。

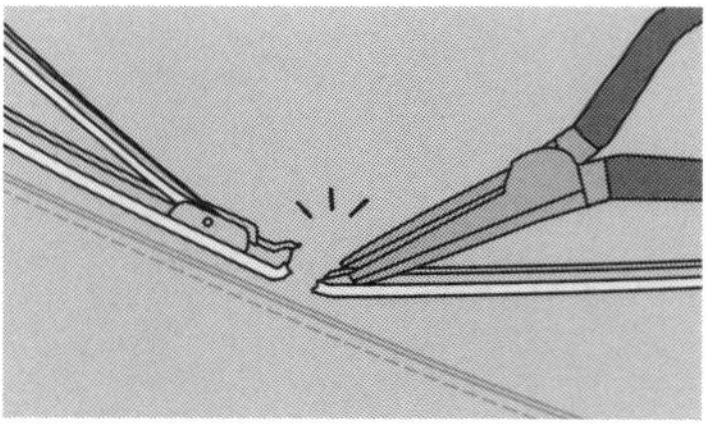

2 折れた部分は変形しているので、ペンチではさんで元のように戻します。

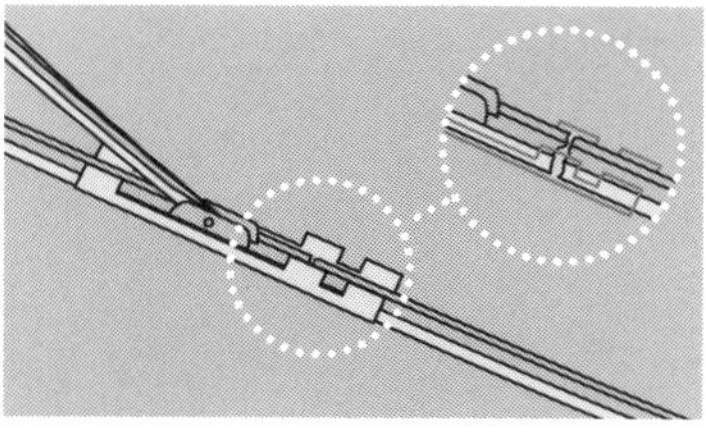

3 修理部品の「三ツ爪」または「四ツ爪」を下からあてがいます。

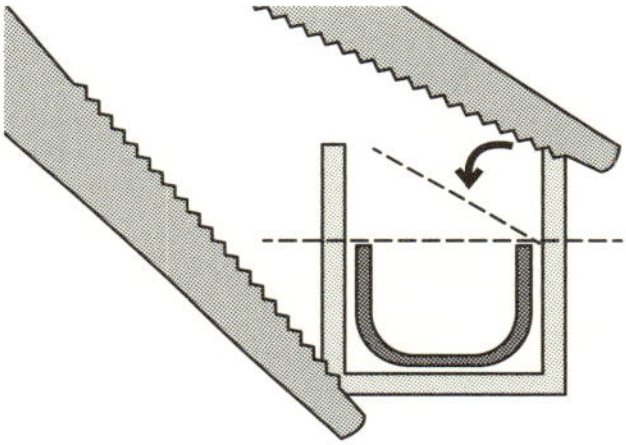

4 ペンチで修理部品の爪をはさんで曲げます。まず、曲げる爪の向かい側からペンチを当てて斜めに曲げます。

5 次に④の逆側からペンチを当てて、下の面と平行になるまで曲げます。

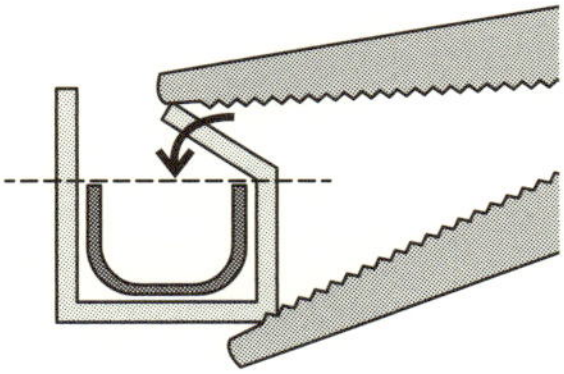

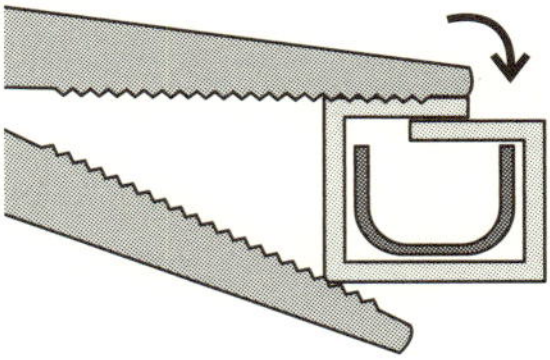

6 同じように反対側の爪も曲げて、両側の爪が重なるようにします。ほかの爪も同じ要領で曲げます。

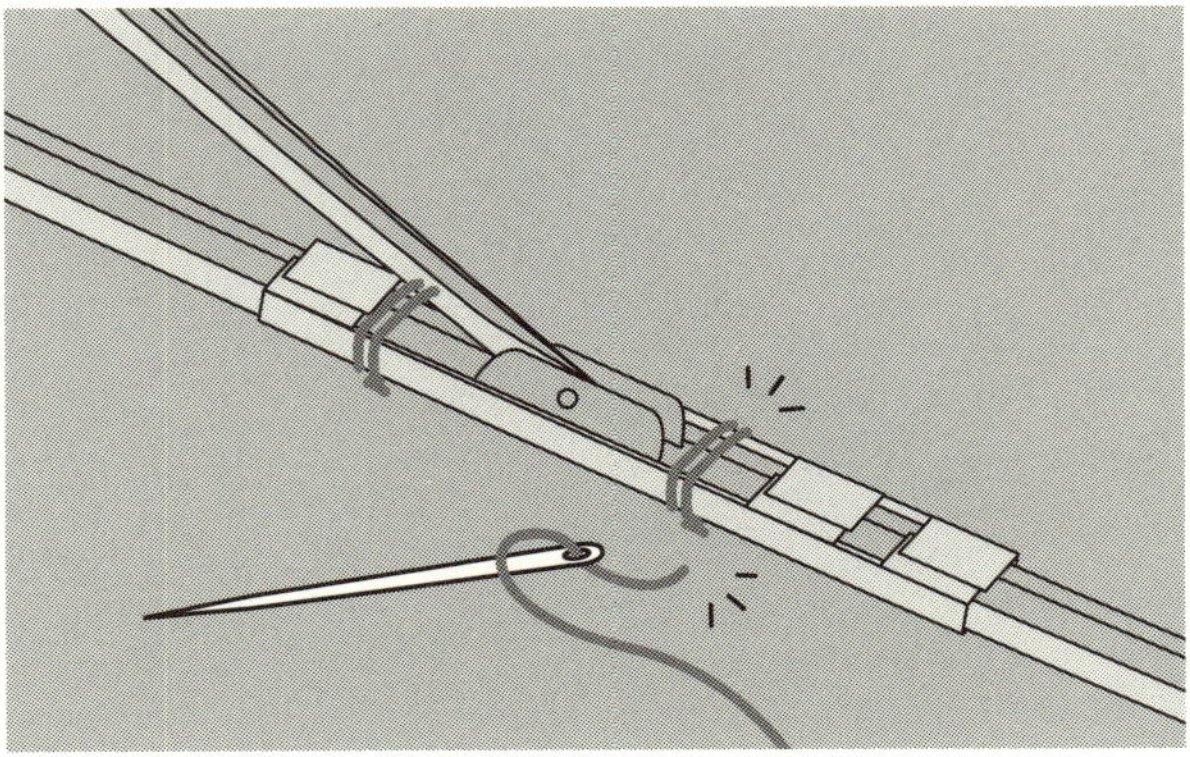

7 布と親骨を糸で縫いつけて玉結びで留めます。

ハトメが外れた傘の直し方

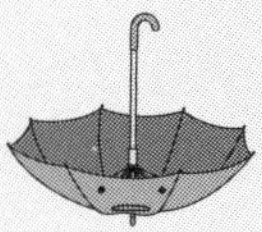

ハトメ（親骨と受骨を接合しているピン）も破損しやすい場所。針金とペンチを使って手軽に直せるので、簡単に捨てないようにしましょう。

接合部分の構造

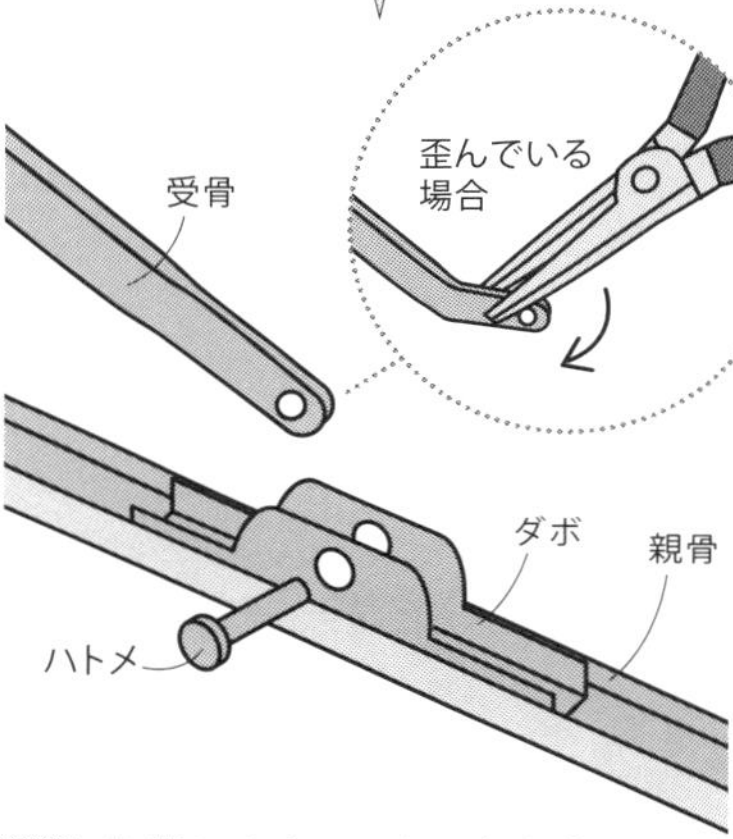

1 作業しやすいように傘を半開きにして、ガムテープなどを巻いて固定します（P122 参照）。接合部分が歪んでいれば、ペンチではさんで直します。

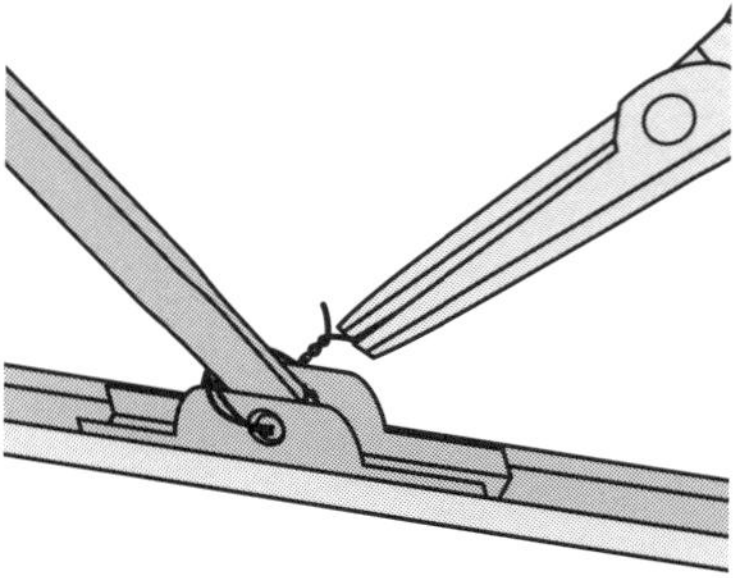

2 受骨とダボの穴を合わせてはめ込みます。針金を通して内側で交差させて、ペンチでねじって固く締め、余分な針金を切り落とします。

汚れた傘の手入れ

骨がさびないように、使った後は開いて陰干し。これが傘を長持ちさせるコツです。汚れてしまったら、きれいに拭いてから乾燥させましょう。

1 汚れやすいのは折り目付近など。ぬるま湯に洗濯用中性洗剤を表示通りに加えてスポンジに含ませ、汚れた部分を優しく拭きます。裏側にタオルを当てると拭きやすくなります。

2 陰干しして、完全に乾かしてからしまいます。日光に当てると変色する恐れがあります。

汚れたメガネのレンズをきれいにする方法

メガネのレンズはほこりや皮脂などで汚れやすいものです。専用のレンズクロスを使っても、そのまま拭けば傷つく可能性があるので注意を。

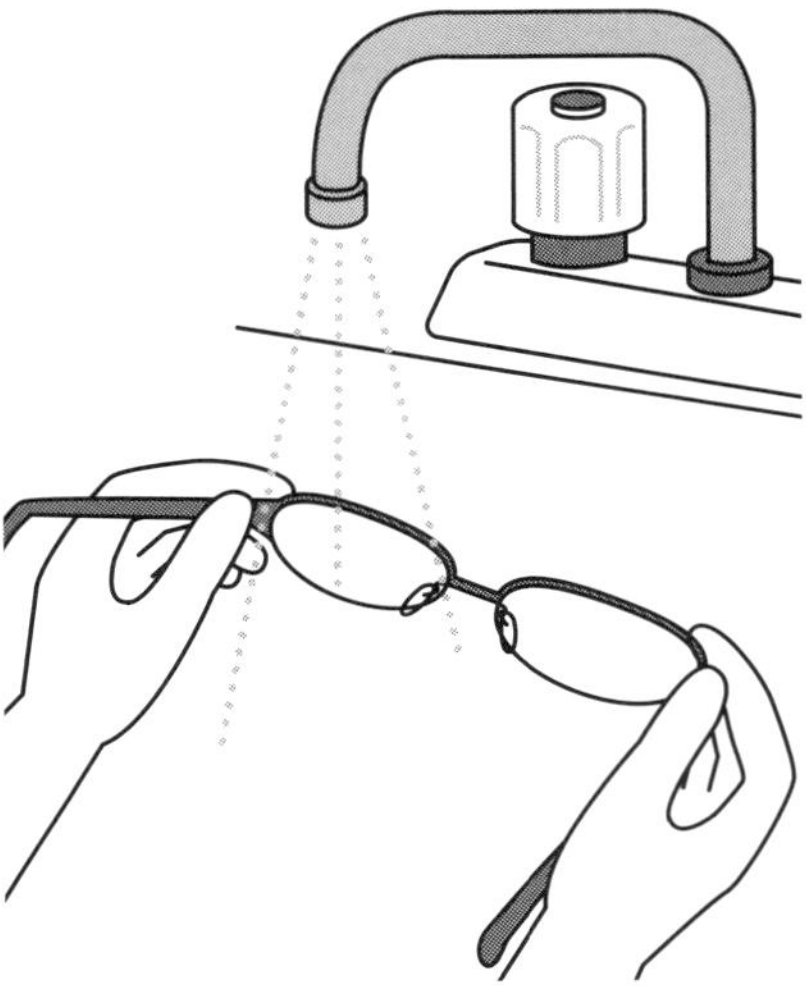

1 まず流水に当てて、レンズを傷つける固い汚れを洗い落とします。

2 ぬるま湯をためた洗面器に食器洗い用中性洗剤を加えメガネ全体を洗います。

3 鼻あての部分は軟らかい歯ブラシを使って汚れを落とします。

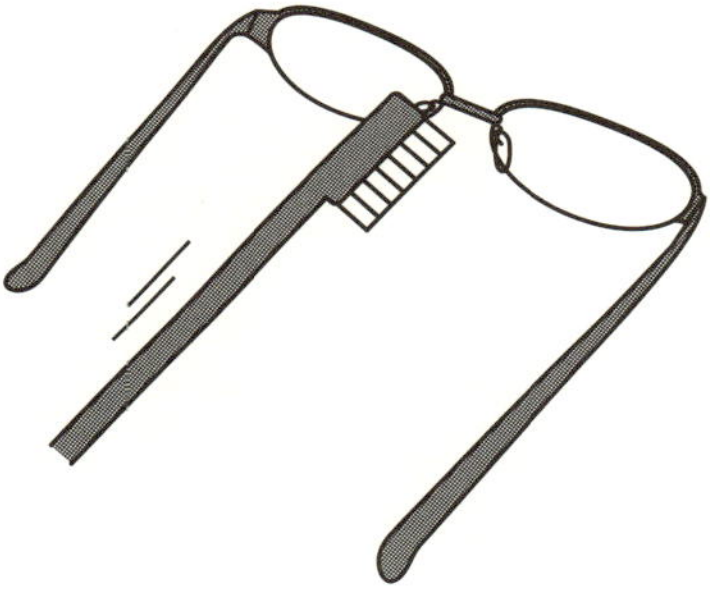

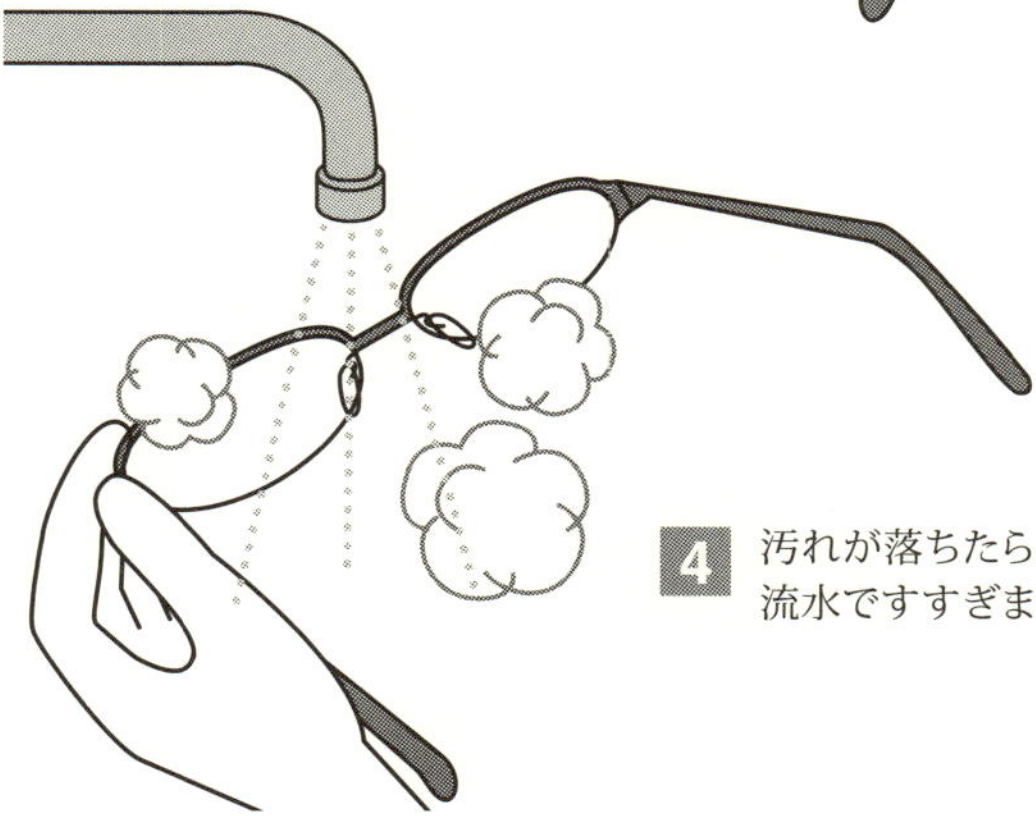

4 汚れが落ちたら、流水ですすぎます。

5 軟らかいタオルやガーゼなどに水分を移すようにして拭きます。

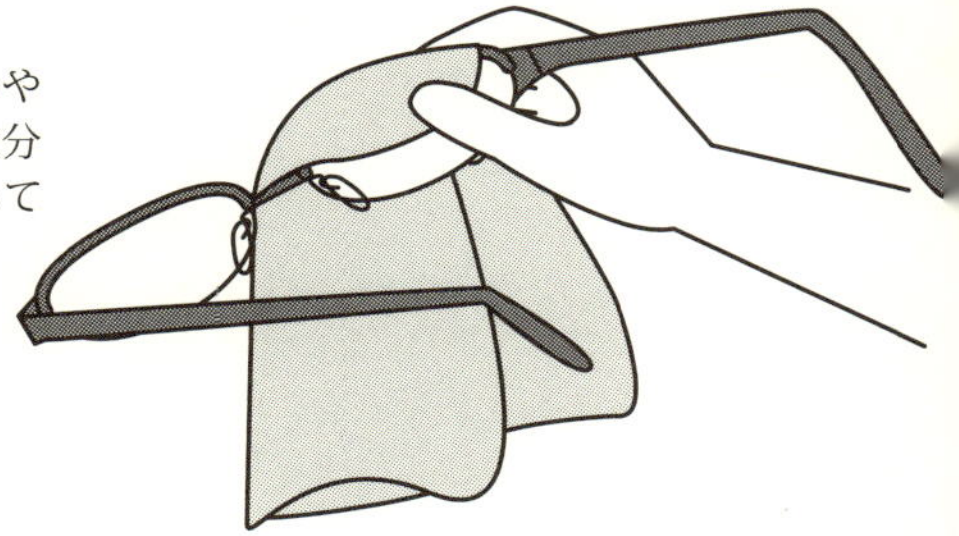

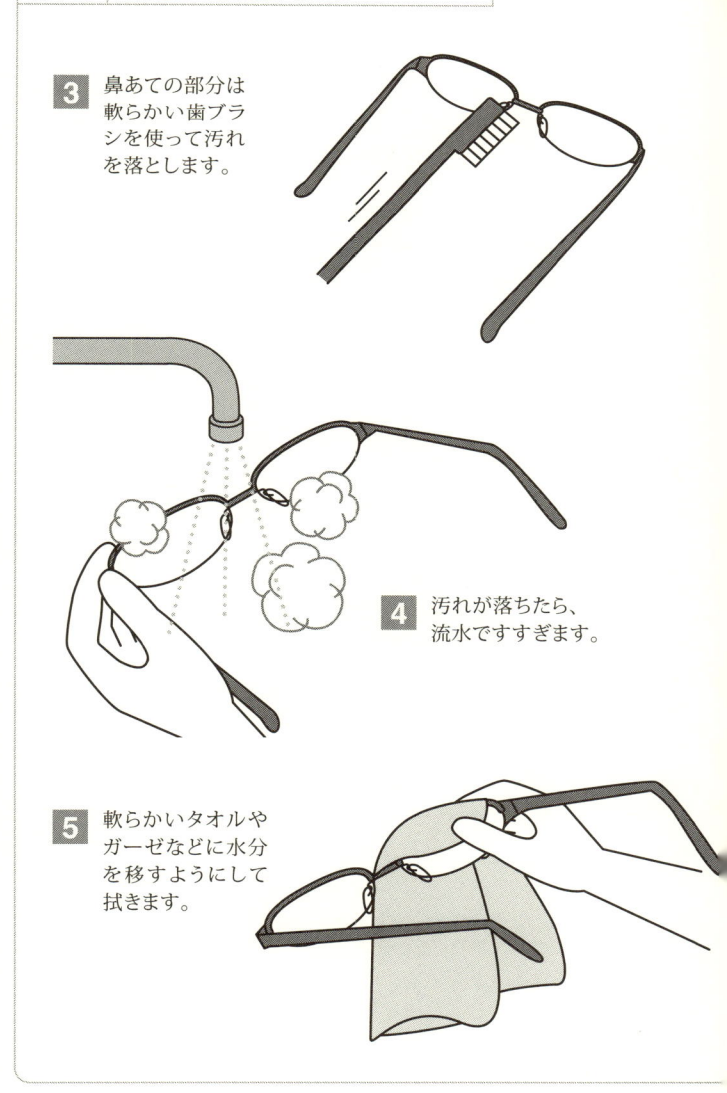

汚れた革手袋の手入れ

革手袋のなかでも、表面がケバだっているタイプは洗うことができません。表面がツルツルしていれば、多少色落ちはしますが、洗うことも可能です。

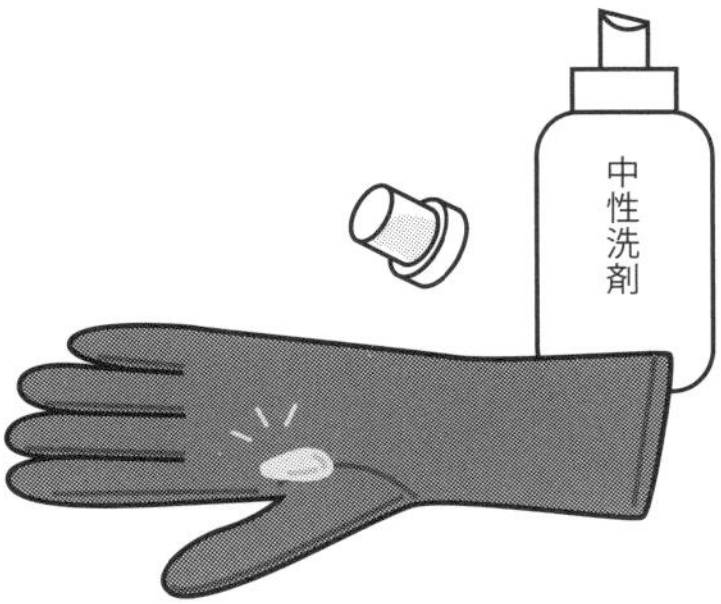

1 目立たないところに洗濯用中性洗剤の原液をつけて、色落ちテストをします。多少色落ちする程度なら、洗ってもかまいません。

2 中性洗剤をぬるま湯に薄めに溶かして、手袋の片方を手にはめて洗剤液に浸します。

3 歯ブラシで汚れを落としていきます。

4 手にはめたまますすぎます。片方の手袋も同じように洗ってすすぎます。

5 タオルで包んで水分を吸い取り、陰干しします。

汚れた革製バッグの手入れ

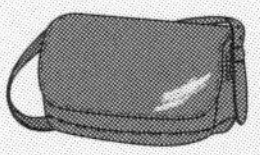

同じバッグを愛用していると、いつの間にか汚れがついてしまうものです。特に角の部分は汚れやすいので、早め早めに手入れしましょう。

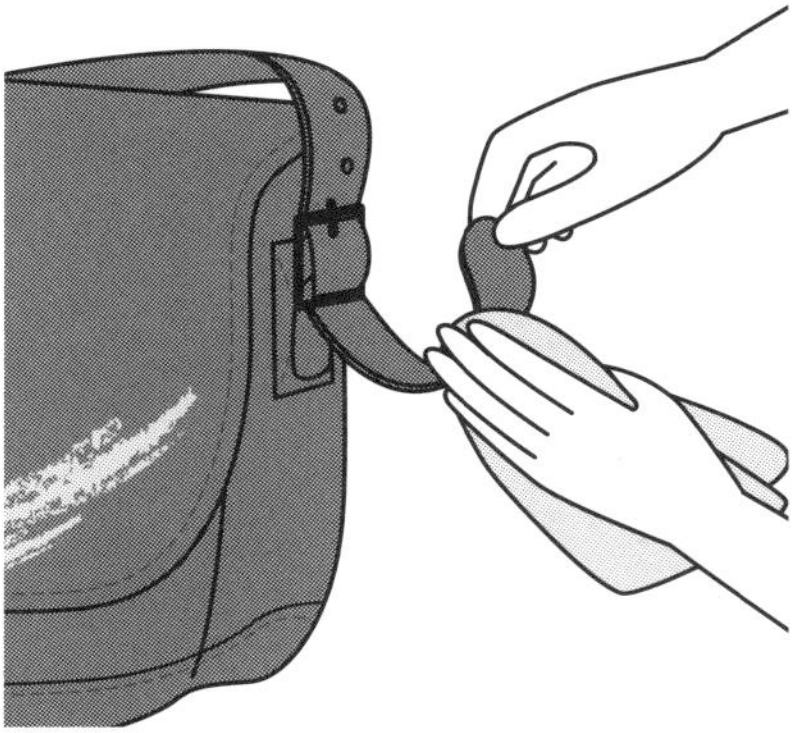

1 汚れ落とし用の皮革用クリーナーをホームセンターなどで購入し、ごく少量を布に含ませ、まず目立たない場所で色落ちテストをします。

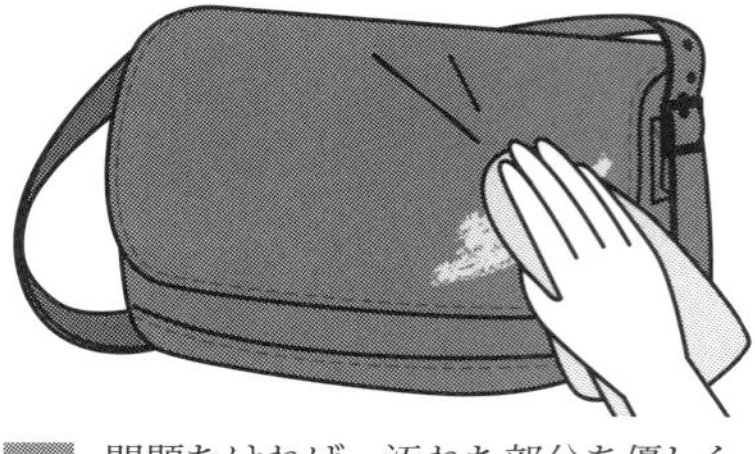

2 問題なければ、汚れた部分を優しく叩くようにして汚れを取ります。

×これはNG！

強くこすると
色落ちする恐れがあります。

雨に濡れた革製バッグの手入れ

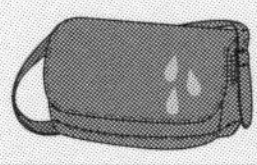

革製バッグは水が大敵。予期しない雨で濡れた場合、放っておくと型崩れの原因になるので、早く手入れすることが大切です。

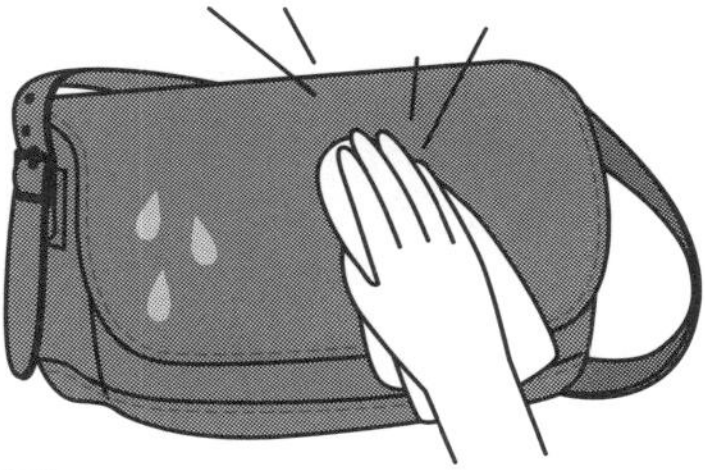

1 乾いた布で水気をしっかり拭き取ります。優しく叩くようにするのがコツです。

2 ひどく濡れた場合は、中に新聞紙を詰めて陰干しします。

3 皮革に保湿と栄養を与える専用クリームをホームセンターなどで購入し、バッグが乾いたら布に含ませて塗ります。

汚れたメイクブラシの手入れ

毎日の化粧で使われることにより、意外に汚れていくのがメイクブラシ。時にはしっかり洗って、清潔さを取り戻すようにしましょう。

1 洗面器などにぬるま湯をためて、優しく振り洗いをします。

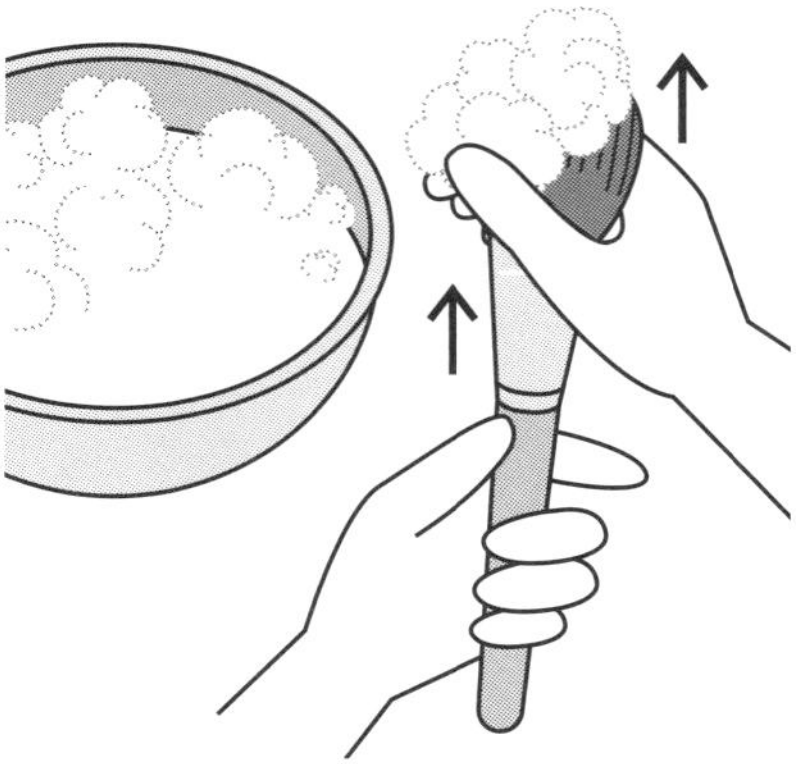

2 ぬるま湯にボディシャンプーや石けんを溶かして泡立て、泡を含ませながら洗います。根元から毛先に向かってしごくように洗うのがコツです。

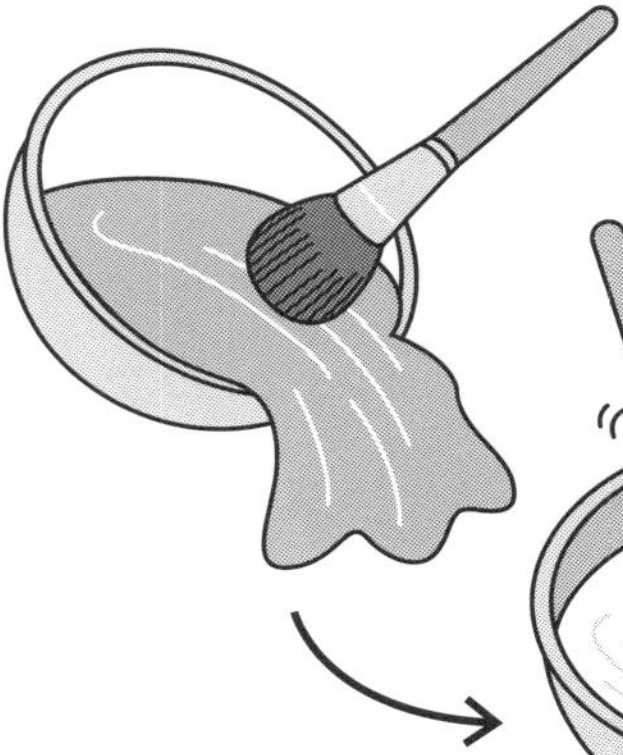

3 入れ替えたぬるま湯で振り洗いしてすすぎます。汚れた色が出なくなるまで、湯を替えながら繰り返します。

4 リンスを少しつけて、ぬるま湯の中ですすぎます。

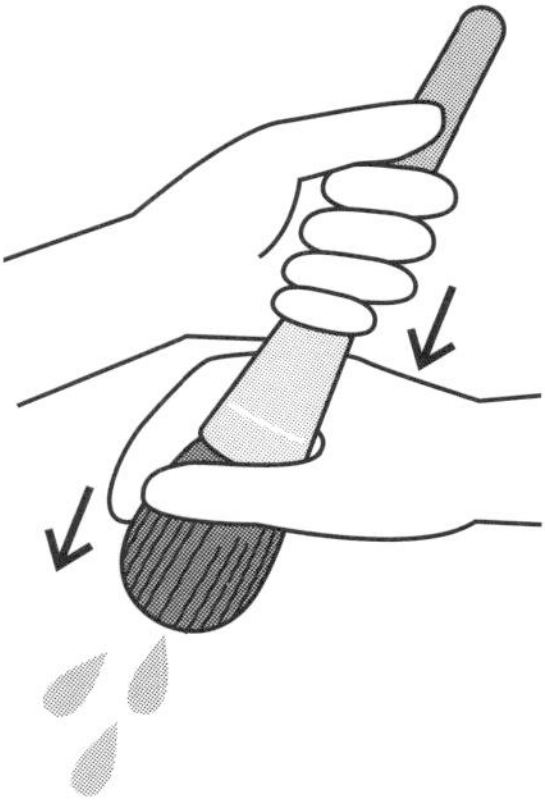

5 根元から毛先に向けてしごくように水気をきり、毛先を逆さにして陰干しします。

汚れたパフの手入れ

パフやスポンジ類も使ううちに汚れていきます。肌に直接当てるものなので、週に1度は洗うようにして、気持ち良くメイクをしましょう。

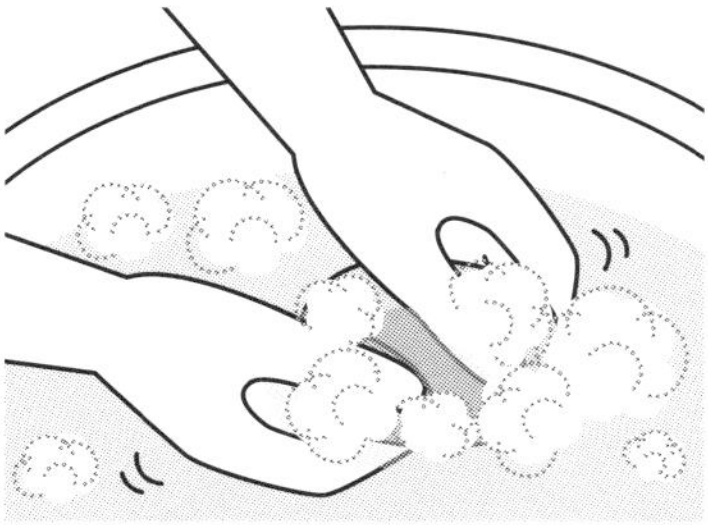

1 洗面器などにぬるま湯をためてボディシャンプーや石けんを溶かして泡立て、もみ洗いします。

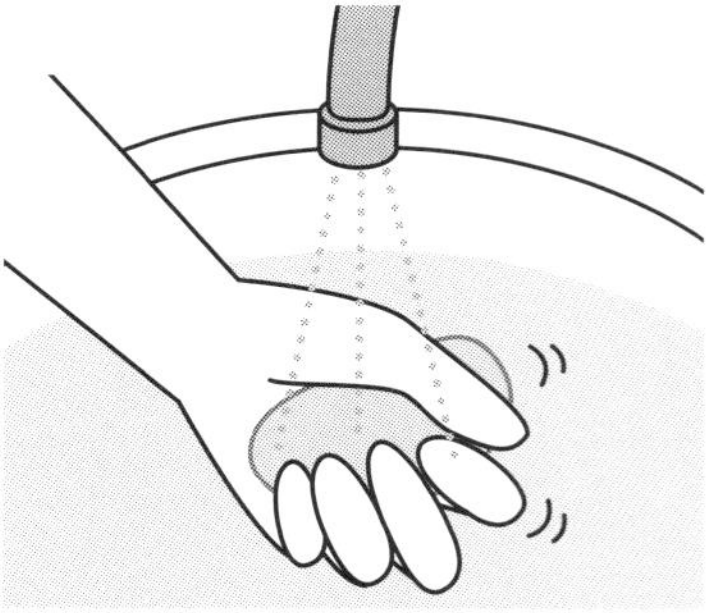

2 ぬるま湯を当てながらもみ洗いして、汚れた色が出なくなるまですすぎます。

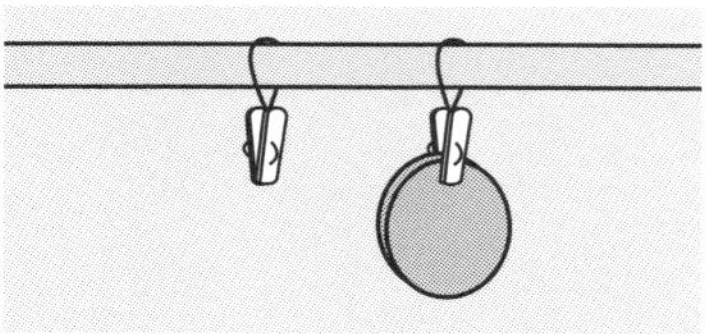

3 タオルで包んで水気を取り、陰干しします。

髪の毛がからんだ ヘアブラシの手入れ

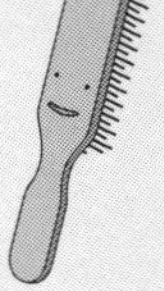

抜け毛やほこりが絡まって、いつの間にかすごい状態になっているのがヘアブラシ。ひどい場合はシャンプーで洗うのがおすすめです。

1 爪楊枝を使って、抜け毛やほこりをできるだけ取り除きます。

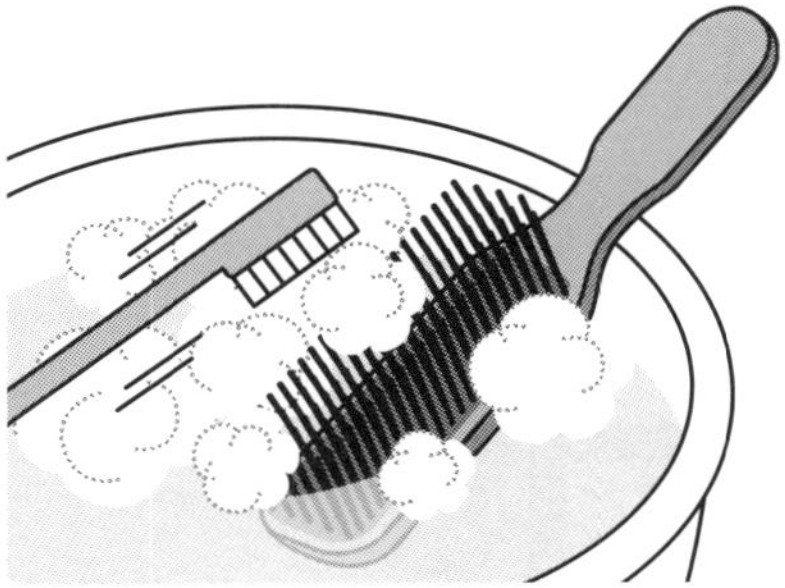

2 洗面器などにぬるま湯をためてシャンプーを溶かして泡立て、歯ブラシで優しくこすりながら洗います。

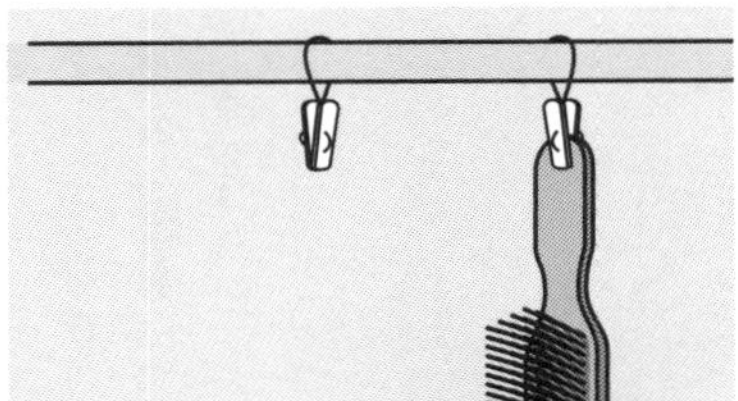

3 水気をきって、陰干しします。

汚れたパソコンの手入れ

パソコンは精密機械。上級者でなければ、内部の手入れは避けるのが無難です。目に見える部分については定期的に掃除しましょう。

手入れ前の注意点

必ず本体や周辺機器の電源をオフにし、
電源プラグをコンセントから抜いておきます。

汚れたディスプレイの手入れ

OA クリーニング用のクロスやメガネ拭きで軽く拭きます。

×これはNG!

市販の化学雑巾は、
画面を傷める恐れがあるので
使ってはいけません。

汚れたキーボードの手入れ

1 水で薄めた食器洗い用中性洗剤を布に含ませ、
固く絞ってから汚れを拭き取ります。
その後、水に浸した布を固く絞って拭きます。

2 キーとキーの間のほこりは、
毛先の軟らかいハケや筆で取り除きます。

×これはNG!

掃除機で吸い取ると、故障の原因になります。

◀次ページに続きます

汚れたパソコン本体の手入れ

1 水で薄めた食器洗い用中性洗剤を布に含ませ、固く絞ってから汚れを拭き取ります。その後、水に浸した布を固く絞って拭きます。

2 通風孔のほこりは掃除機で吸い取ります。
※機種によっては掃除機を使えないこともあります。

汚れたマウスの手入れ

1 水で薄めた食器洗い用中性洗剤を布に含ませ、固く絞ってから汚れを拭き取ります。手が触れる部分は重点的に。その後、水に浸した布を固く絞って拭きます。

2 裏面の継ぎ目などに入ったほこりは、
爪楊枝で取り出します。

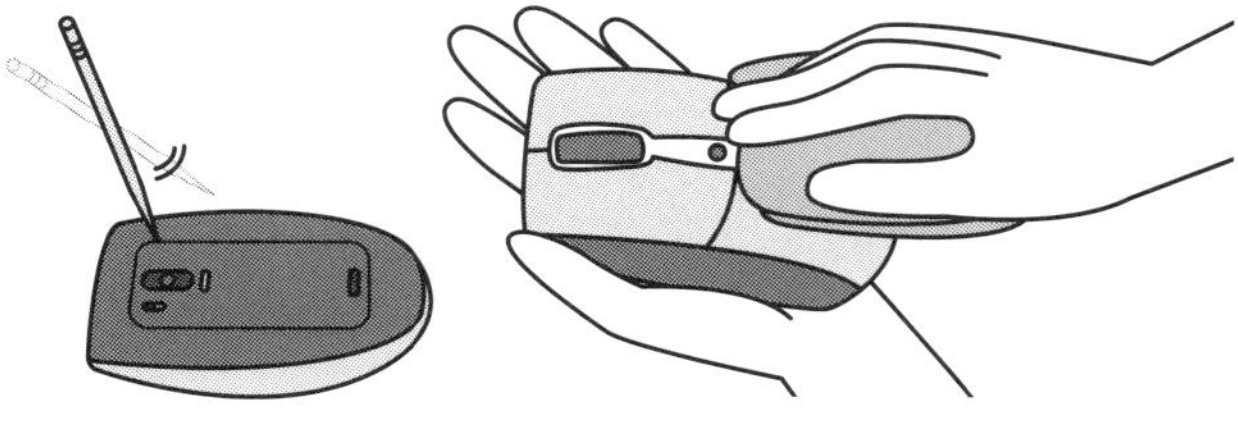

手垢で汚れたデジカメの手入れ

カメラのレンズを扱うには細心の注意が必要。手垢で汚れたり、指紋がついてしまった時には、丁寧に拭き取るようにしましょう。

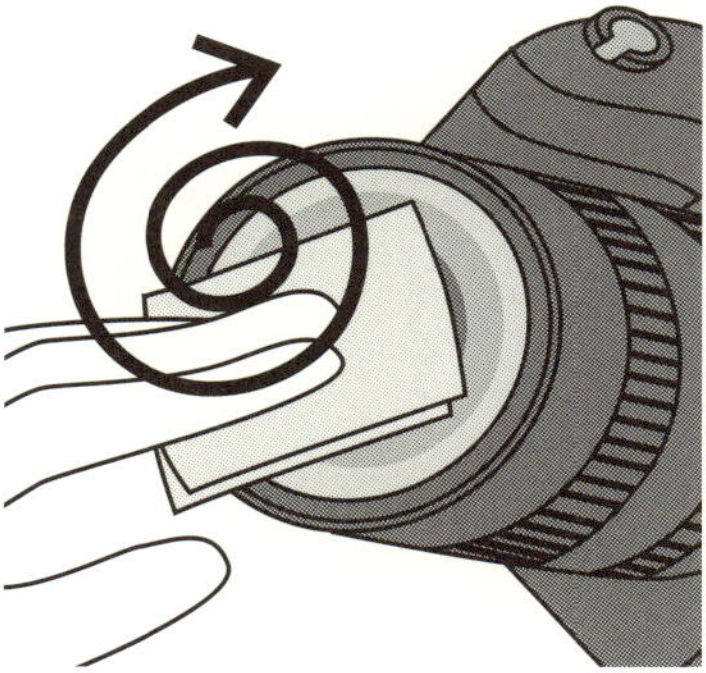

1 レンズに息を軽く吹きかけて、専用のレンズティッシュなどで拭き取るか、レンズクリーナーでティッシュを湿らせて拭きます。中心から外側に向かって渦巻き状に拭くのがコツです。

2 液晶モニタは専用のレンズティッシュなどで拭きます。四隅は綿棒とティッシュを組み合わせると汚れがよく取れます。

インクが詰まった万年筆の手入れ

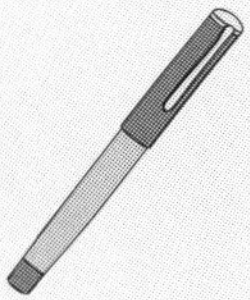

万年筆は長い間使わないと書きづらくなります。多くの場合、原因はインクの詰まり。きっちり掃除をすれば、再び書けるようになるはずです。

カートリッジ式・コンバータ式の手入れ

1 カートリッジまたはコンバータを抜いて、ペン先とペン先のついた部分を、水の入ったコップの中にひと晩つけて置きます。

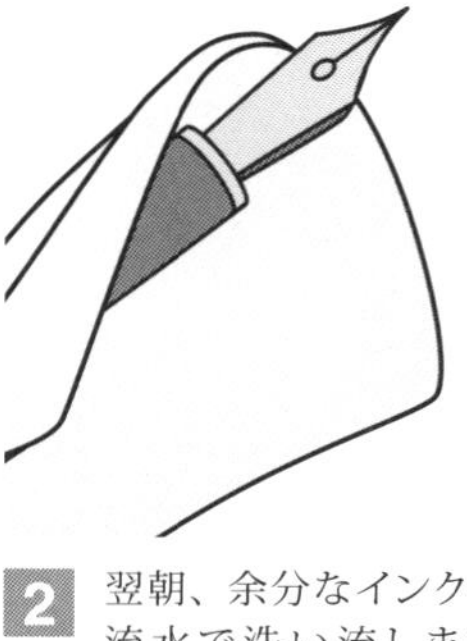

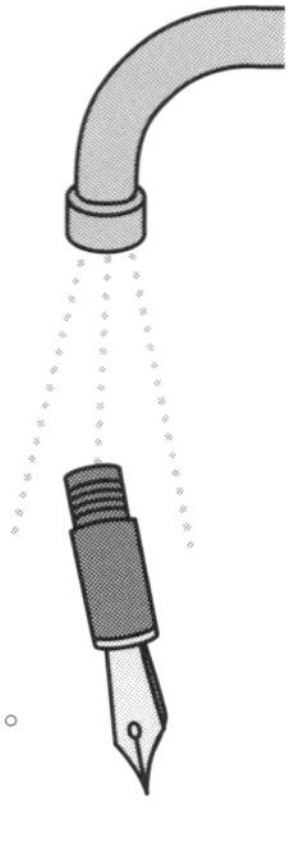

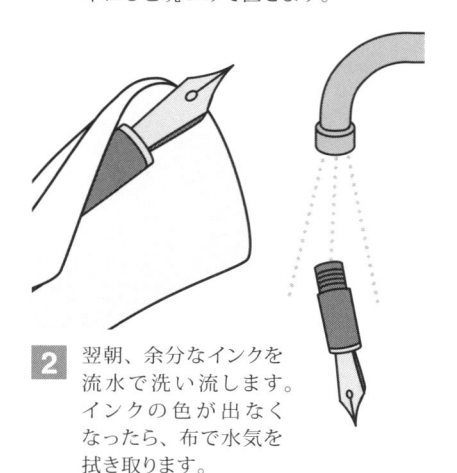

2 翌朝、余分なインクを流水で洗い流します。インクの色が出なくなったら、布で水気を拭き取ります。

吸入式の手入れ

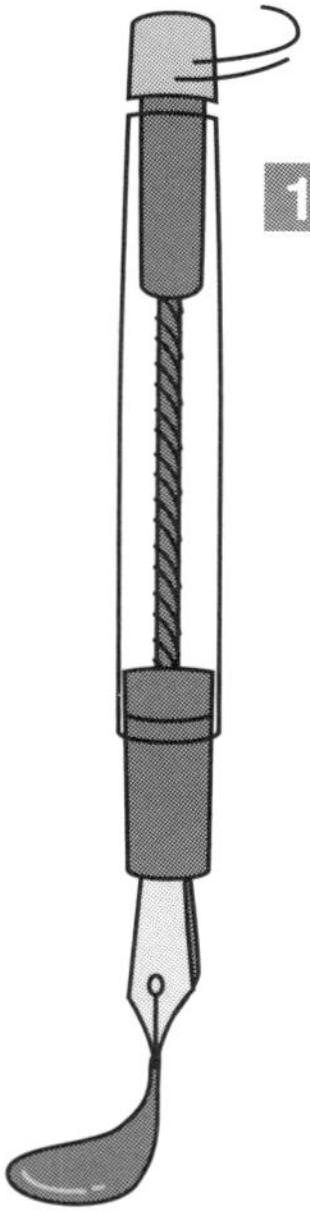

1 吸入ノブを回して、タンク内のインクをすべて抜きます。

2 水の入ったコップの中にペン先を入れて、吸入ノブを左右に回して、水を吸い込ませたり、吐き出させたりします。布で水気を拭き取ります。

切れなくなった はさみの研ぎ方

はさみは使うたびに刃と刃がこすれ合うので、次第に切れ味が悪くなります。切れなくなったな、と感じたら早めに手入れするようにしましょう。

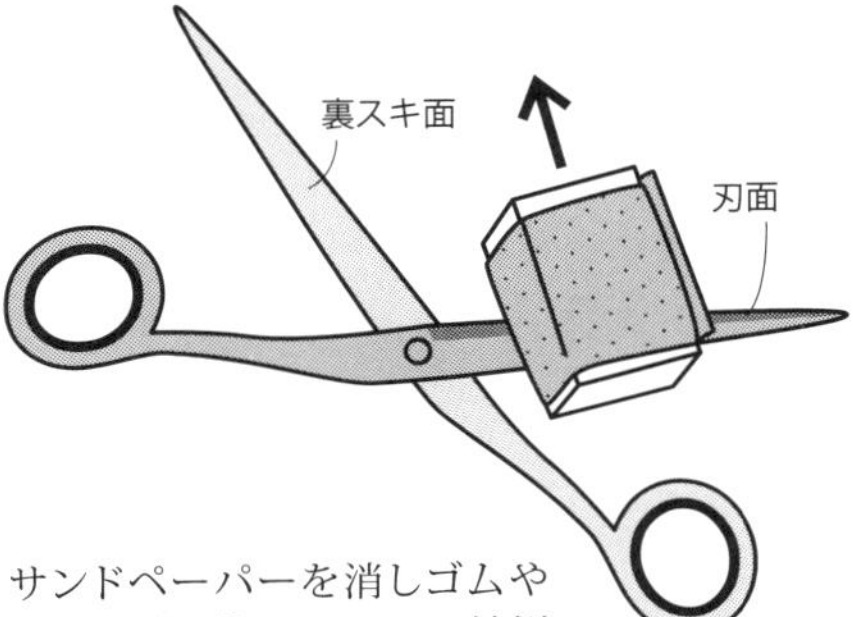

サンドペーパーを消しゴムや木片などに巻いて、刃の外側から内側に向かって磨きます。

×これはNG!

刃面の裏側の刃のない平らな面（裏スキ面）は絶対に研いではいけません。逆に切れなくなることがあります。

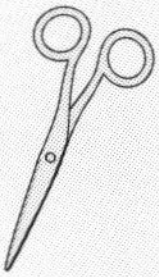

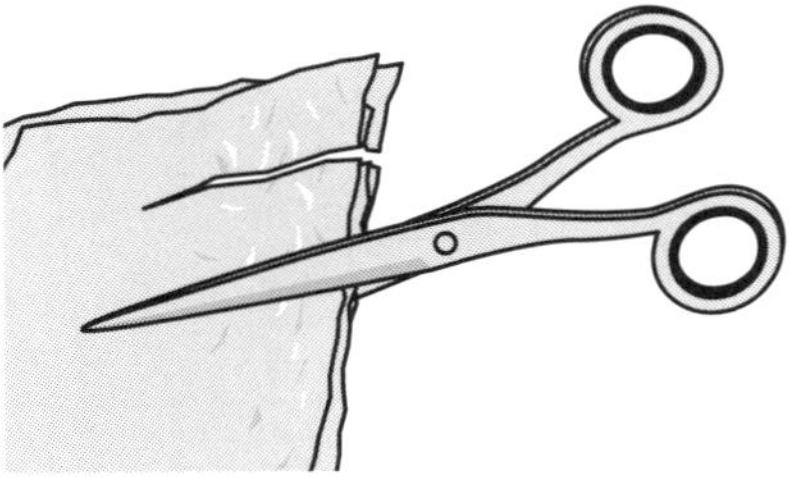

手軽な手入れとして、アルミホイルを数枚重ねて、切れ味を取り戻すまで切る方法もあります。

第8章

自転車・自動車の悩みが解決する

自転車のさびの落とし方や
注油の仕方、パンクの直し方、
チェーンのはめ直し方、
正しい洗車のやり方まで、
愛車の手入れ方法を集めました。

走りが軽くなる自転車の注油方法

自転車のメンテナンスの基本となるのは、日ごろの適切な注油です。さび防止効果もある潤滑剤をホームセンターや自転車店で購入しましょう。

1 油で汚れないように、リムを布や新聞紙などで覆います。

2 チェーンに防さび潤滑剤をスプレーします。ノズルを近づけてピンポイントでかけるのがコツです。チェーンにカバーがある場合は、カバーを外してから注油します(P146参照)。

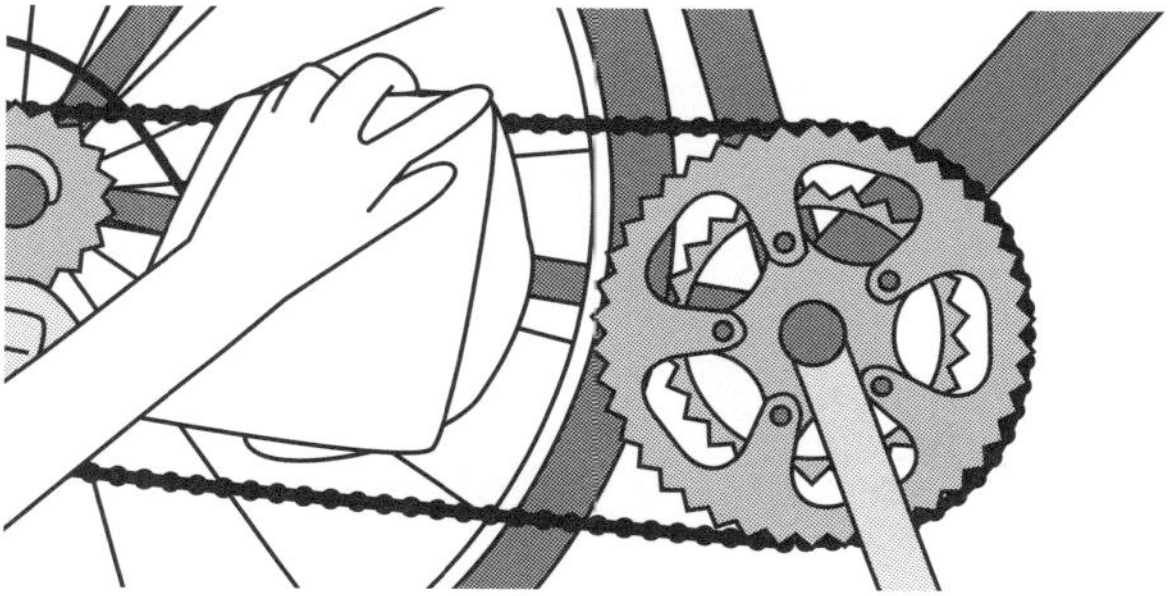

3 2〜3分おいて防さび潤滑剤が浸透してから、布で余分な油を拭き取ります。

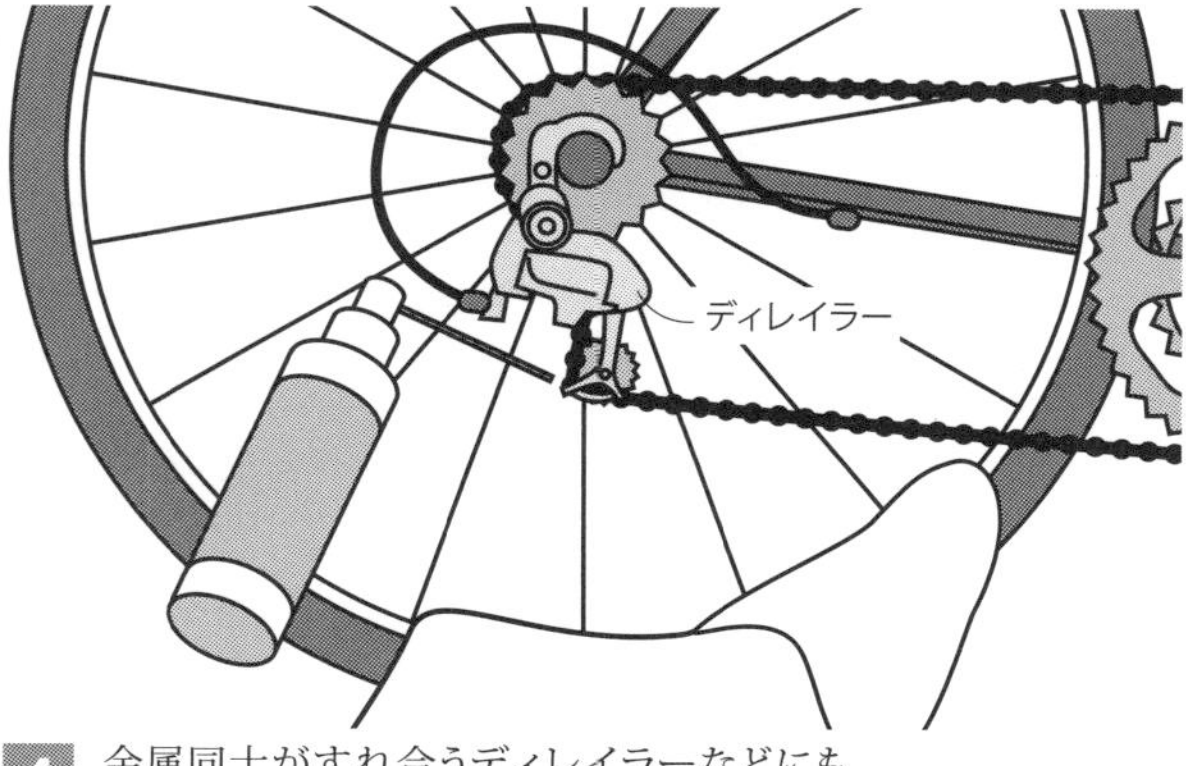

4 金属同士がすれ合うディレイラーなどにも、同じように注油します。

×これはNG!

リムに注油するとブレーキに支障が出ます。
絶対に注油してはいけません。

外れたチェーンのはめ直し方

自転車でよくあるトラブルがチェーンの外れ。はめ直すことはそれほど難しくないので、ぜひ習得しておきましょう。

チェーンにカバーがある場合

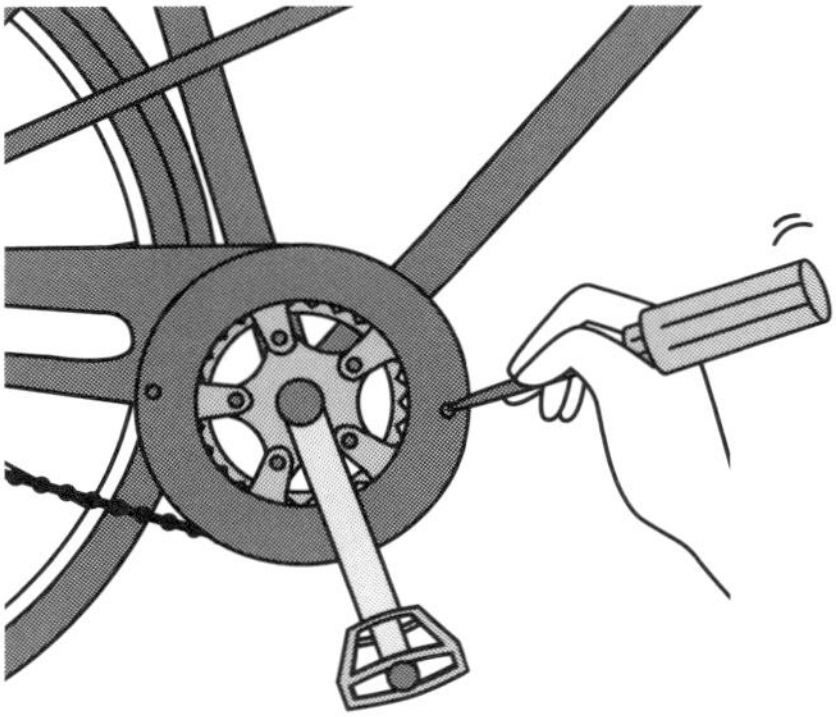

1 ドライバーでネジを外します。回しにくい場合はネジがさびているので、防さび潤滑剤をスプレーしてしばらく置き、さびを浮かせてから回します。

2 作業しやすいように、カバーをペダルに引っかけます。

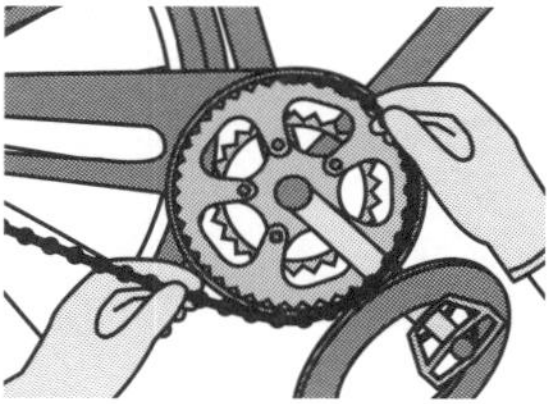

3 ギアの手前にチェーンが外れている場合、軍手などをはめた手でつかんでギアの歯に引っかけます。

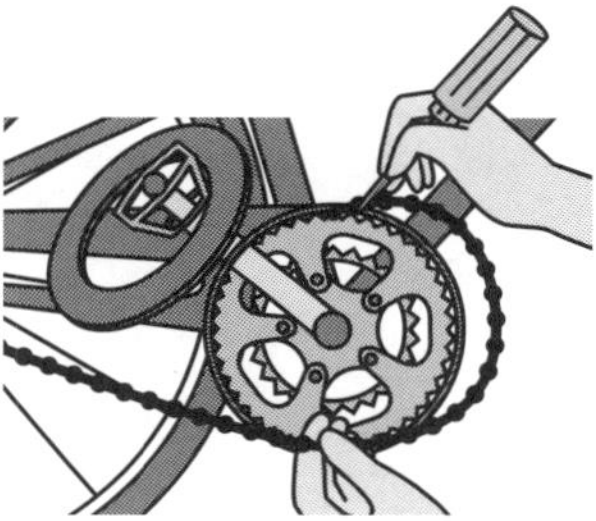

4 ギアの奥にチェーンが外れている場合、ドライバーなどを使って手前に引き出しギアの歯に引っかけます。

5 後輪を浮かせてペダルを回すと、チェーン全体がギアの歯に引っかかっていきます。

後輪にプーリーがある場合

プーリーを押すと、チェーンが大きくたわみます。チェーンをギアの歯にかけて、後輪を浮かせてペダルを回します。

パンクした自転車の直し方

自転車トラブルの代表がパンク。自転車店やホームセンターでタイヤレバーと補修用パッチ、ゴムのりなどを購入して修理してみましょう。

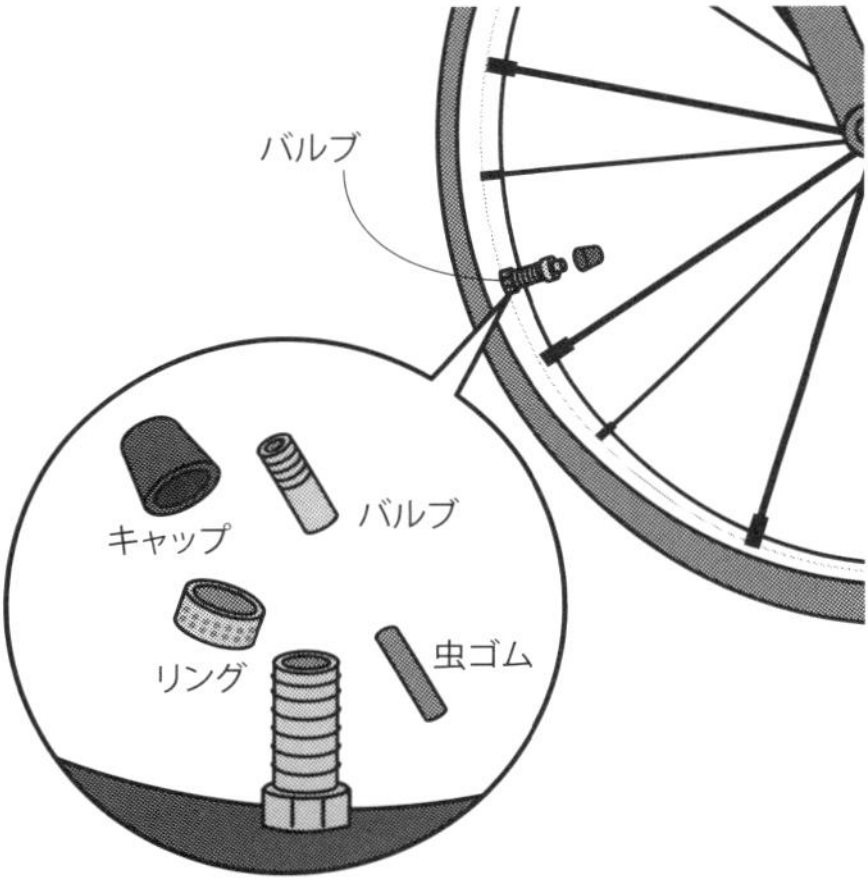

1 バルブ部分の虫ゴム、キャップ、リングを外し、タイヤの空気をすべて抜きます。

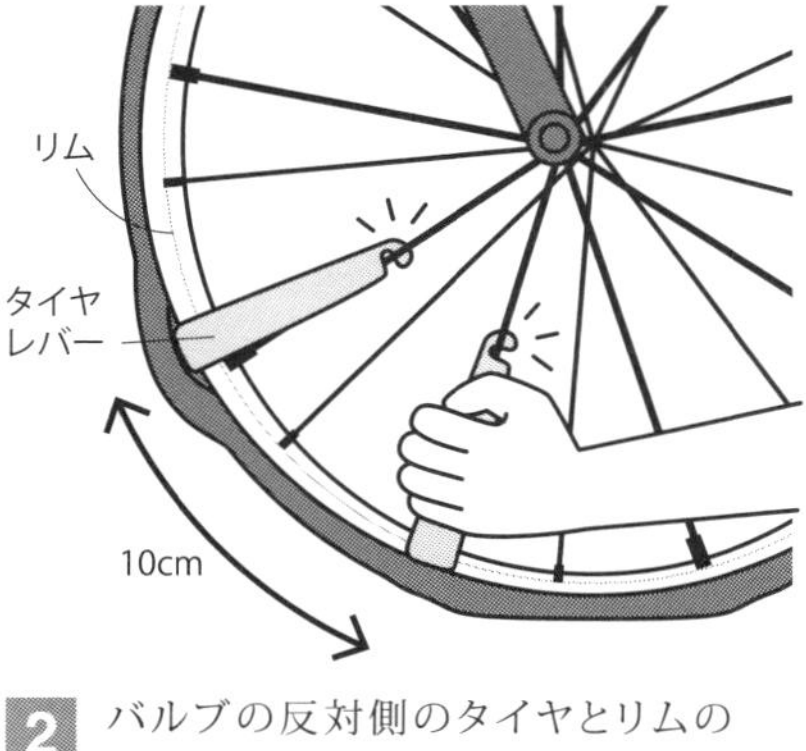

2 バルブの反対側のタイヤとリムの間にタイヤレバーを少しはめ込み、反対側をスポークに引っかけます。10cmほど離れた場所でも同じ作業をします。

3 隙間に指を入れて、タイヤ周りを1周ぐるりと回してタイヤの片側を外します。この時、手を傷めないように注意を。

4 バルブの反対側のタイヤの内側からチューブを引き出して外します。

5 水を入れた容器にチューブを沈めて、空気入れで空気を入れます。チューブを回しながらチェック。泡が出る場所がパンク箇所です。

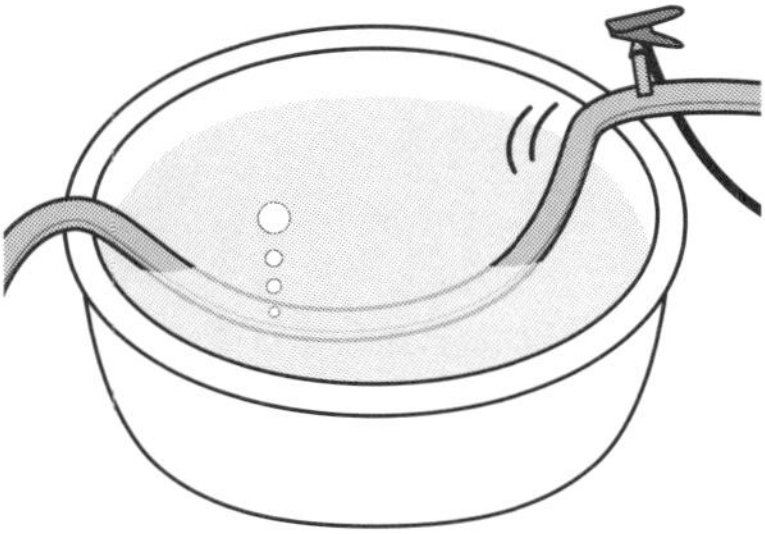

◀次ページに続きます

6 目の細かいサンドペーパーでパンク箇所をこすり、でこぼこをなくします。

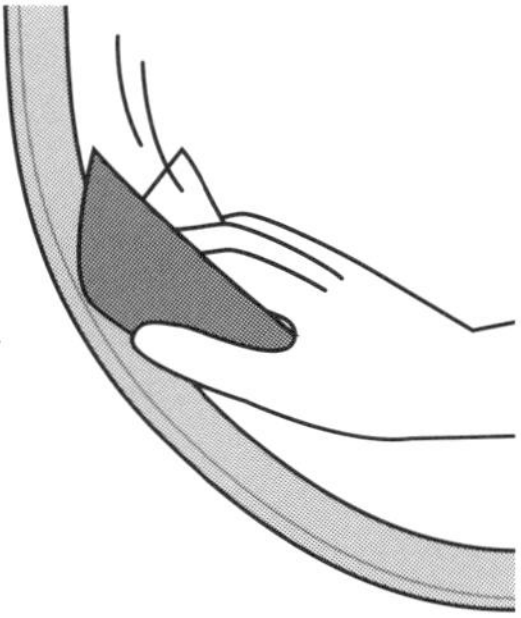

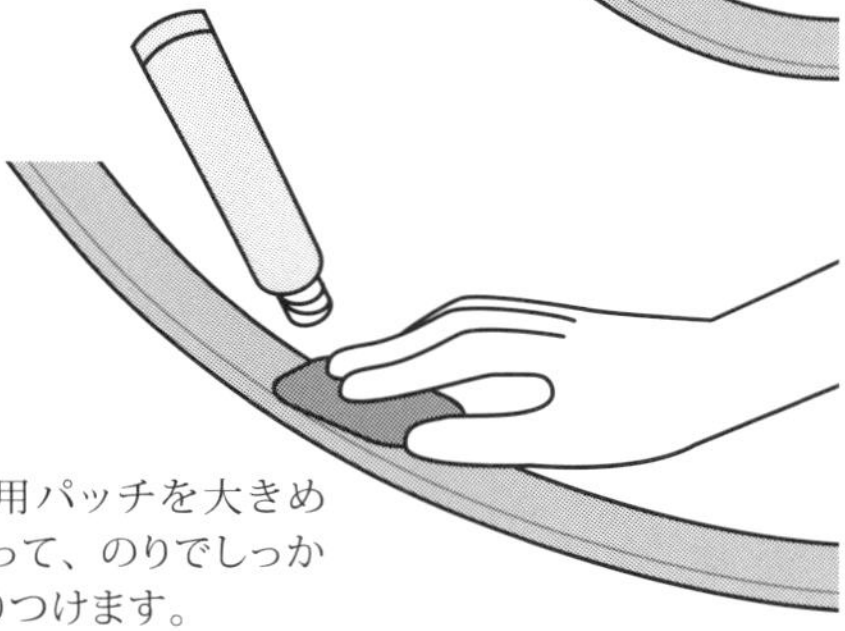

7 補修用パッチを大きめに切って、のりでしっかり貼りつけます。

8 バルブの位置を合わせながら、チューブがねじれないように注意して、タイヤの中にはめ込んでいきます。

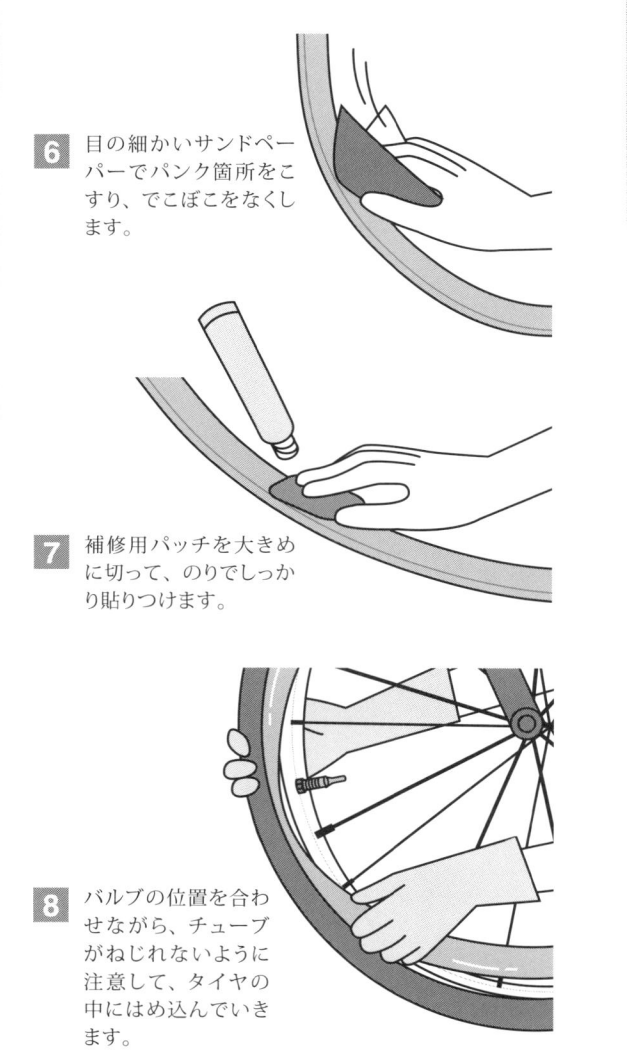

自転車のさびの上手な落とし方

自転車は手入れをしないと、ペダルなどの金属部分がさびついてしまいます。さびを見つけたら、防さび潤滑剤ですぐに落とすようにしましょう。

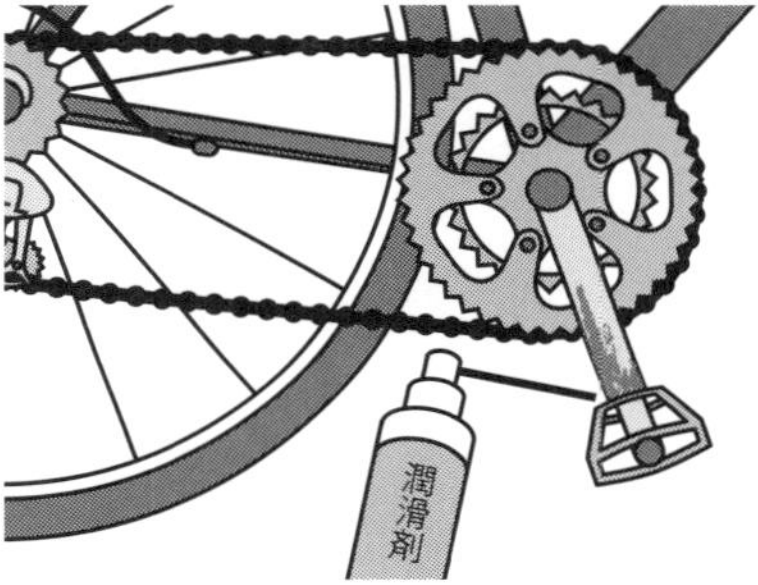

1 さびがあるところに、防さび潤滑剤をたっぷりスプレーします。

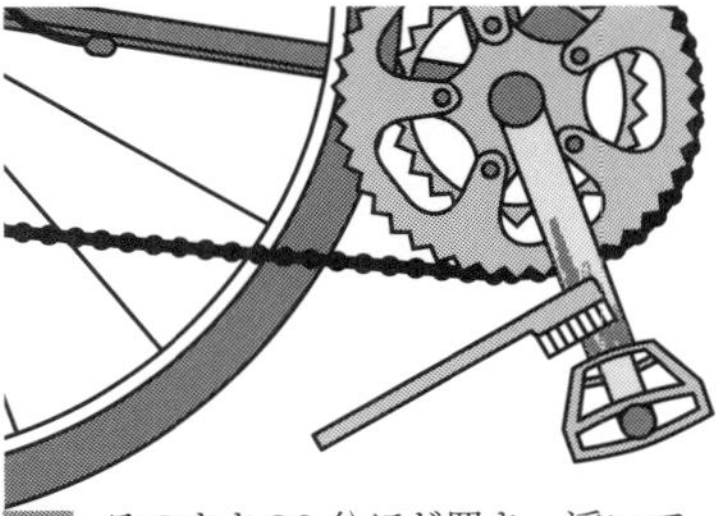

2 そのまま20分ほど置き、浮いてきたさびを歯ブラシでこすります。

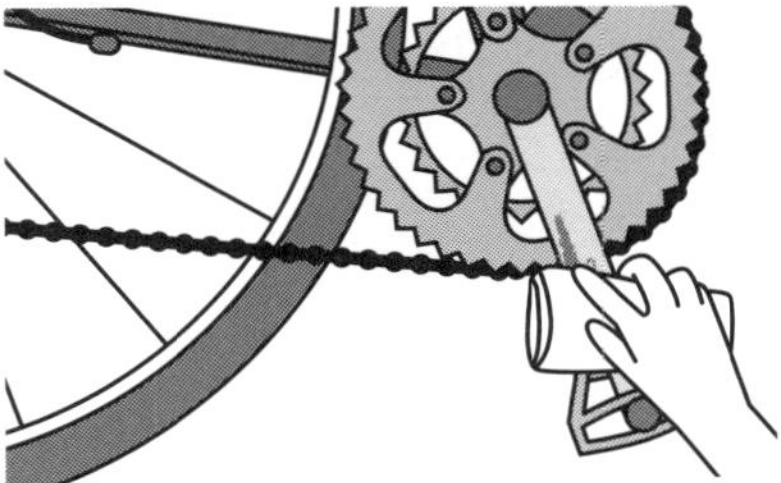

3 浮いてきたさびを布で拭き取ります。これを何度か繰り返します。

泥で汚れた自転車の洗い方

自転車が泥などで汚れたら、すぐに洗って手入れをしましょう。汚れや水気をそのままにしておくと、さびの原因になります。

1 散水用シャワーで丸洗いします。ノズルは霧状にするのがポイント。水圧が強いと、パーツの細部に水が入り込み、さびにつながります。

2 泥がひどくこびりついていたら、濡らした布で拭き取ります。

3 タイヤの溝にこびりついた泥は、
勢いよく水を当てて落とします。

4 自転車を10cmほど持ち上げてから落とし、衝撃で水気をきります。残った水気は乾いた布で拭き取ります。

自動車を ピカピカにする洗車の仕方

洗車すると、見た目が良くなるだけではありません。塗装にダメージを与える酸性雨や鳥のフン、潮風に含まれる塩分なども洗い流せます。

洗車に適した日

薄曇りの日がベスト。晴れた炎天下で洗車すると、水が速く蒸発することにより、しみができる恐れがあります。

1 高圧のシャワーで水をたっぷりかけて、細かい砂を洗い流すとともに、車全体を冷やして水が蒸発しにくくします。

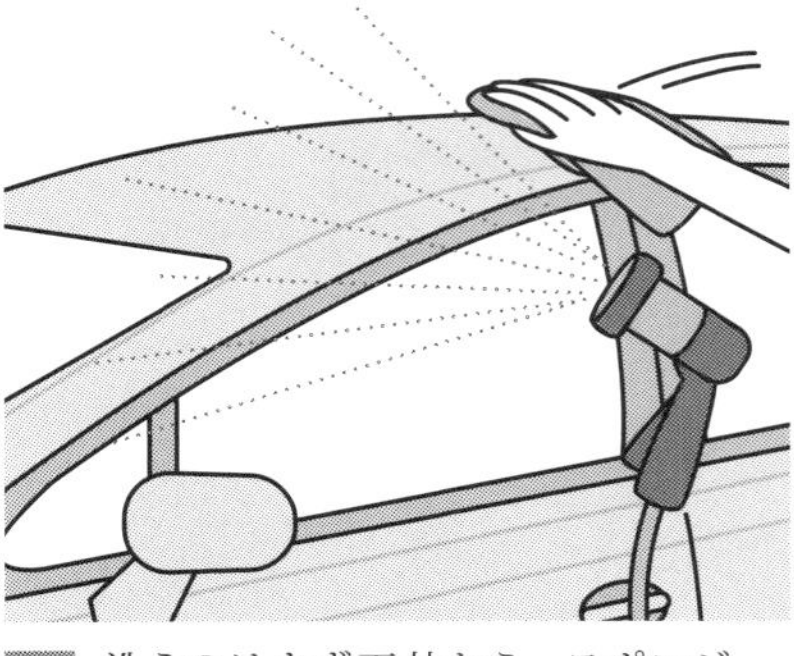

2 洗うのはまず天井から。スポンジかタオルに水をたっぷり含ませ、傷がつかないようにシャワーで水をかけながら、車をなでるように洗います。

3 天井の次はボディ。高いところから洗い始め、徐々に低いところに移動するようにします。

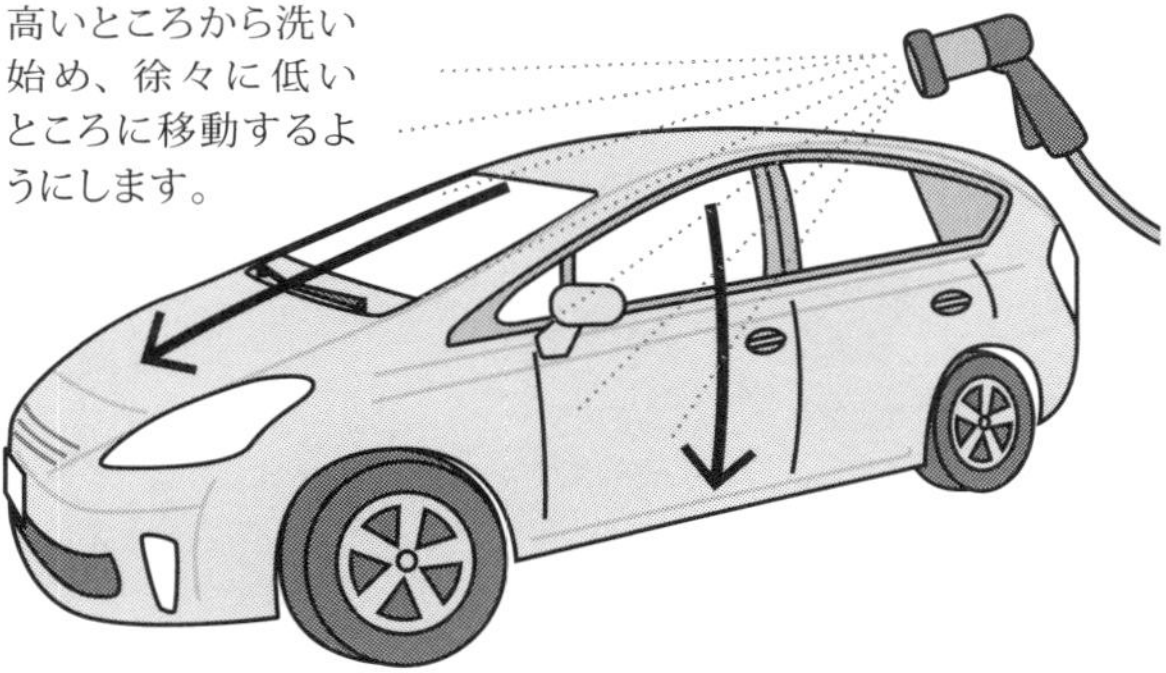

4 ホイールについては専用のブラシも市販されていますが、ここもスポンジかタオルで洗うのがベター。傷のつく可能性をより小さくできます。

カーシャンプーを使う場合

①の手順後、カーシャンプーをスポンジかタオルにつけて、泡立てて洗います。洗い終わったら、シャワーをたっぷりかけて、カーシャンプーを完全に洗い流します。

汚れたシートをきれいにする手入れ

ほこりやお菓子のカスなどがたまりやすいのがシート。部屋の掃除をするように、ときには掃除機を使ってきれいにしましょう。

1 ほこりが舞い上がるので、ドアをすべて開け放ちます。

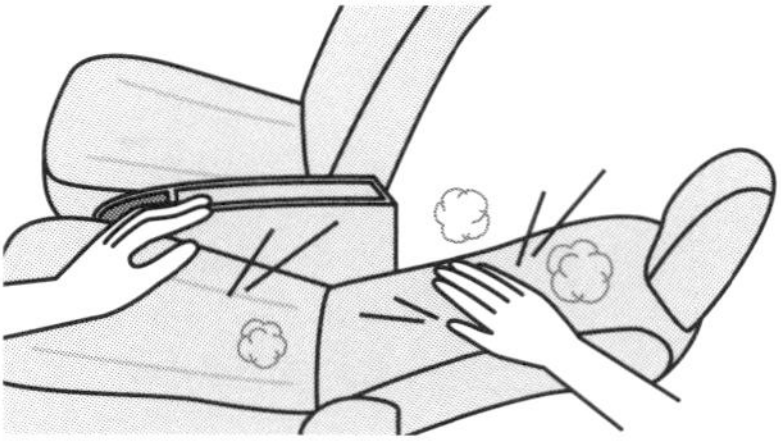

2 背もたれを倒し、シートを手で軽く叩いて、ほこりを表面に浮かせます。

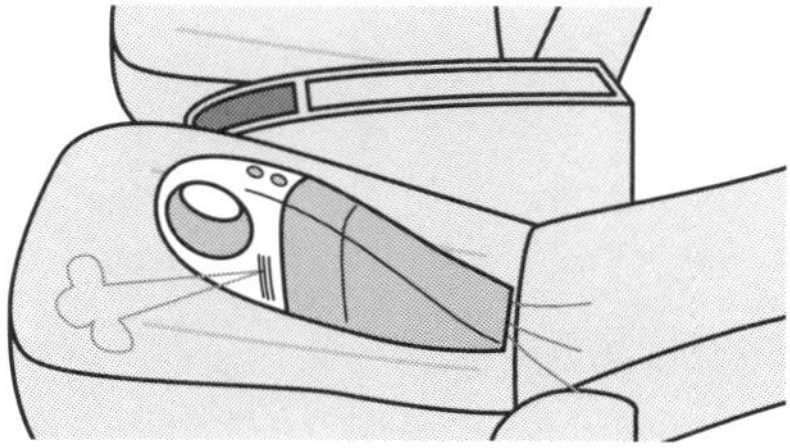

3 ハンディ掃除機でほこりを吸い取ります。シートと背もたれの間は入念に掃除します。

第9章

趣味の道具を大切にする

スポーツやアウトドアレジャー、
ガーデニングや野菜作りなど、
趣味のある暮らしは素敵です。
道具をきちんと手入れしたら、
もっと楽しくなりますよ。

古くなった プランターの土の再生法

街で暮らす園芸ファンの悩みの種が、古くなったプランターの土の処分方法。ちょっと手を加えて、再生するようにしませんか？

1 天気の良い日に、プランターの土を新聞紙などの上に広げて、古い根や虫、軽石、ゴミなどを取り除きます。

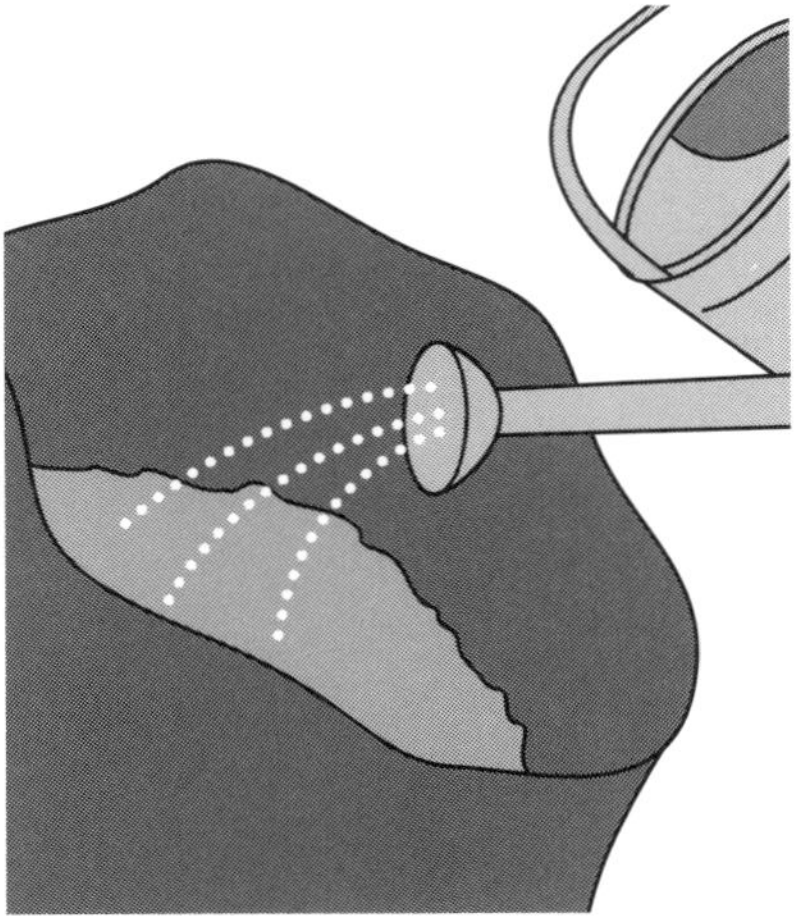

2 土を黒いビニール袋に入れて、握ると固まるぐらいまで水を加えます。

3 袋から空気を押し出して口を締め、日光の当たる場所に2〜3日置いて、土を熱で消毒します。

4 古い土7〜6に対して、市販の培養土を3〜4の割合で混ぜて使います。培養土の代わりに赤玉土4：堆肥4：腐葉土1：バーミキュライト1を混ぜたものも使えます。

汚れたゴルフクラブの手入れ

ゴルフクラブを長持ちさせるには、普段の手入れが大事。泥や砂などの汚れをすぐに取り去ると、さびや腐食を防ぐことができます。

ヘッドの手入れ

1 フェイス面やソールなどについている砂や泥などをブラシやタワシで取り除きます。

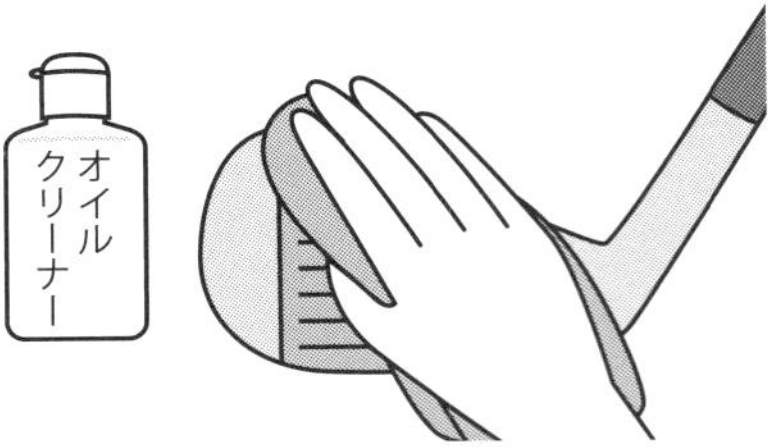

2 布にゴルフクラブ専用のオイルクリーナーを含ませて、汚れを拭き取ります。

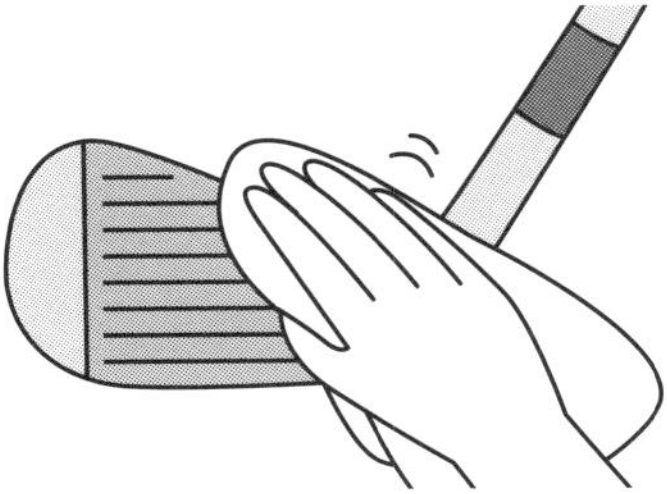

3 乾いた布で拭きます。

グリップの手入れ

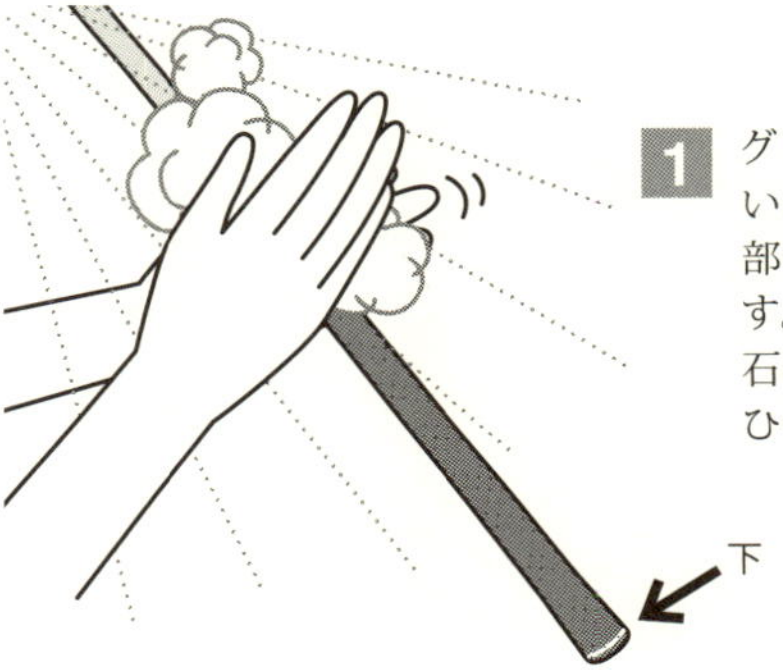

1 グリップに水が入らないように、穴の開いた部分を下にして持ちます。全体に水をかけて、石けんを泡立てて手のひらでこすります。

2 石けんを水で洗い流します。

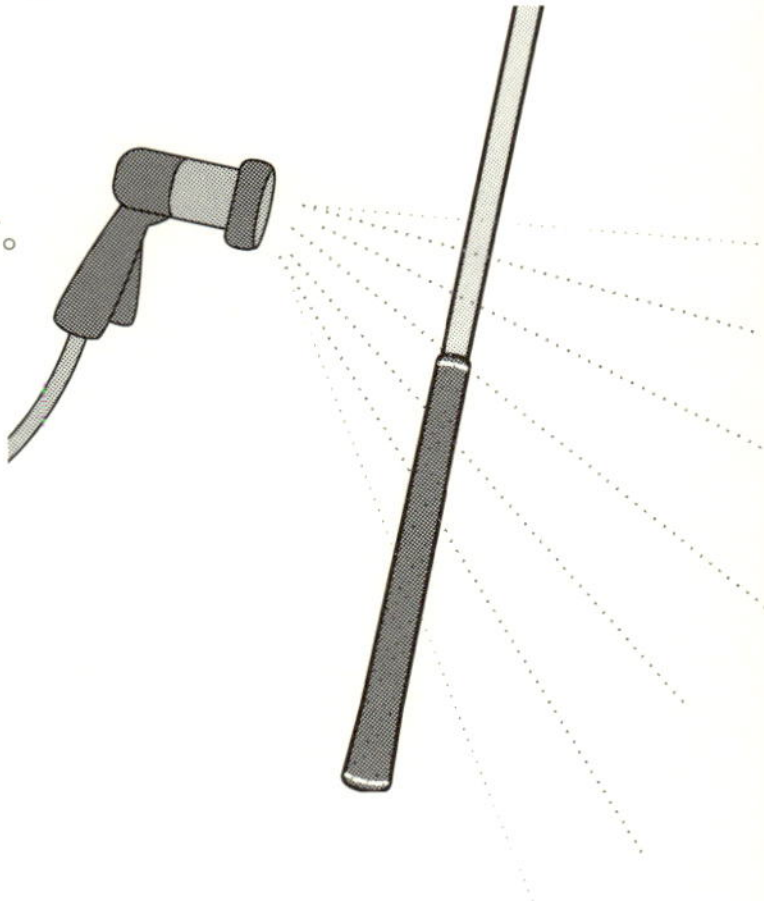

3 乾いた布で水気を優しく拭き取ります。強くこするとゴムがすり減る恐れがあります。

さび知らずの 釣竿の手入れ

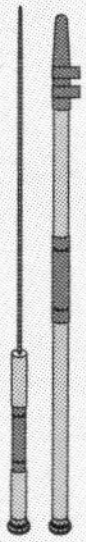

釣りの後、釣竿の手入れをしないで放っておくと、水分や塩分によってさびたり傷んだりしがち。長く使うにはメンテナンスが大切です。

ガイド付きの竿

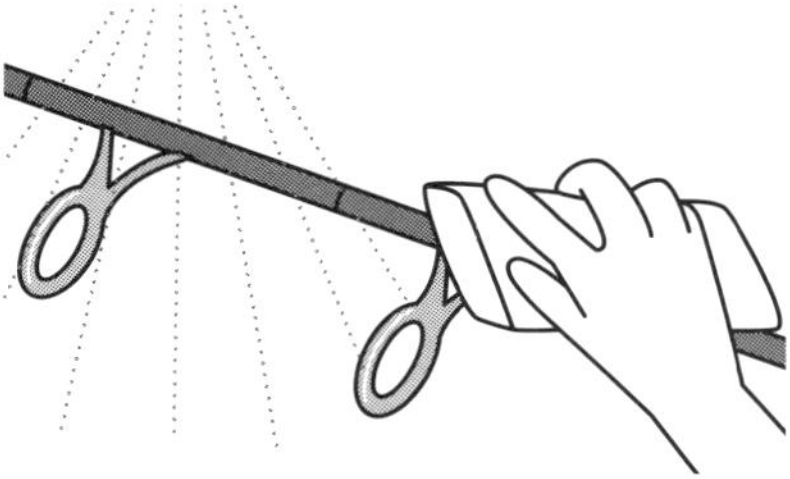

1 ぬるま湯で塩分や汚れを洗い流します。汚れがこびりついている場合は、食器洗い用の中性洗剤をスポンジに含ませて洗います。

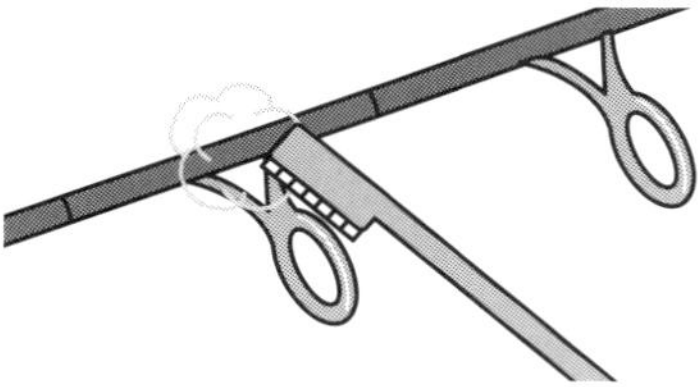

2 ガイドにこびりついた汚れは、歯ブラシに中性洗剤を含ませて洗い落とします。

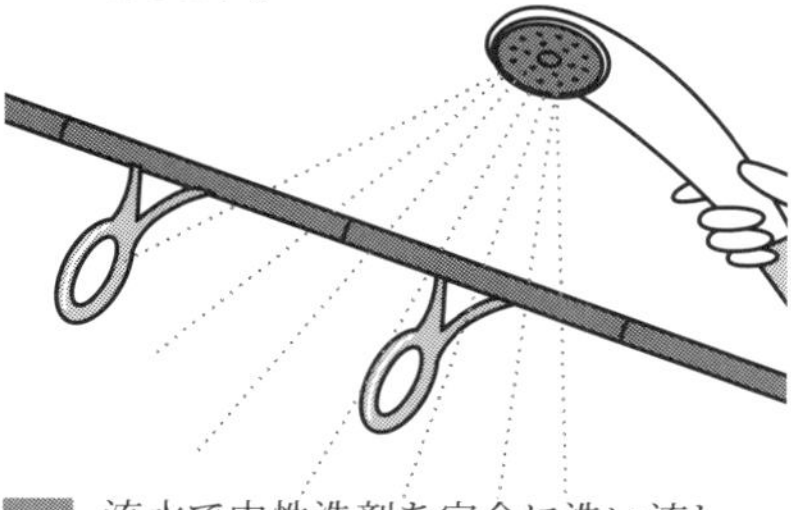

3 流水で中性洗剤を完全に洗い流し、タオルで拭いて陰干しします。

継ぎ竿

尻栓

1 尻栓を外してばらし、まとめて輪ゴムで止めます。

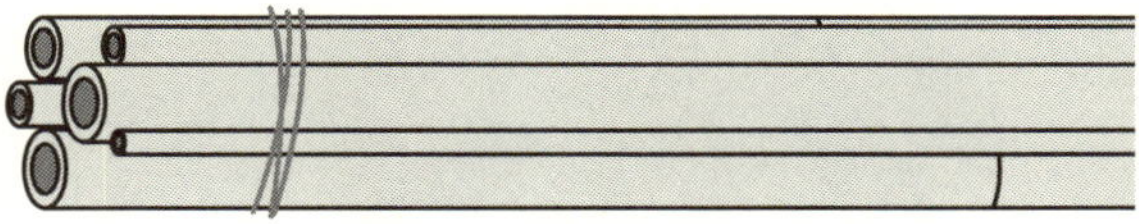

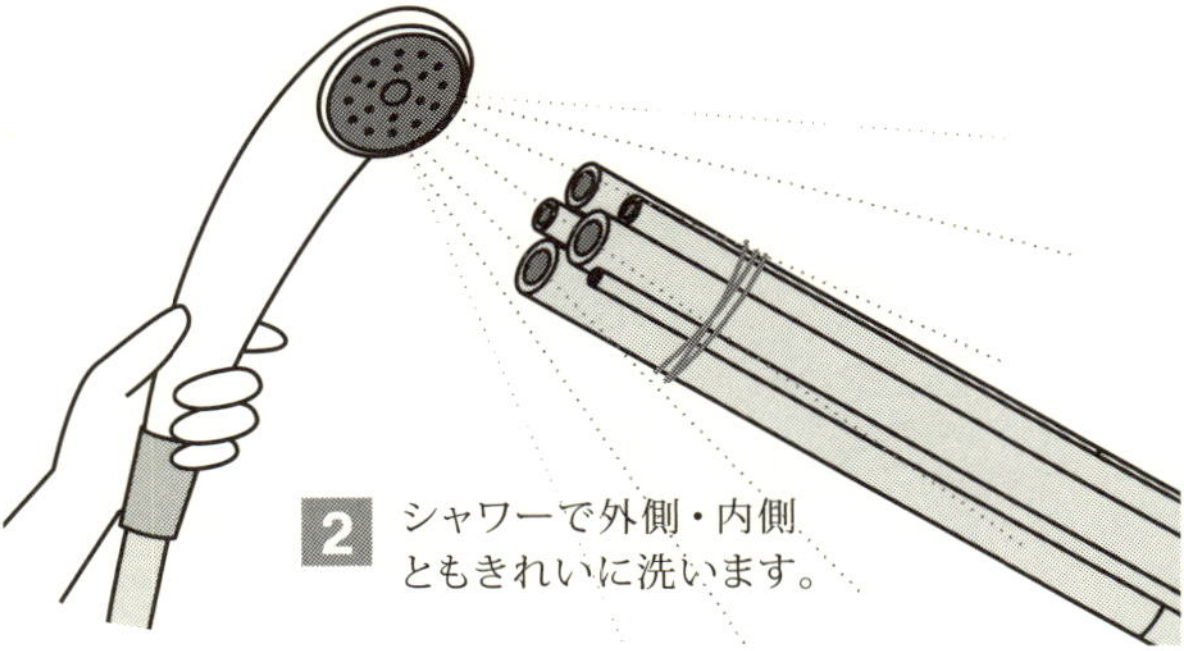

2 シャワーで外側・内側ともきれいに洗います。

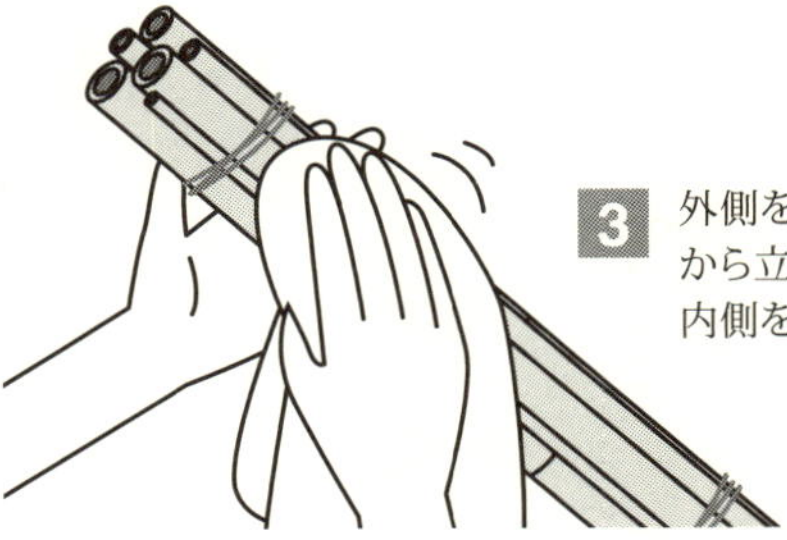

3 外側をタオルでよく拭いてから立てかけ、陰干しして内側を乾かします。

さび知らずのリールの手入れ

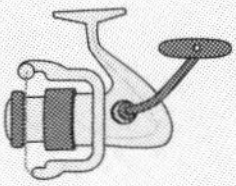

リールは使った後のメンテナンスが大事。特に海釣りでは海水を浴びていることがあるので、手入れをしないとすぐにさびてしまいます。

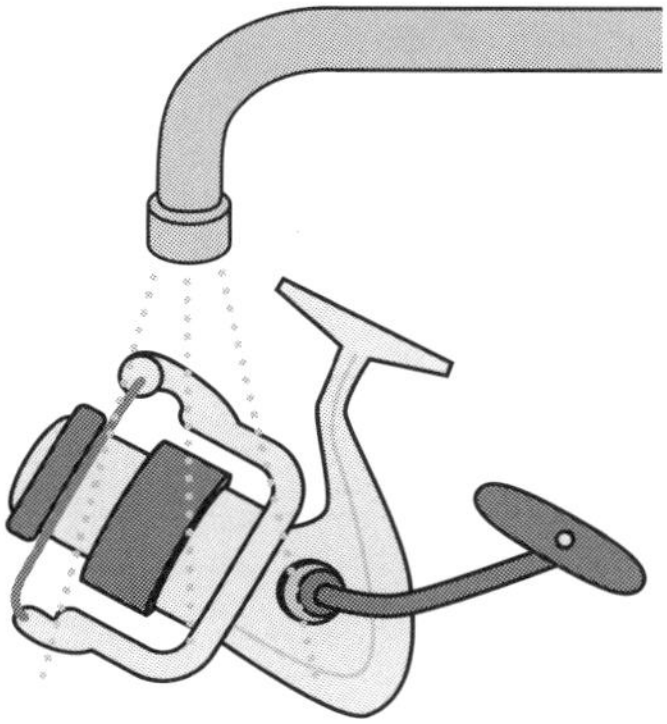

1 流水で
塩分を完全に洗い流します。

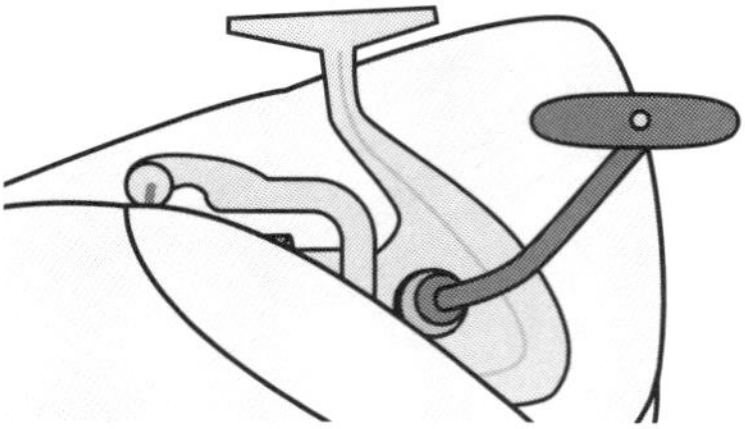

2 タオルで拭いて陰干しし、
完全に乾かします。

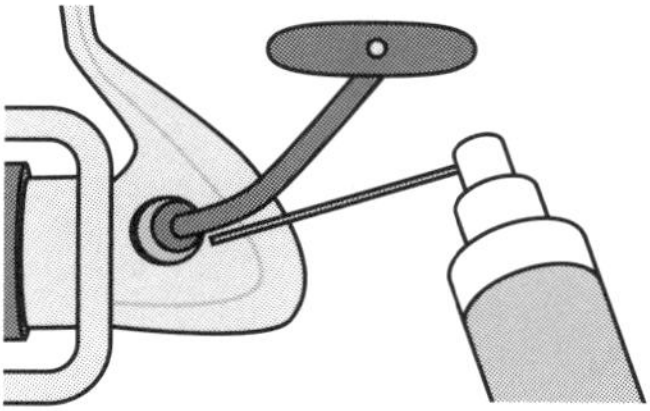

3 ホームセンターで防さび潤滑剤を
購入して、可動部にスプレーします。

テントの防水性を蘇らせる方法

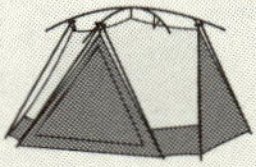

テントやフライシートの防水性は、雨に打たれるたびに少しずつ落ちていきます。雨漏りするようになる前に、新品のような性能を蘇らせましょう。

1 晴れた日に屋外で広げて、テント用の防水スプレーを吹きかけます。

2 乾いたら室内に持ち込んで、低温でアイロンがけします。

普段の手入れ

完全に乾かしてからの保管を心がけていると、防水性の低下を抑えることができます。

テントに開いた穴のふさぎ方

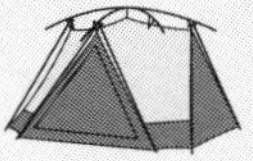

テント生地は熱に弱く、火の粉程度で穴が開いてしまいます。小さな穴なら、アウトドアショップなどで補修シートを購入してふさぎましょう。

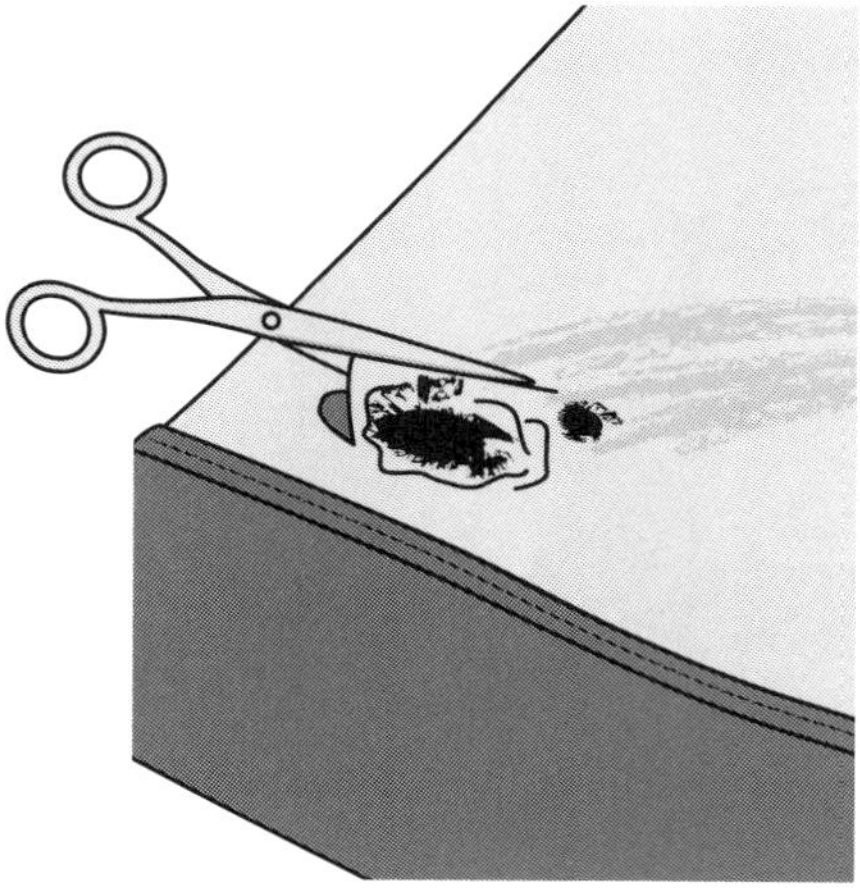

1 穴の周りの汚れを取り除きます。熱で変形していたら、その部分をはさみで切り取ります。

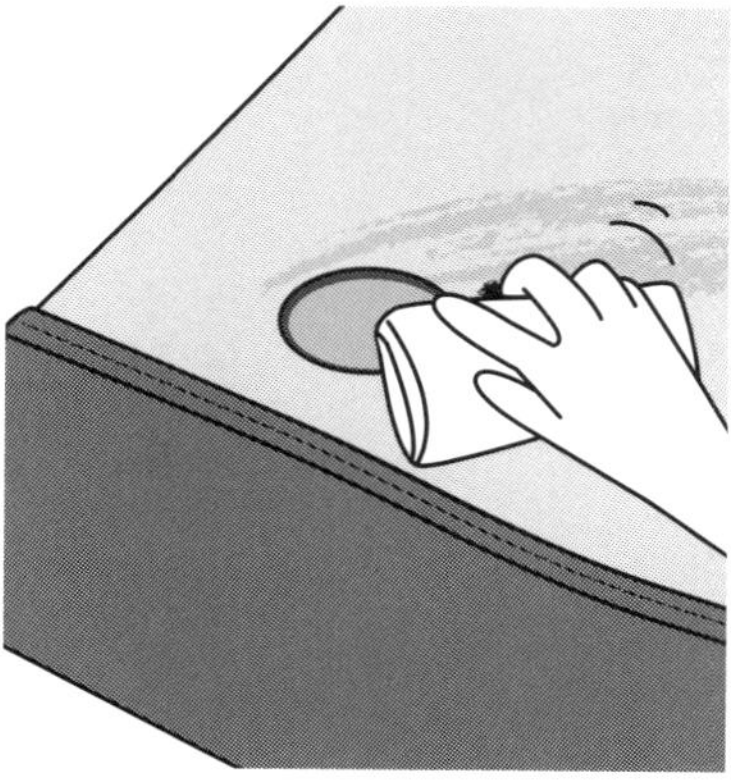

2 乾いた布で穴の周囲の汚れを拭き取ります。

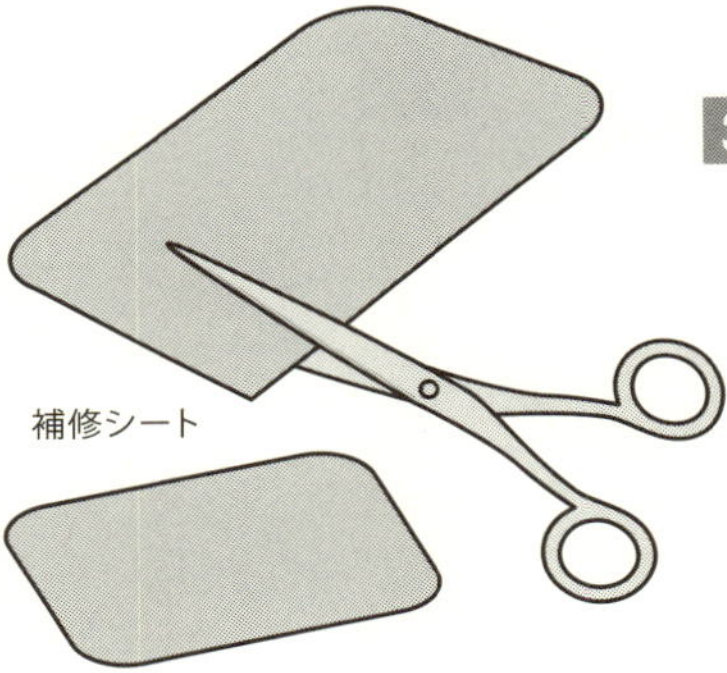

3 補修シートを穴よりも大きく切り取り、はがれにくいように角を丸くします。同じ大きさを2枚用意します。

4 穴を完全にふさぐようにして貼ります。粘着剤つきのほか、当て布をしてアイロンをかけて接着するタイプのシートもあります。

5 裏側からも同じように貼ります。

保温性が落ちた シュラフの直し方

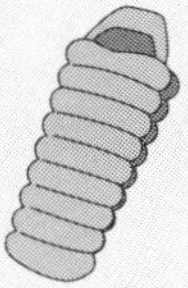

シュラフはひどく汚れると、清潔さばかりではなく、保温性も失われていきます。思い切って洗ってみて、温かさを取り戻しましょう。

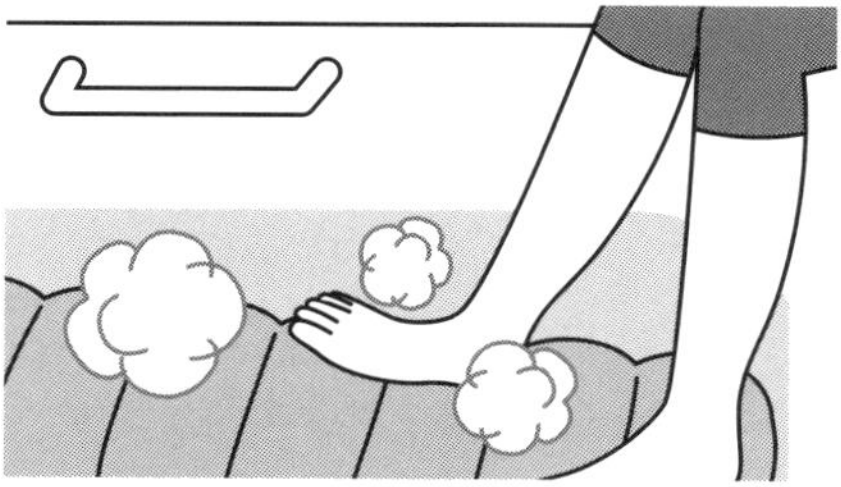

1 浴槽にぬるま湯をためて、ダウン製ならアウトドアショップなどで購入した専用の洗剤を、ダウン製以外は洗濯用の中性洗剤を加えます。シュラフをつけて、優しく踏み洗いします。

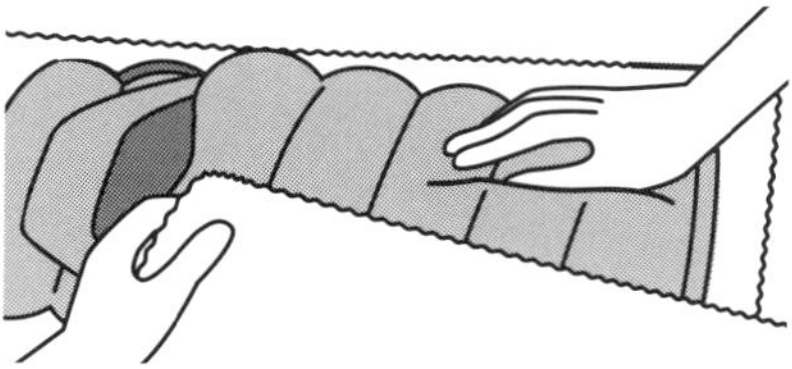

2 縦に三つ折り程度にたたみ、手のひらで押さえつけて脱水。次いで、バスタオルに挟んで、同じように脱水します。

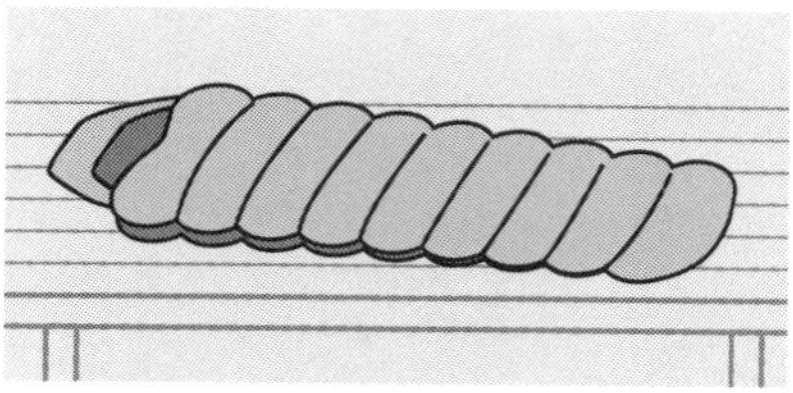

3 ダウン製は乾燥機で乾燥させて、その後、陰干し。ダウン製以外はそのまま陰干しします。完全に乾くまで1週間程度かかる場合があります。

第10章

自分の見た目に自信が持てる

住まいや道具ばかりではなく、
自分のカラダにも手入れは必要。
ひと手間加えてケアしたら、
好感度がぐっとアップして、
見た目にも自信がつきます。

荒れてしまった手や指の手入れ

手や指先は、意外と人に見られているもの。美しさを保ち、手荒れ予防の効果もあげるため、ひと手間かけてクリームを使いましょう。

マッサージ

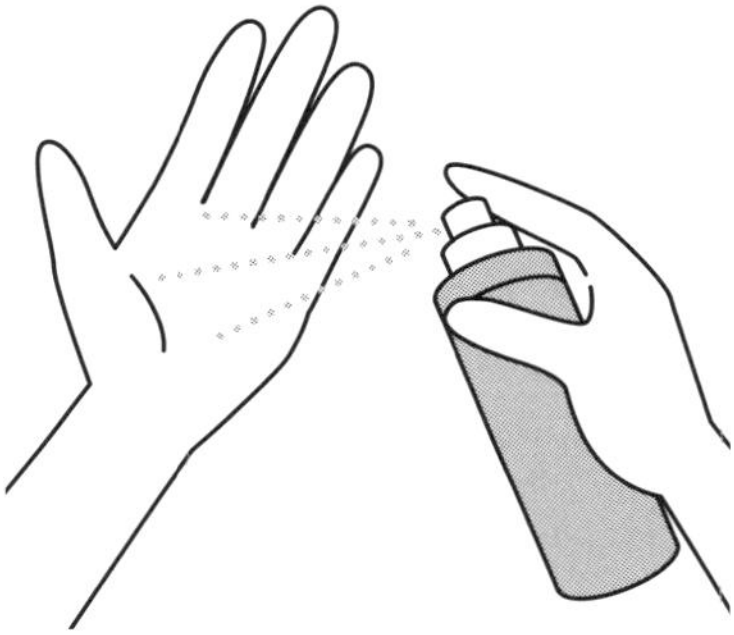

1 クリームをつける前に、
化粧水をスプレーで
手にふきかけてなじませ、
肌に水分を補給します。

2 ハンドクリームを
手のひらに取って温めてから、
全体にまんべんなく塗ります。

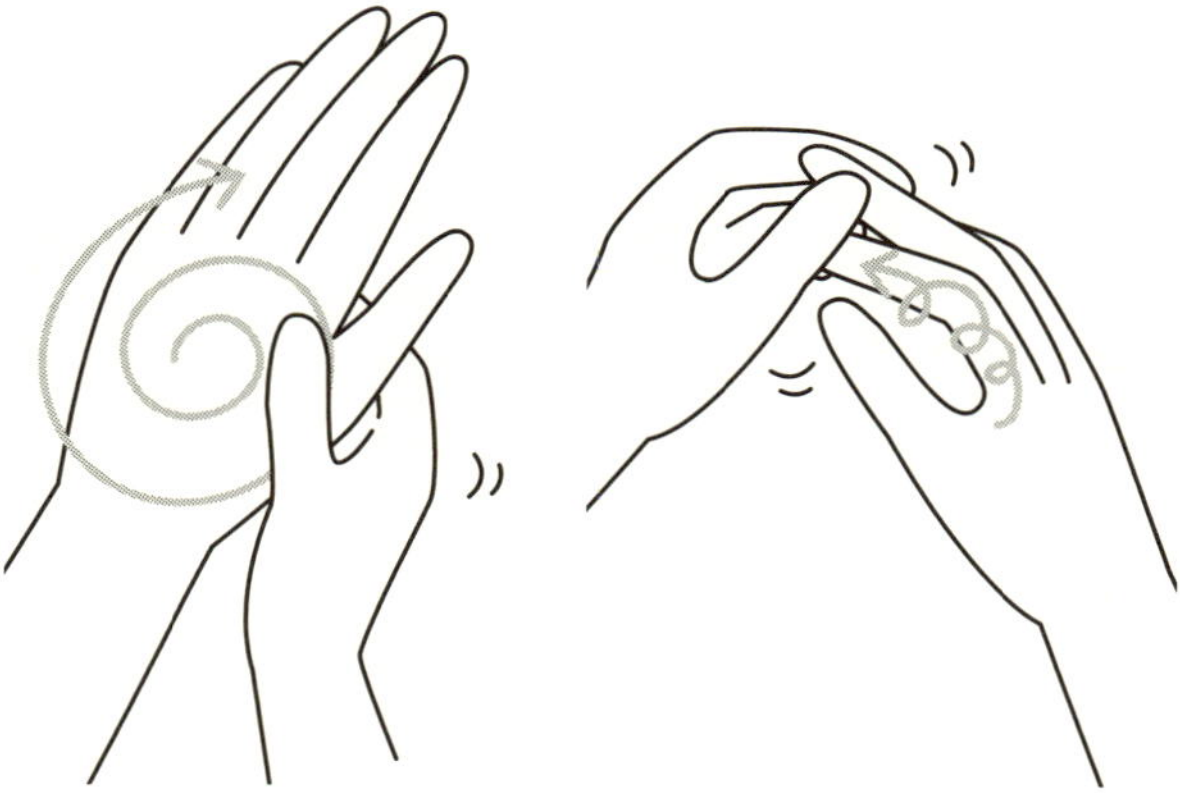

3 手の甲と指の付け根から指先まで、
らせんを描くようにマッサージします。

手荒れしやすい人は

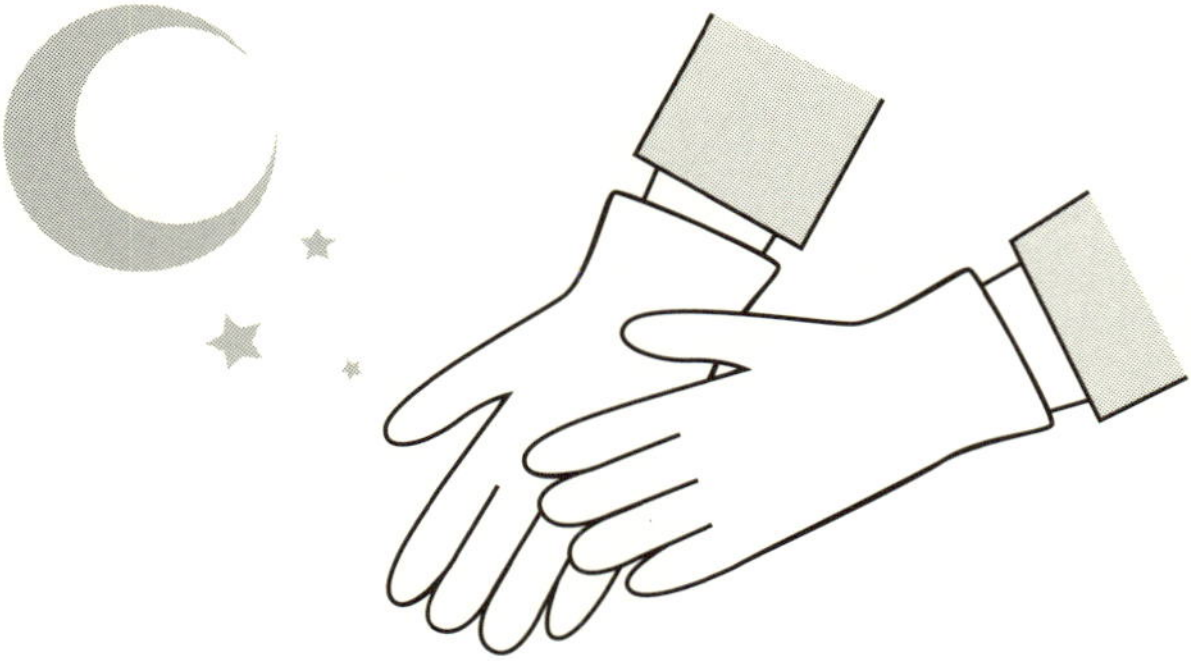

寝る前にたっぷりとハンドクリームや保湿クリームを塗り、
木綿の手袋をはめて就寝を。

冬のガサガサかかとの解消法

かかとのカサカサは角質。放っておくとひび割れなどの原因にもなるので、バスタイムのケアでツルンとしたかかとになりましょう。

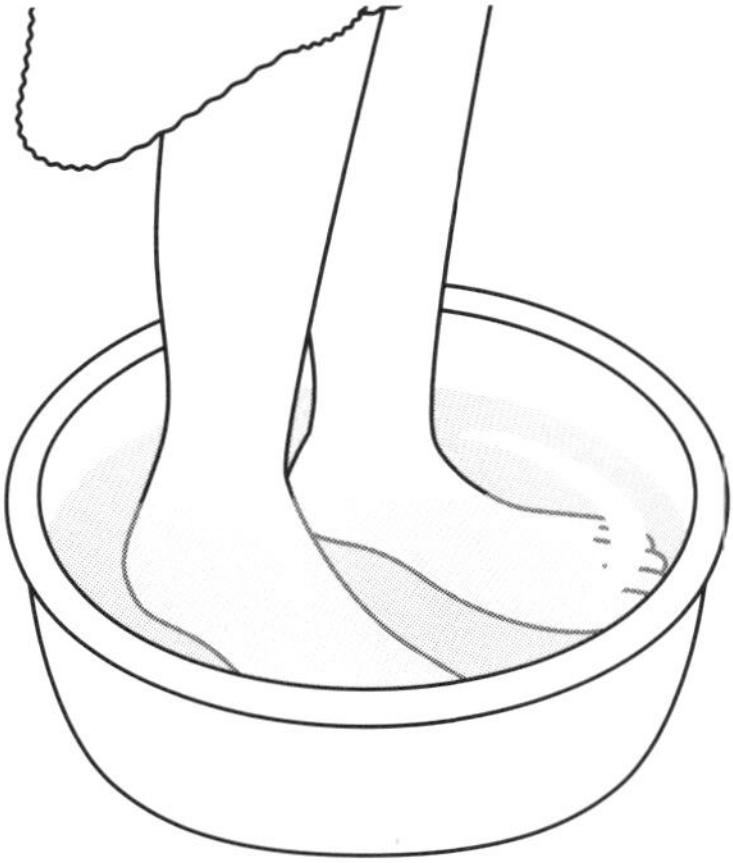

1 足をお湯につけて５～８分ほど温め、角質を軟らかくします。

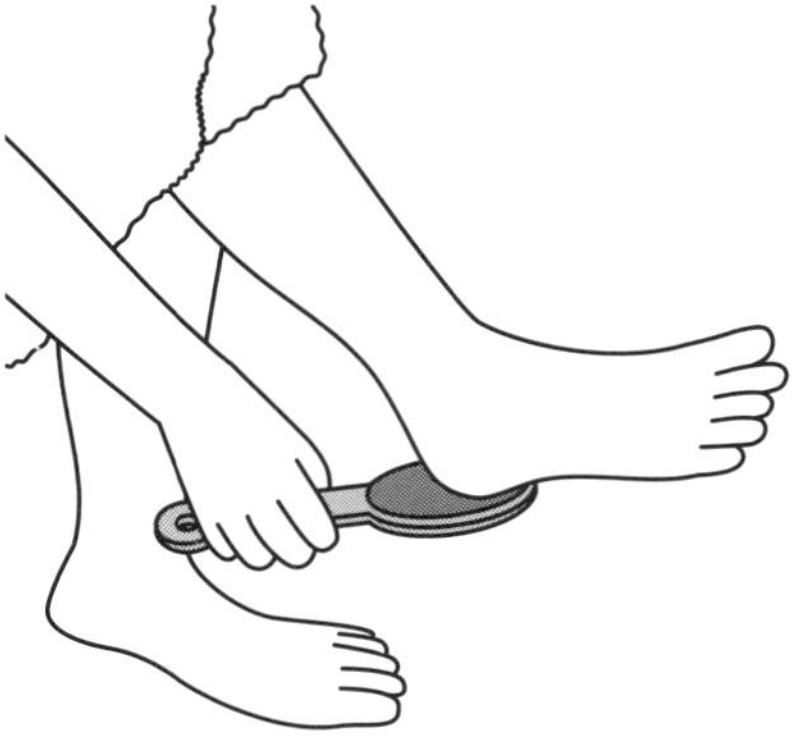

2 水分を拭き取り、かかとの角質取り専用のフットブラシでかかとを縦方向にこすり、角質を取ります。

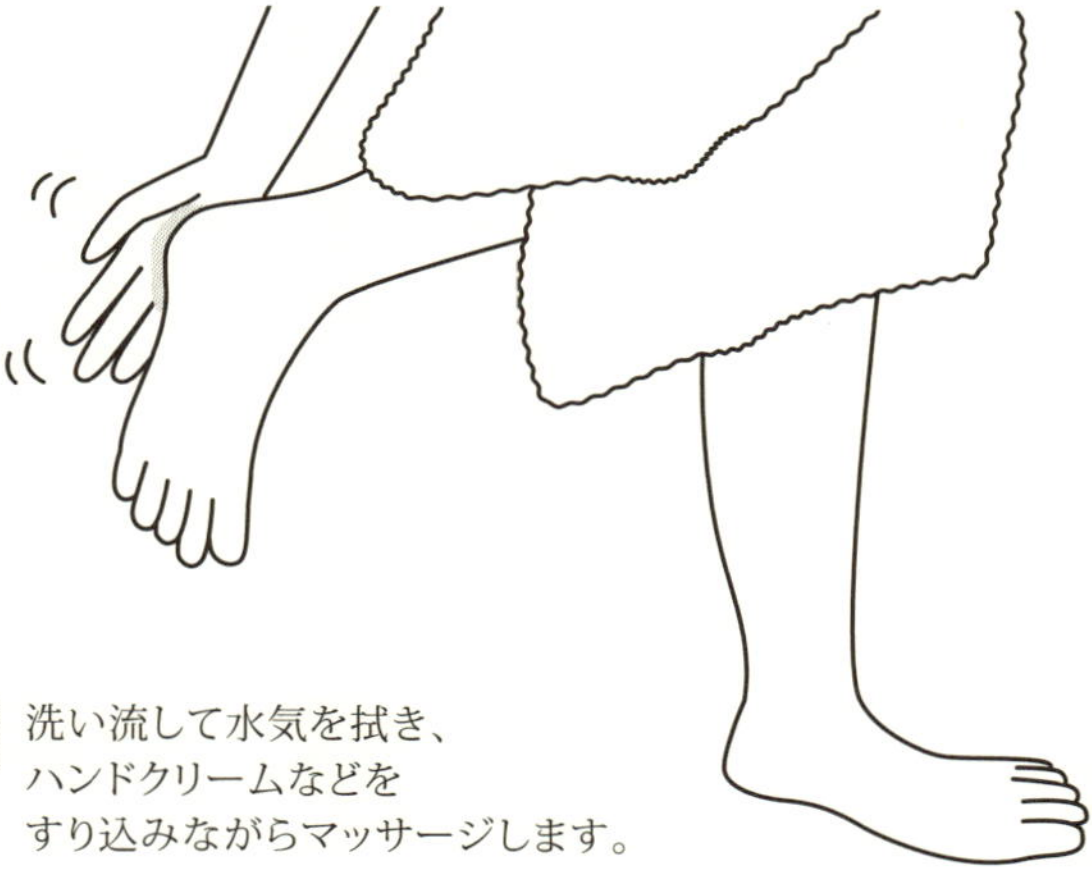

3 洗い流して水気を拭き、
ハンドクリームなどを
すり込みながらマッサージします。

こんな方法も

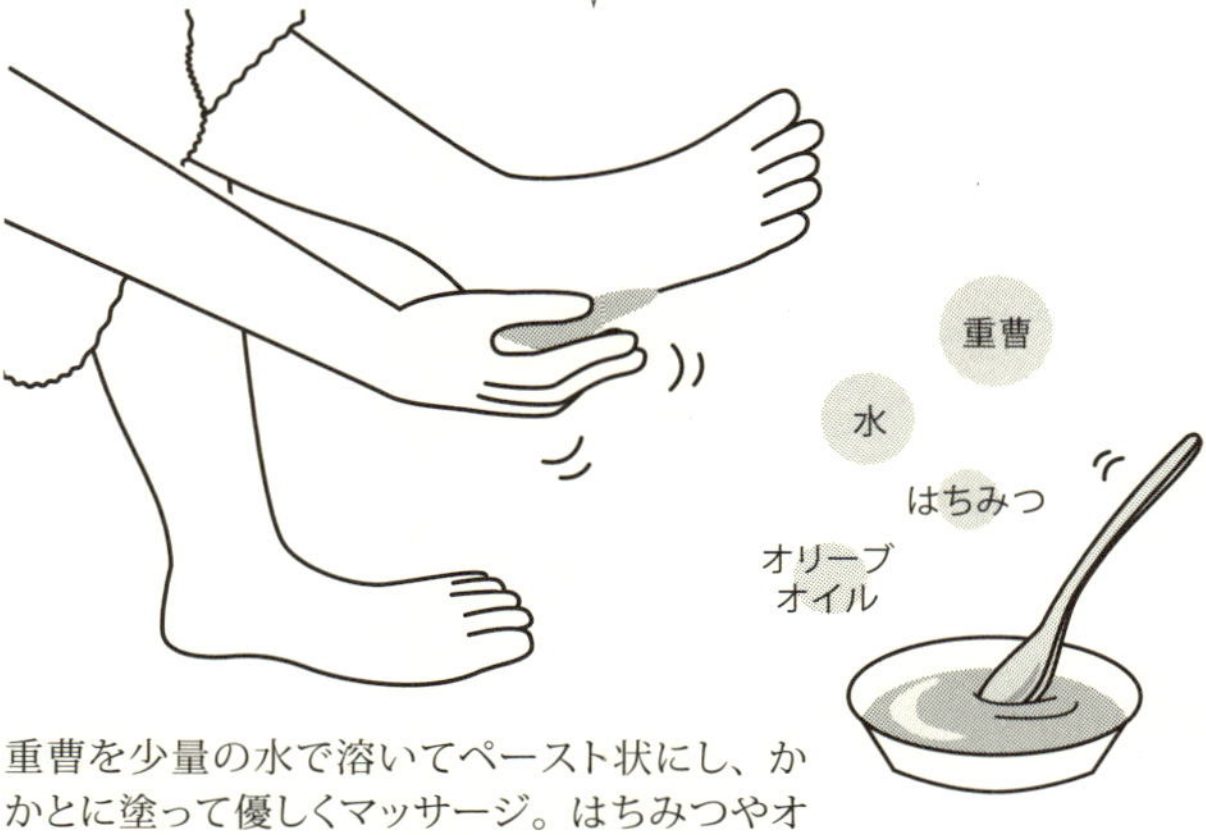

重曹を少量の水で溶いてペースト状にし、かかとに塗って優しくマッサージ。はちみつやオリーブオイルなどを加えるのもOKです。終わったら洗い流して、クリームをすり込みます。

爪を美しく保つ手入れ

マニキュアの美しさが映えるのは、ベースになる爪が健康で丈夫であってこそ。毎日しっかりケアをして、すこやかな爪を保ちましょう。

爪の形を整える

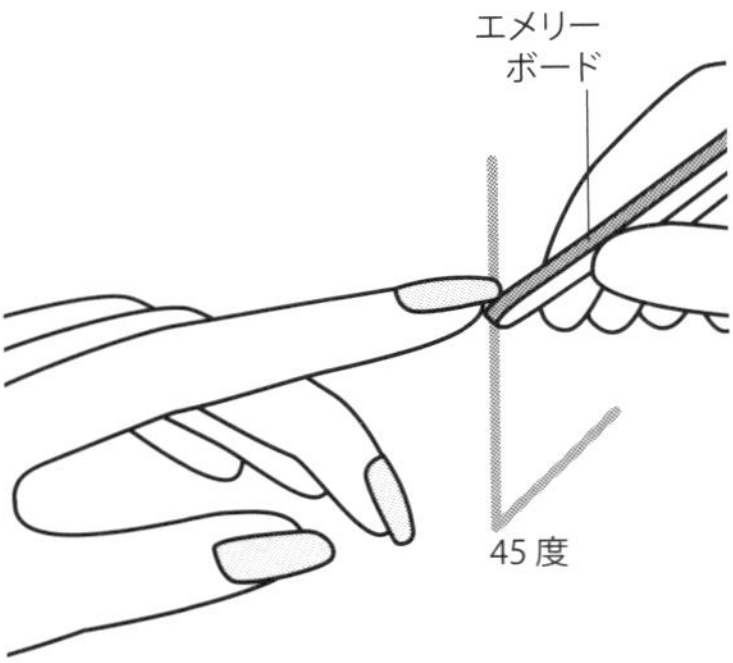

1 爪切りを使うと二枚爪になりやすいので、エメリーボード（爪専用のやすり）を使いましょう。爪に対して45度の角度で削ります。

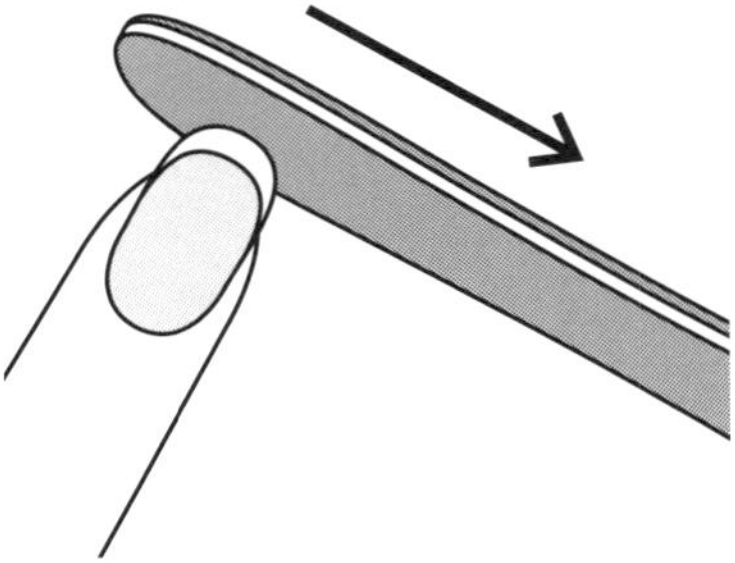

2 先端、サイド、コーナーの順番に削ります。矢印のように一定方向に動かすのがポイント。

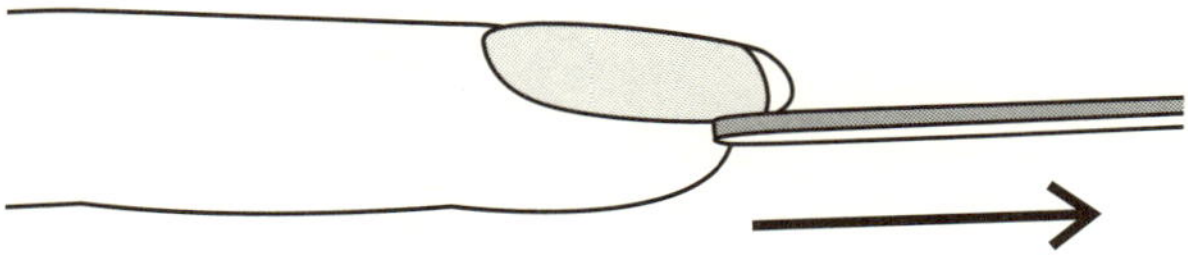

3 サイドは先端に向かって
一定方向に削ります。

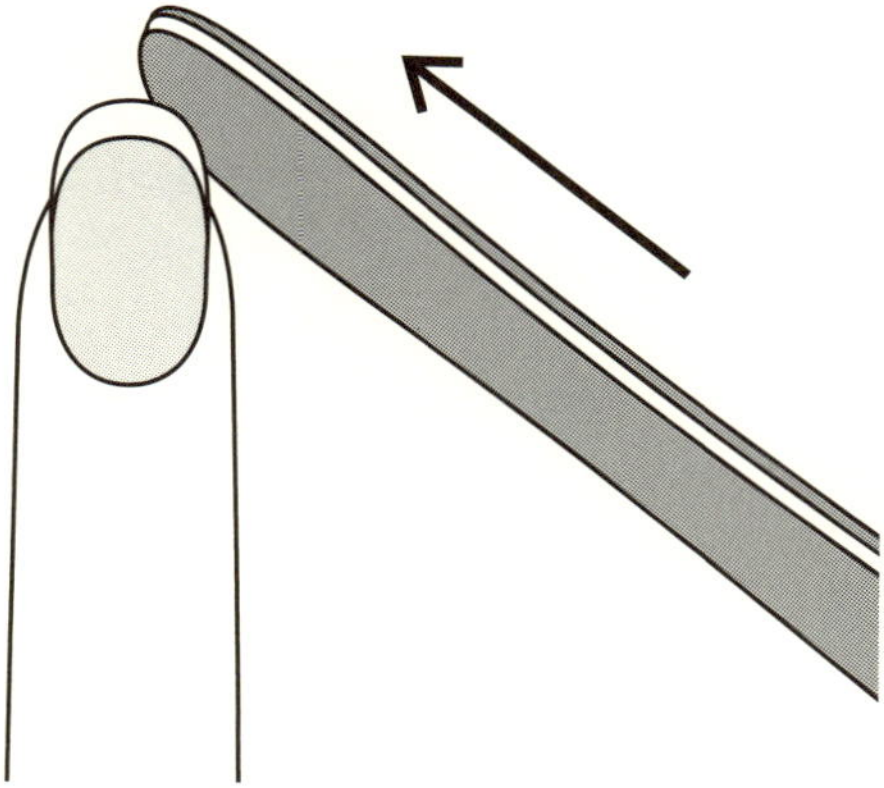

4 コーナーは、外側から中心に向かって削り、
角を滑らかに。

◀次ページに続きます

爪を丈夫にするネイルケア

1 準備するのは、甘皮処理用のウッドスティックとコットン（化粧用のものでOK)、キューティクルオイル。いずれもドラッグストアなどで売っています。

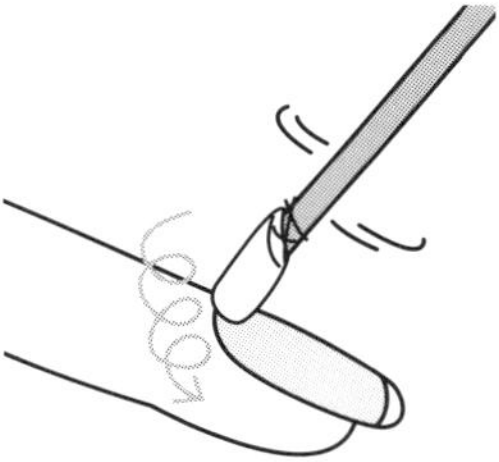

2 ウッドスティックの先にコットンを薄く巻きつけ、少し水で濡らします。それで爪の甘皮部分をくるくると回転させながらなぞり、余分な角質を取ります。

3 キューティクルオイルを甘皮部分に塗り、指でオイルを広げるように爪と指先を軽くマッサージします。

子どもの髪をかわいくカットする方法

女の子の髪は、こまめにカットしてすっきりさせてあげたいものです。そこで、上手な〝お家カット〟を覚えましょう。

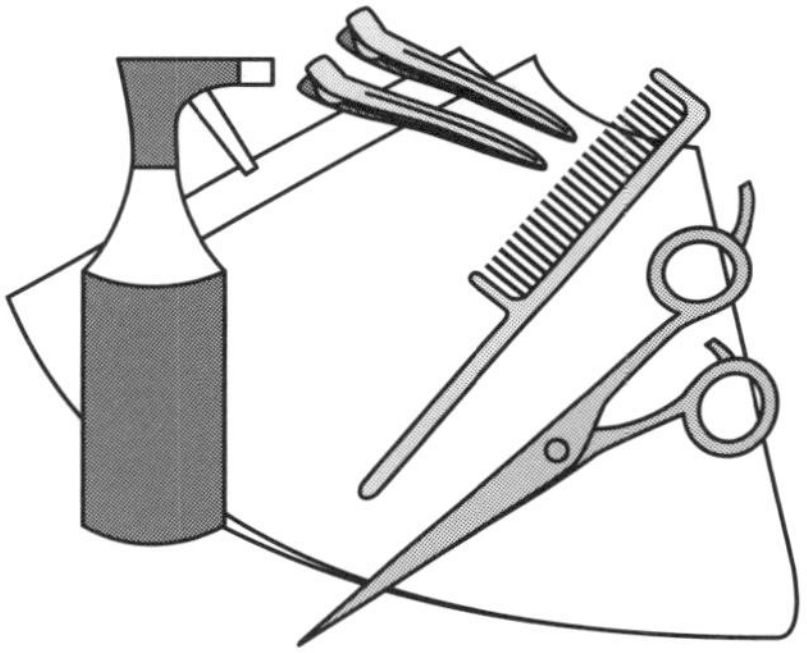

1 準備するものははさみ（散髪用がおすすめ）、くし、霧吹き、散髪用ヘアケープ（穴を開けたビニール袋で代用可）、ヘアクリップ。

2 霧吹きで髪の毛全体を濡らし、前髪とサイドの髪を分けます。前髪を残して、両サイド２ヵ所、後ろ１ヵ所でそれぞれまとめてクリップで留めておきます。

◀次ページに続きます

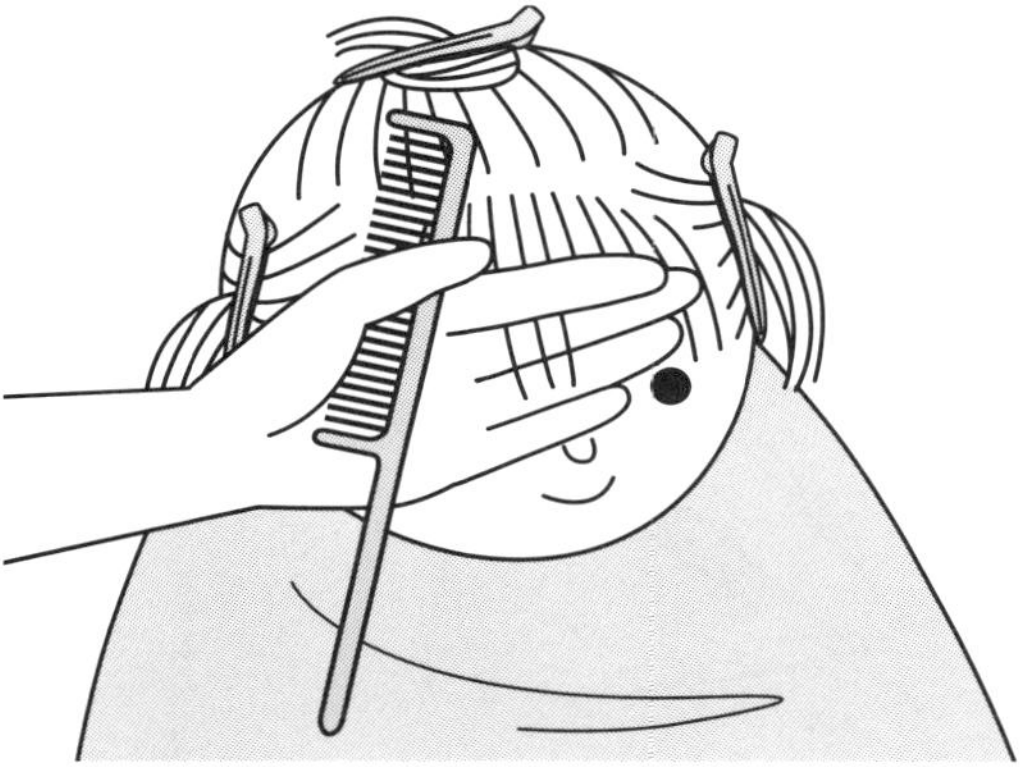

3 指で髪を軽く挟み、まっすぐにカット。髪は乾いたら上に持ちあがるので、整えたい長さよりも1cmくらい長めにカットするのがコツです。まず額の真ん中部分の髪をカットして、次に左右の長さをそろえます。

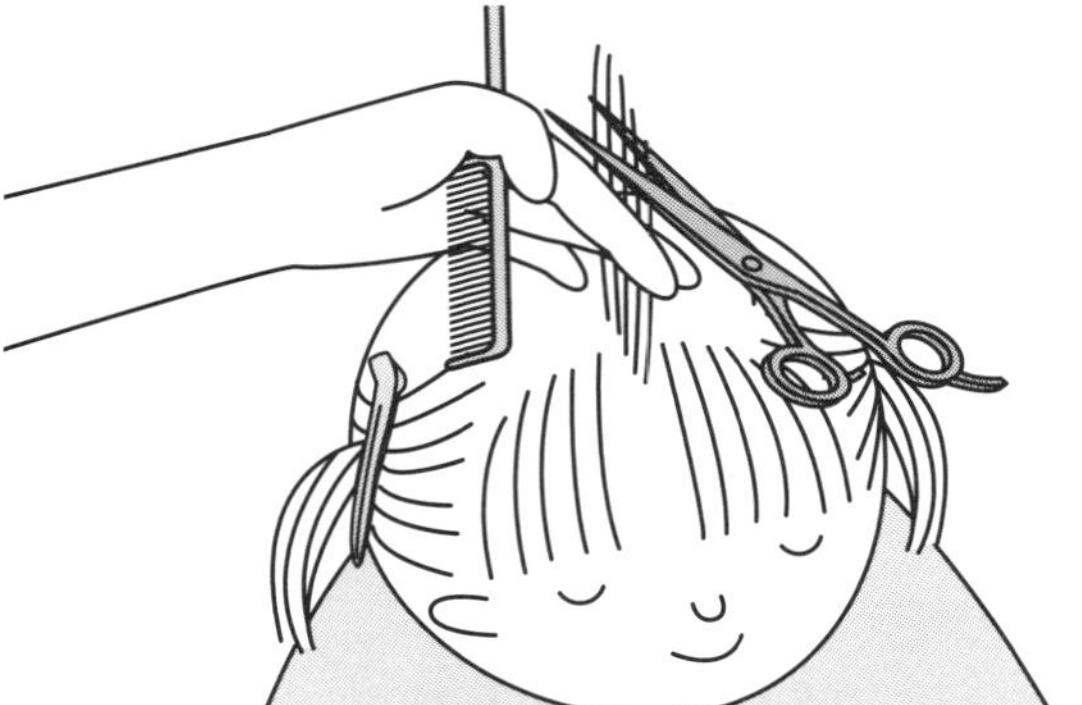

4 前髪は指で挟んで90度の角度で持ち上げ、はみ出た部分をカットすると、自然な軽さを出すことができます。

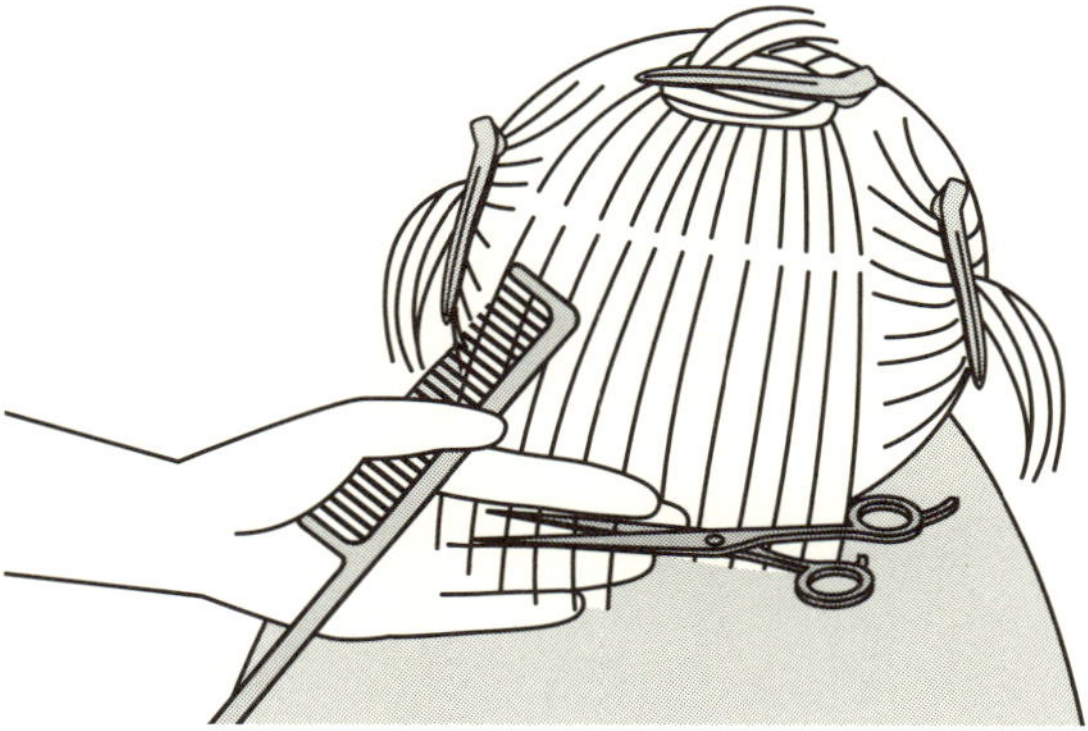

5 後ろ、サイドは髪の量が多いので、一度では切れません。いったんクリップを外して、下から3分の1程度の部分の髪をおろし、上の髪をあげてクリップで留め直します。外した髪を指で軽く挟んでまっすぐにカット。同じようにして、3回程度に分けてカットします。

6 カットがすんだら髪を乾かし、最後に、不ぞろいな部分をチェックして切りそろえます。

電動バリカンを使った 男の子の髪の手入れ

電動バリカンがあれば、家庭で気軽にできるのが男の子の丸刈り。ただし、失敗してしまうと虎狩りに…。そうならないコツを覚えましょう。

1 電動バリカンについている、長さが調節できるアタッチメントを取りつけます。アタッチメントを頭皮に密着させながら、ゆっくりと頭頂部に向かって刈り上げます。

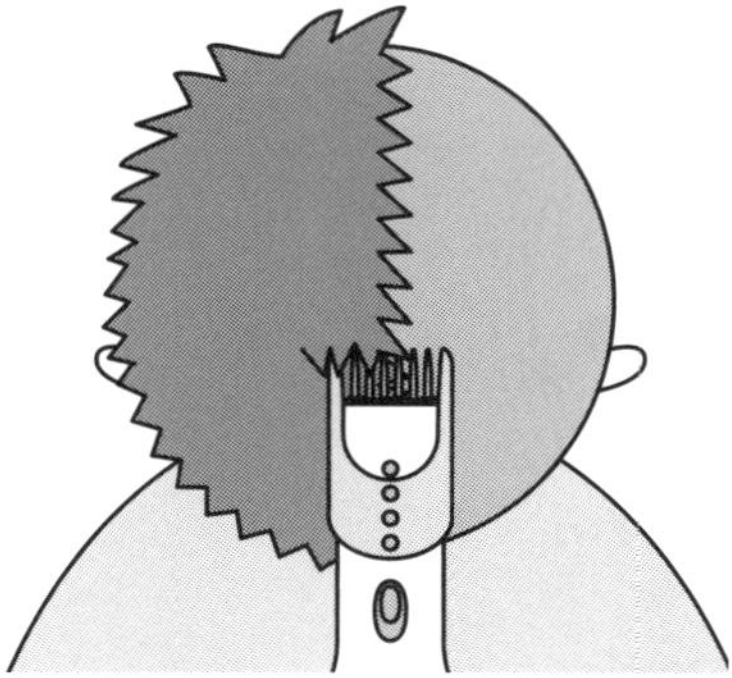

2 刈り取った部分を、これから刈る部分に少し重ねるようにすると、手早く刈ることができます。

3 刈り残しや不ぞろいを防ぐため、交差させて刈り込みます。

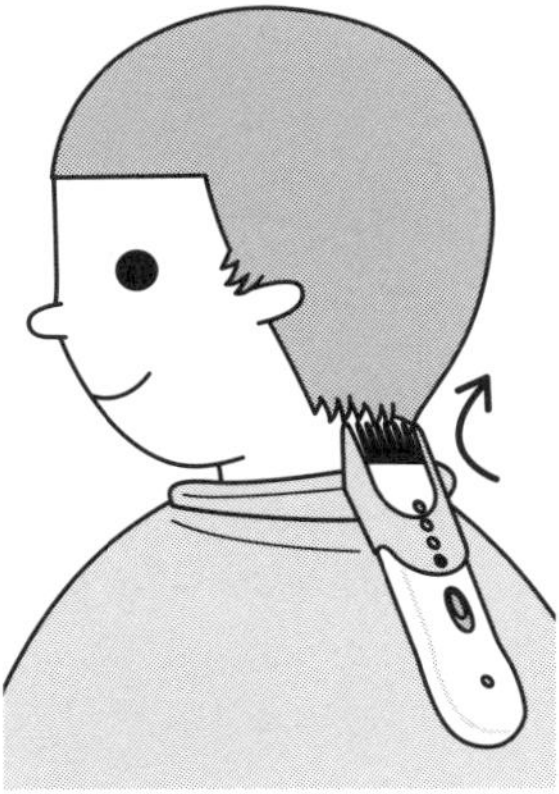

4 1段短く刈れるアタッチメントに取り換えて、後ろの生え際から徐々に浮かせるように刈り上げます。

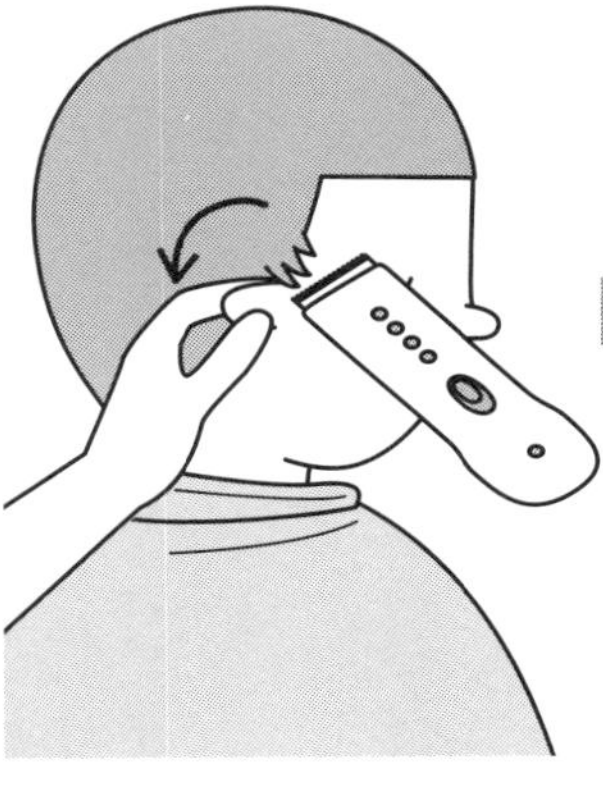

5 耳のまわりはアタッチメントを外します。耳を折りたたむように押さえて、耳の輪郭に合わせて丸く刈ります。えりあしともみあげもアタッチメントを外し、刃を浮かせた状態で飛び出した毛だけをカットします。

オシャレでかっこいい ひげの手入れ

おしゃれのつもりでひげを伸ばしても、きちんと手入れをしないと無精ひげに…。毎日の手入れで、カッコいいひげを保ちましょう。

基本の手入れ

1 ひげの形は、濃く生えている部分をベースに。手入れは密集していない部分をそるので簡単です。

2 ひげのアウトライン（輪郭）を決めたら、それ以外の部分をT字かみそりで丁寧にそります。

口ひげの手入れ

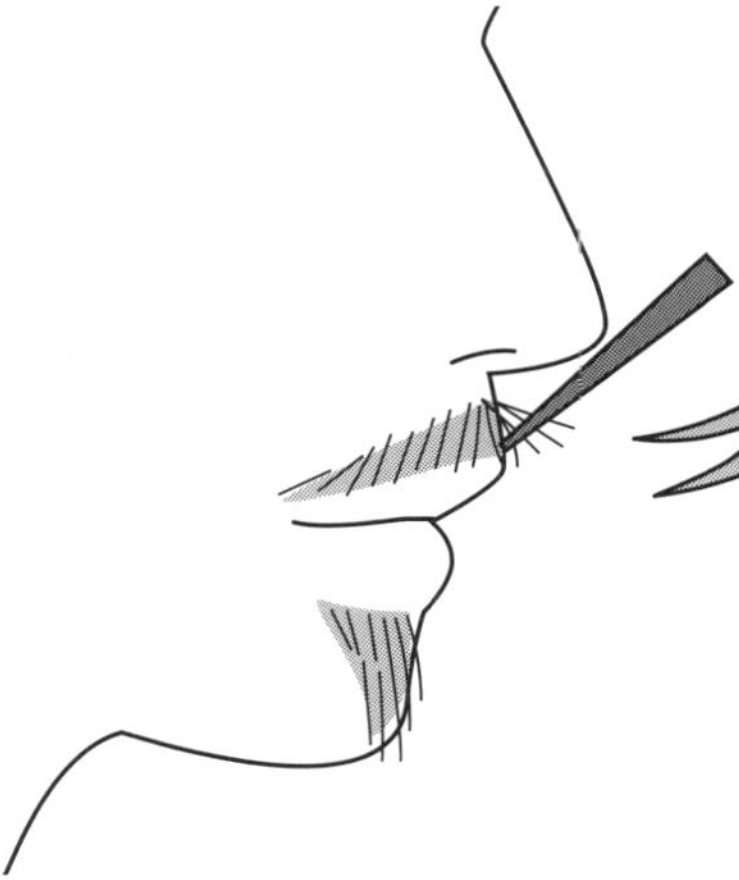

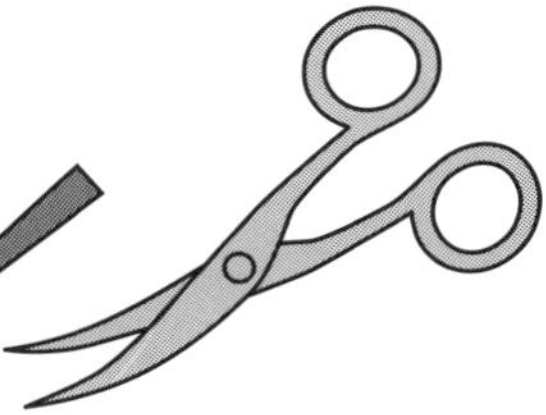

眉カット用はさみをドラッグストアなどで購入。唇の上にくしを当てて、はみ出た部分をカットします。

あごひげの手入れ

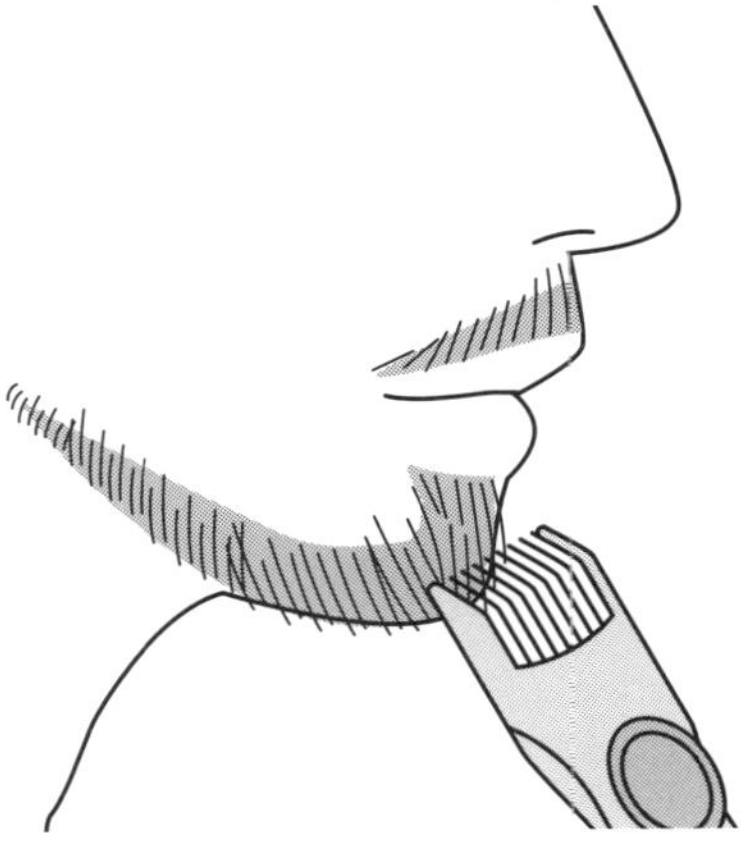

寝ているひげをくしで起こし、眉カット用はさみでカットします。長さを調節できるシェーバーを使うと、もっと楽に思い通りの長さにそろえることができます。

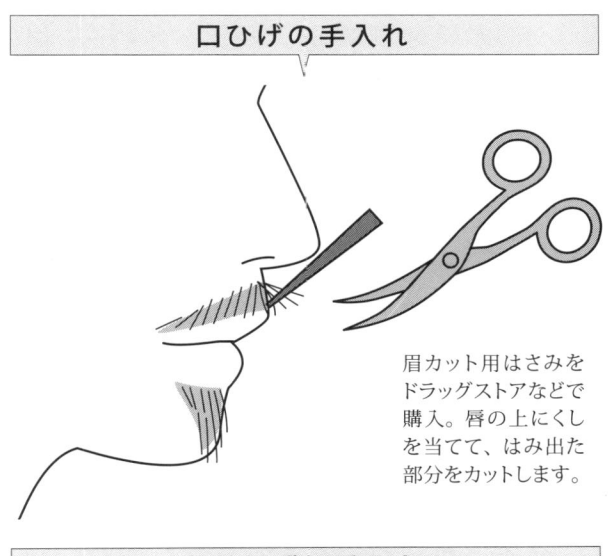

印象が良くなる眉毛の整え方

顔の印象を左右するほどの力を持っているのが眉毛。ビジネスや交友関係での好感度アップのため、上手な眉の整え方を覚えておきましょう。

必要な道具

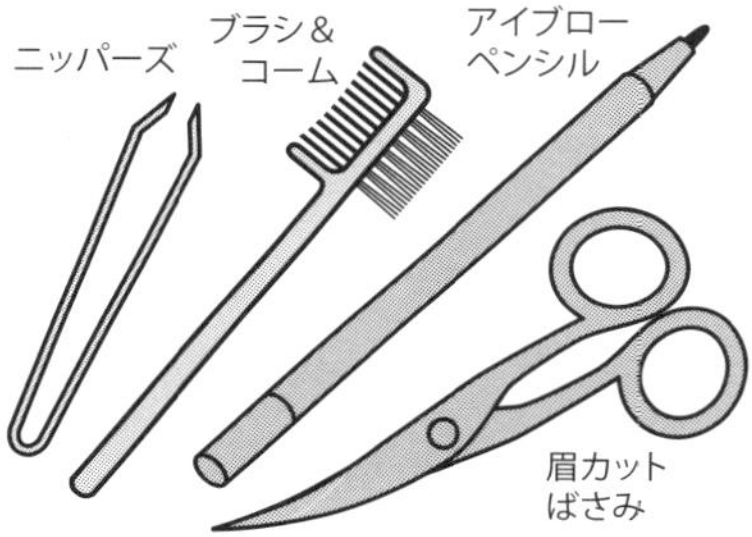

眉毛の手入れ専用のアイブラシ＆コーム、眉カットばさみ、アイブローニッパーズ、アイブローペンシル。いずれもドラッグストアなどで販売しています。

基本の眉と毛の流れ

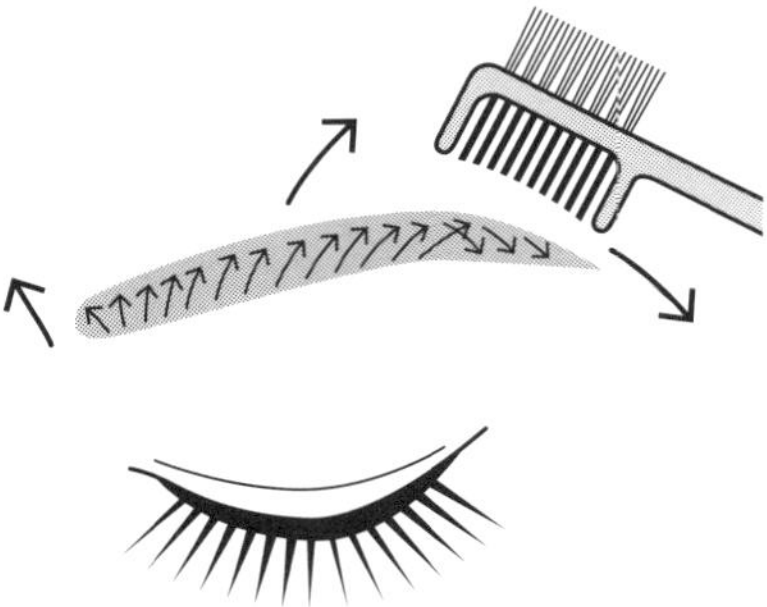

流れに沿ってとかしてカットするのがポイント。流れに逆らうと、不自然な形になってしまいます。

眉カットの方法

1 毛の流れを整えて、なりたい眉の形をアイブローペンシルで書きます。

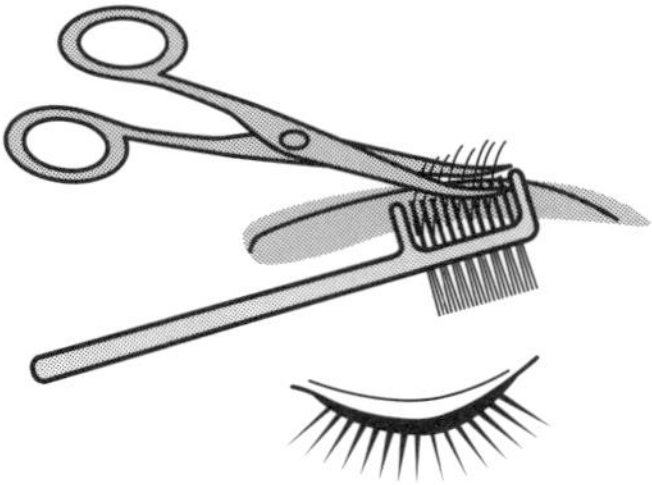

2 コームとハサミを使って、整えたい長さにカットします。まず眉下、次に眉上をカットすると、自然な形にカットできます。

3 はみ出した部分を毛抜きで抜きます。毛の流れに沿って抜くと、痛みが少なくなります。

肌に優しいむだ毛の処理

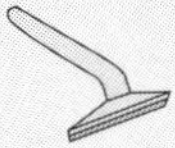

薄着の季節とともに、気になるのがむだ毛。簡単で安価なのがカミソリを使う手入れです。肌にダメージの少ない方法を覚えましょう。

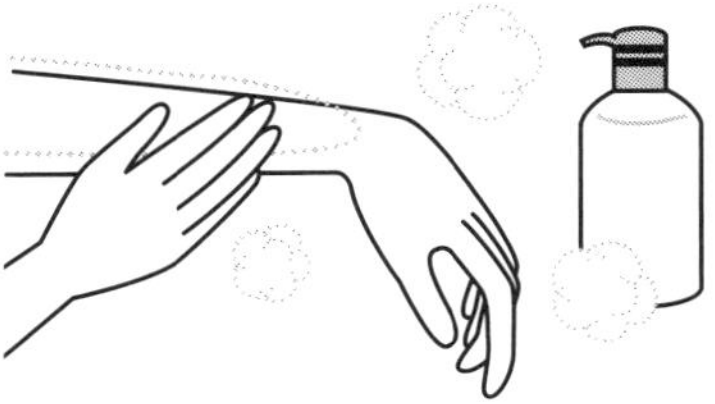

1 そる直前に入浴して、肌を清潔にするとともに毛を軟らかくします。さらに、肌を傷めないために専用のプレシェービング剤をつけてすべりを良くします。なければボディソープでも代用できます。

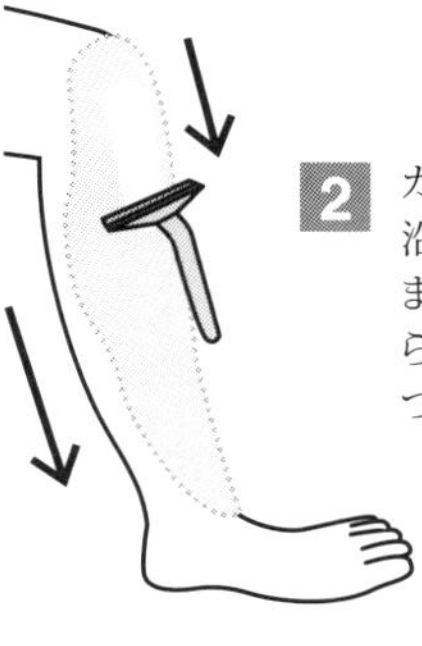

2 カミソリは毛の流れに沿ってゆっくり動かします。一度でそり終えられるように、丁寧かつ正確に。

3 ワキの下も毛の流れに沿って。中心から放射状に動かします。

第11章

特別なモノをきれいに保つ

雛人形からぬいぐるみ、
お墓や墓石、仏壇まで、特別なモノを
美しく保つコツを集めました。
傷めることのないよう、
上手に手入れしましょう。

雛人形をきれいに保つ保管方法

子どものすこやかな成長を願う雛人形。型崩れや虫食いを防ぐ正しい手入れとしまい方で、翌年も美しい姿を飾りましょう。

しまう前に

薄手の白手袋や布などを使って優しく持ち、毛ばたきでほこりを払います。襟合わせなど細かいところは、穂先をほぐした小筆で丁寧に払いましょう。

しまい方

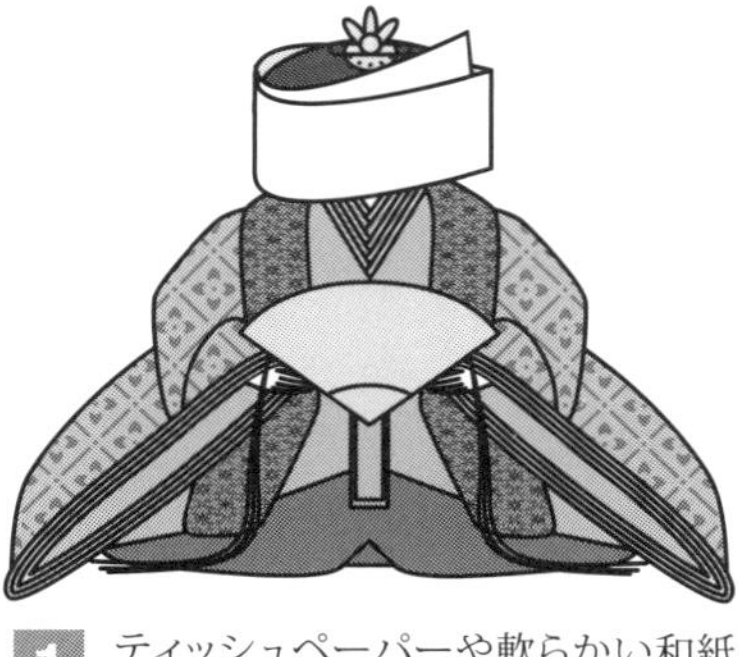

1 ティッシュペーパーや軟らかい和紙などを長方形に折り、人形の顔周りに軽く巻きます。女雛や女官は髪のふくらみをつぶさないように注意。

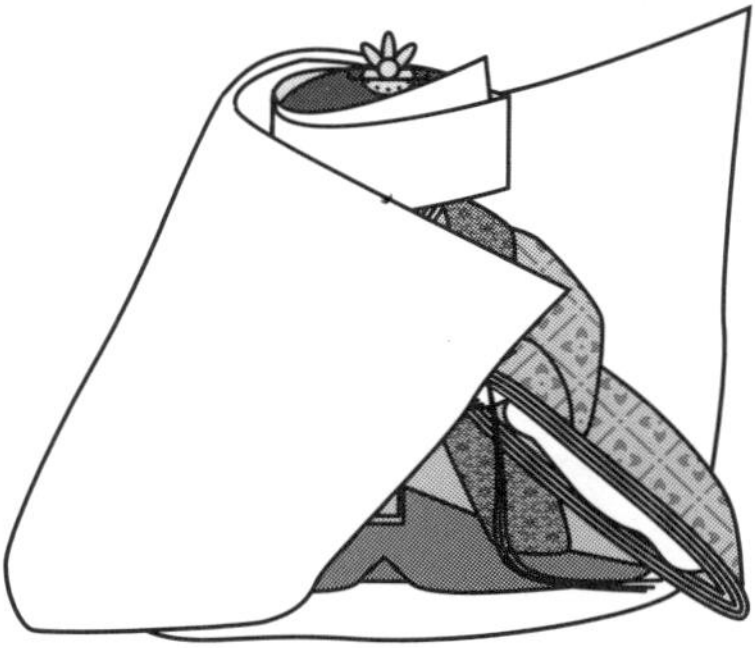

2 そでや袂《たもと》のふくらみがつぶれないように、内側にティッシュペーパーなどの薄紙を入れてから一体ずつ薄紙で包みます。

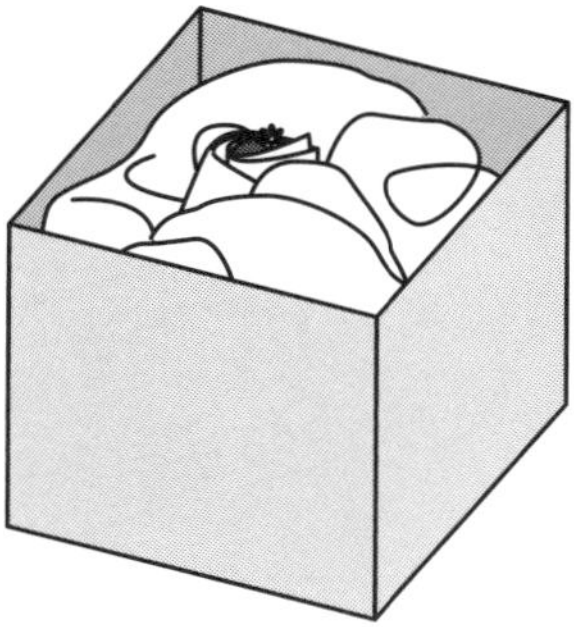

3 人形を箱に入れて、動かないように軟らかい紙を前後に詰めます。虫除けに人形専用の防虫剤も入れておきます。

しまう場所

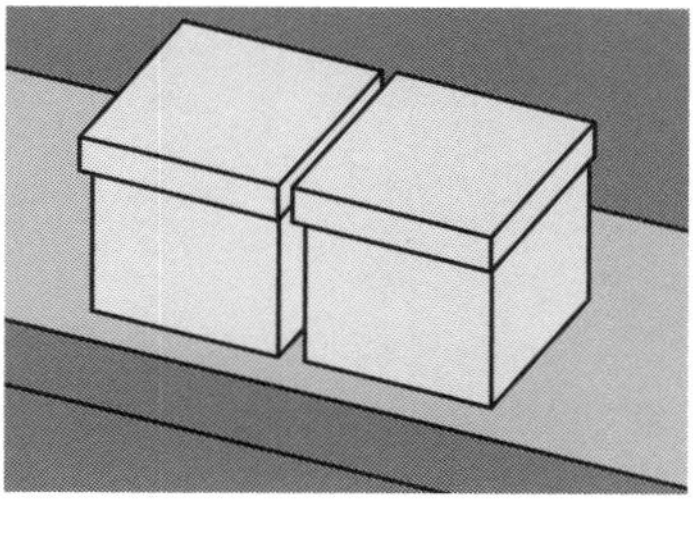

湿度が比較的少ない押入れの上段や天袋が適しています。秋に一度、陰干しするといいでしょう。

汚れたぬいぐるみをきれいにする方法

かわいいぬいぐるみも、なでたり抱いたりするうちに薄汚れてしまいます。お気に入りのぬいぐるみをクリーンに蘇らせましょう。

丸洗いできるものは

1 リボンなどの付属品をはずして、洗濯用中性洗剤を水に溶かしてもみ洗いします。

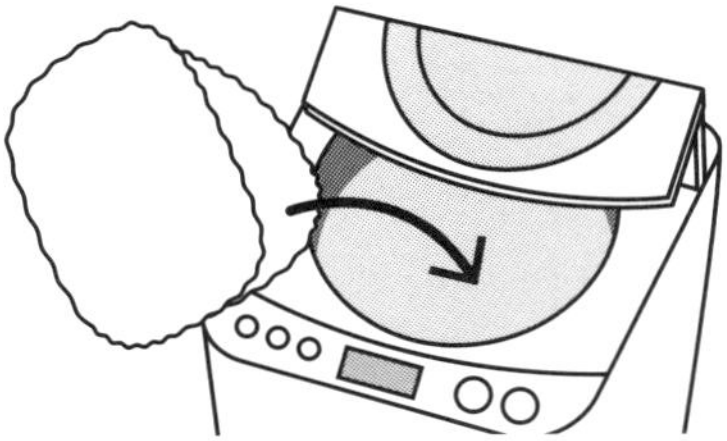

2 十分にすすぎをした後、乾いたタオルに包んで洗濯機で脱水します。

3 形を整えて、風通しの良い日陰で完全に乾かします。

洗えないぬいぐるみは

1 黒いビニール袋にぬいぐるみを入れて、重曹を全体に振りかけます。袋の口を縛って、まんべんなく重曹が行きわたるように振り回します。

2 袋に入れたまま日光の当たる場所に1日置き、熱で消毒した後、袋の中で粉を払い、さらに掃除機で重曹を吸い取ります。

部分的な汚れは

1 薄めた洗濯用中性洗剤をしみ込ませたタオルで、汚れた部分を拭き洗いします。その後、固く絞った濡れタオルで洗剤をよく拭き取ります。

2 乾いたタオルでよく水気を取った後、風通しの良い日陰で完全に乾かします。

ご先祖様が喜ぶ お墓の掃除の仕方

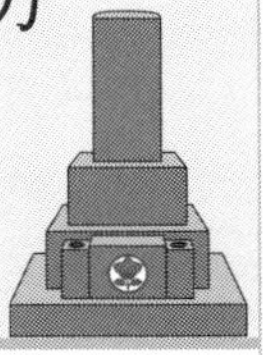

お墓参りに行ったら、墓石や周囲の掃除もしましょう。荒れたように見えては大変なので、早めの手入れを心がけることが大切です。

墓石を磨く

1 墓石は水で洗うのが手入れの基本。表面に水をかけて、鳥のフンなどの汚れを浮かします。

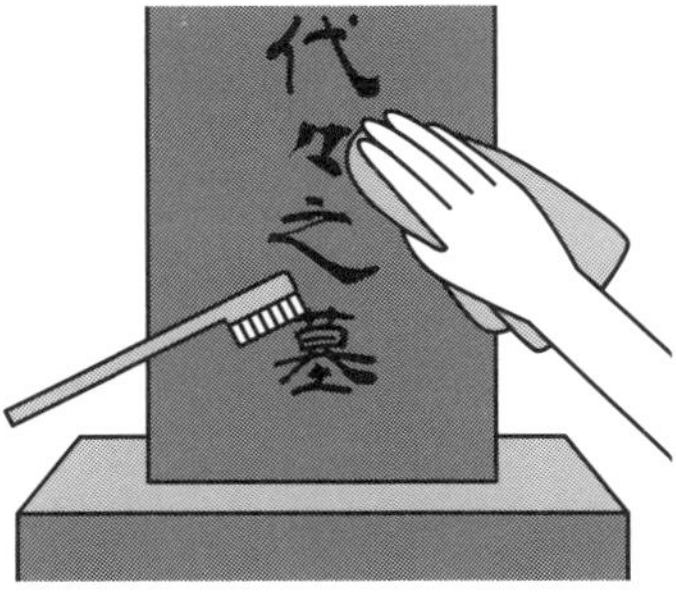

2 スポンジや雑巾で汚れを拭きます。文字の中や角などの細かいところは、歯ブラシを使います。

花立ては

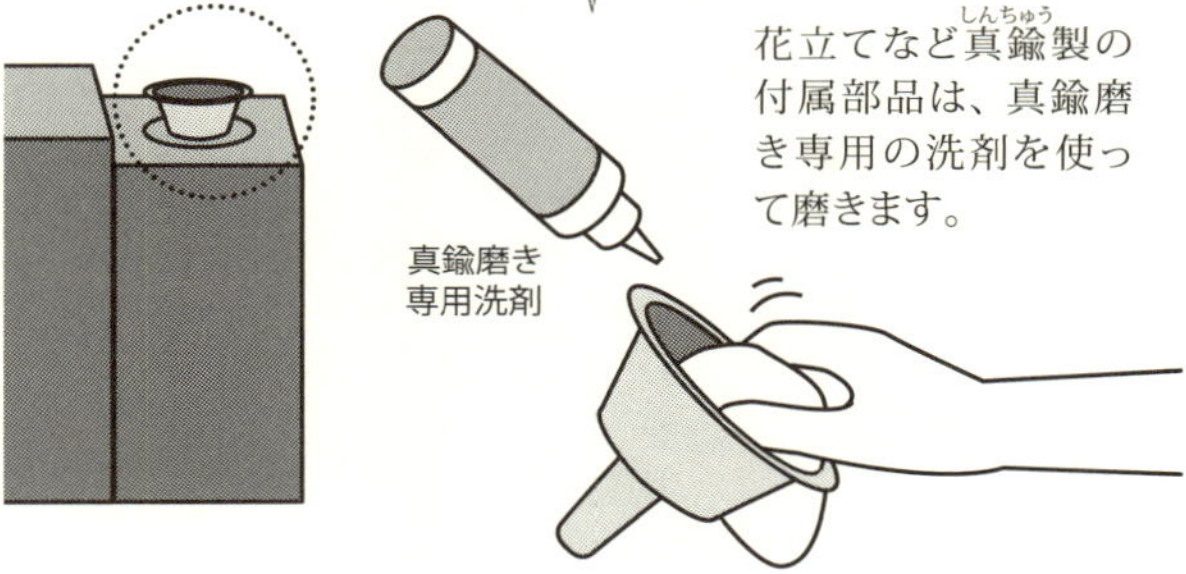

花立てなど真鍮《しんちゅう》製の付属部品は、真鍮磨き専用の洗剤を使って磨きます。

周りをきれいに

1 敷地内に生える雑草は、こまめに抜いておきましょう。小さな熊手などを使って、根ごと抜くようにします。

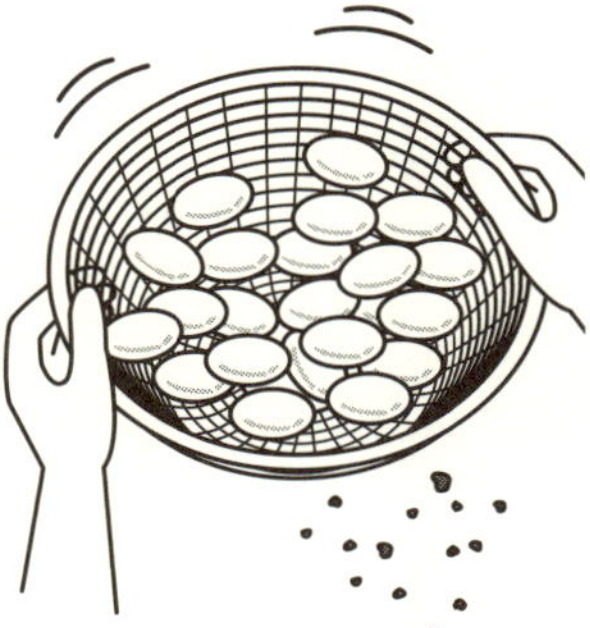

2 土に沈んでしまった玉砂利は、シャベルなどで掘り起こして目の粗いざるに入れ、土をふるい落としてから敷き直します。

お墓の文字の塗り直し方

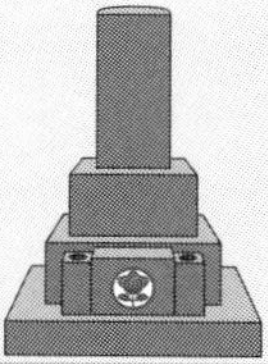

年月とともに薄くなる、墓石の文字や家紋などの白塗りの部分。意外と簡単に自分で塗り直せるので、ぜひ試してみましょう。

1 塗り直したい部分の汚れを歯ブラシで落とし、はがれかけのペイントを割り箸などではがします。落としきれなくても OK。

2 筆を使って、塗りたい部分にまんべんなく油性ペンキを塗ります。

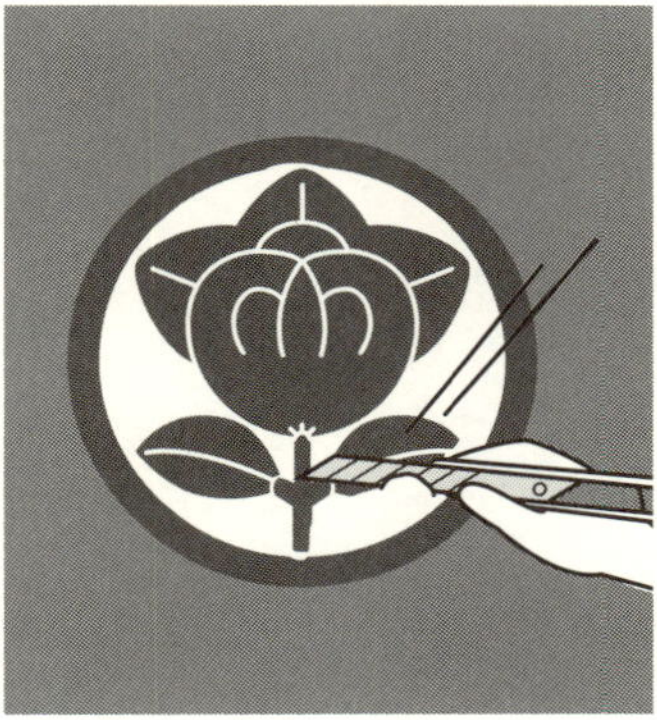

3 5～15分ほど置いて表面が乾いたら、カッターの刃を横に滑らせて、はみ出したペンキをこそげ落とします。石に擦り傷をつけないように、力を入れすぎないように注意。

4 最後に、塗りたい部分以外をタオルとシンナーできれいに拭き取ります。

※この方法は磨いてある墓石用の塗り直し方です。ざらざらした墓石にペンキを塗ると、後で拭き取ることができません。

仏壇をきれいに保つ手入れ

普段は毛ばたきや布を使って、軽く掃除するだけでいいでしょう。正月、お盆、お彼岸の直前はしっかり手入れするのがおすすめです。

手入れの前に

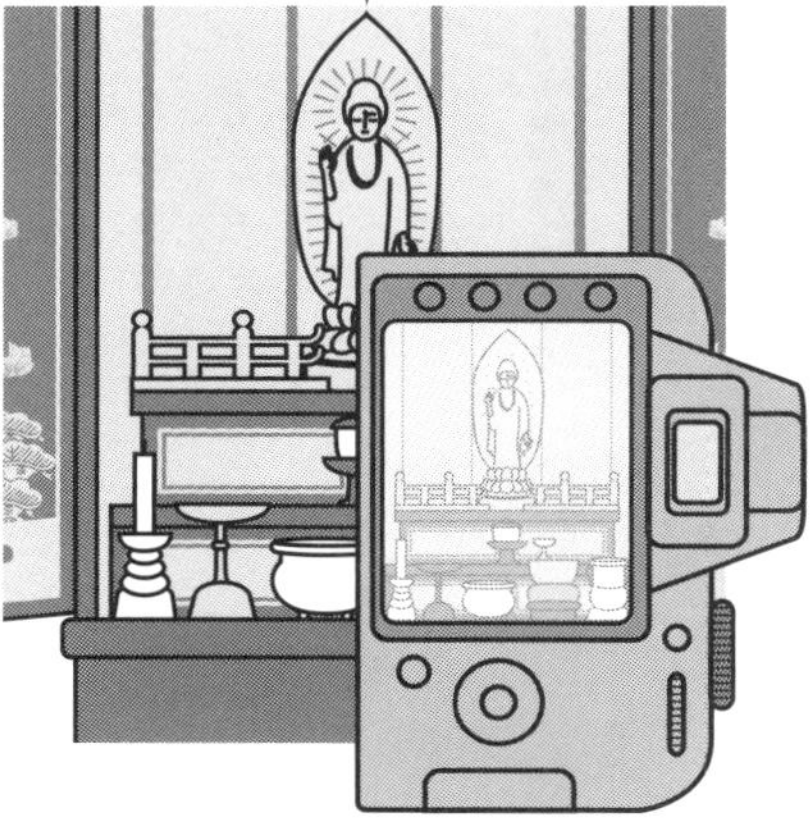

仏具をすべて取り出します。元通りに戻せるように、あらかじめ写真を撮っておくといいでしょう。

まず全体を

上部から下部に向かって、毛ばたきで優しく丁寧にほこりを払います。

金箔の部分は

汗と指先の皮脂が大敵なので、軍手などを必ずはめて手入れを。全体は毛ばたきで、細かいところは小筆を優しく使ってほこりを取ります。水滴がついたら、ティッシュなどで吸い取るようにします。拭くと金箔がはがれてしまうので避けます。

漆塗りの部分は

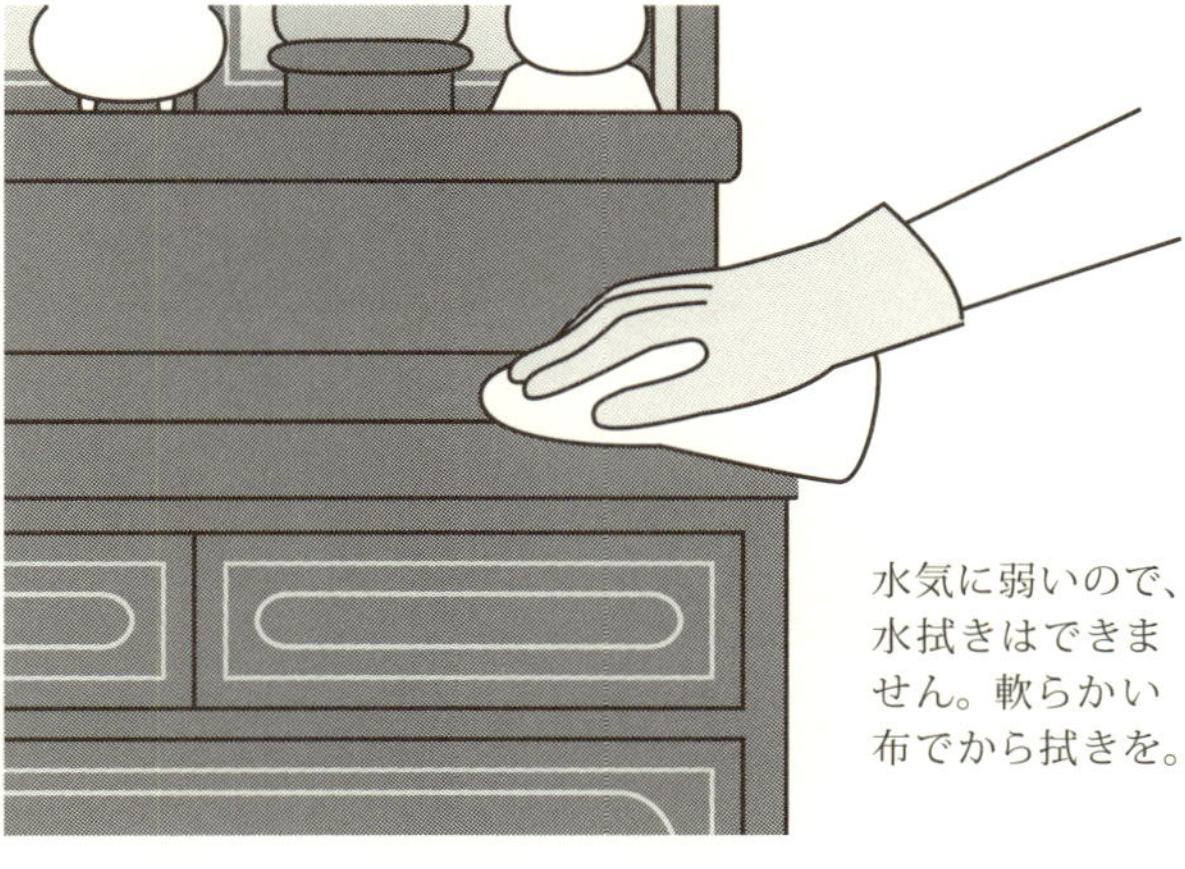

水気に弱いので、水拭きはできません。軟らかい布でから拭きを。

◀次ページに続きます

ご本尊、脇仏、位牌は

毛ばたきで静かにほこりを払います。細かいところを傷つけないように注意しましょう。

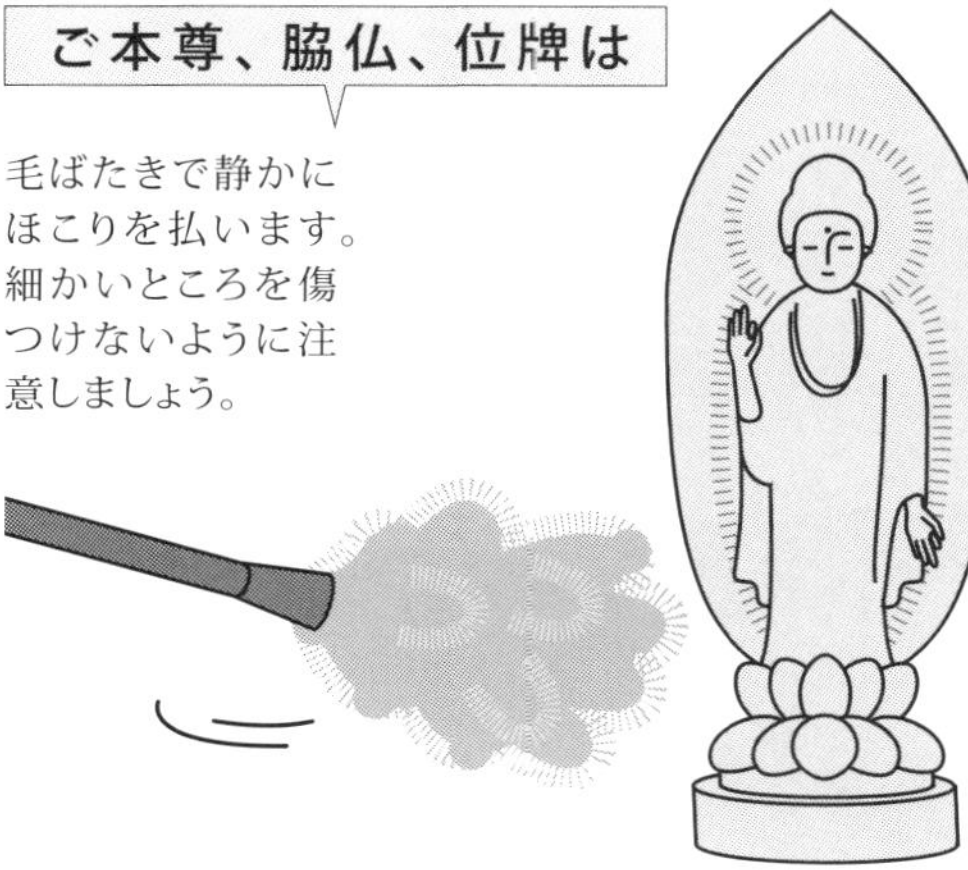

金属製仏具は

金属製の仏具は、素材によって手入れ方法が違います。

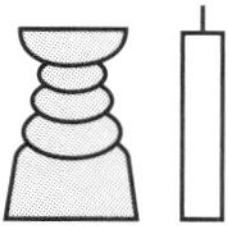

- 真鍮製のものは布で時々磨いて曇りをとります。金属研磨材を使うと、きれいに仕上がります。

- 宣《せん》徳《とく》（色付）製品は、軟らかい布でから拭きするか、お湯で洗う程度に。

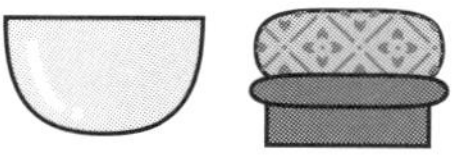

- 金メッキや表面加工が施されているものは、軟らかい布でから拭きするようにします。

- 金箔・金粉仕上げのものは毛ばたきで払う程度に。

■キーワード索引

■主な参考文献

『自分でできる住まいの修理』
角川ＳＳコミュニケーションズ

『生活雑貨を修理する本』
地球丸

『自分でできる！ 家中の修理と手入れマニュアル』
主婦と生活社

『かんたん家事の知恵袋』
講談社

『住まいの徹底修理術』
荒井 章／山海堂

『へえ！ かんたん 女性にもできる修理と知恵』
監修・香取弘子／学習研究社

『住まいの手入れ 知恵とコツ』
坂本和雄・大島和雄／日本実業出版社

『住まいの簡単メンテナンス＆小修理』
油田加寿子／主婦と生活社

『プロが教える男の道具のメンテナンス＆エイジング』
成美堂出版

『ソコが知りたい！ 家事のコツ』
角川ＳＳコミュニケーションズ

『ラクラク楽しい 家事の基本大辞典』
成美堂出版

『カンタン！ お掃除＆修理２００のテクニック』
主婦と生活社

『シンプルライフをめざす基本のそうじ＋住まいの手入れ』
婦人之友社

『覚えておきたい！ 暮らしの基本１００』
扶桑社

『愛用品お手入れハンドブック』
ＰＨＰ研究所

『乗り物を修理する本』
監修・阿部よしき／地球丸

『見てわかる！ クルマ洗車＆磨き完全ガイド』
池田書店

『自転車トラブル解決ブック』
丹羽隆志／山と溪谷社

『自転車生活スタートガイド』
瀬戸圭祐／水曜社

『知っておきたいキャンプの常識』
ＪＴＢ

『キャンプ道具の便利帳』
監修・太田 潤／大泉書店

『Ｔｅｘｔ堤防釣り入門』
沢井憲治／学習研究社

■主な参考ホームページ

- 東芝　めざせアイロン上手！
- ＬＩＯＮ くらしに役立つ情報サイト
- 東急ハンズ
- 花王家事ナビ
- 洋服の青山
- ＴＯＴＯ
- ＩＮＡＸ
- リンナイ
- シチズン
- 富士通Ｑ＆Ａ
- セーラー万年筆
- コダック
- アシックス
- パナソニック・アイデアズ・フォー・ライフ
- ミズノお客様相談センター
- カンコー 制服のお手入れ
- アライテント
- モンベル カスタマーサービス
- 村田堂
- オールアバウト 家事・ライフスタイル
- オールアバウト デジタル
- リ・ファウンデーション
- ジュエリー工房 富貴福堂
- クリーニングショップマツオ
- パールス
- 飾り職人
- オーロラ
- セイルー
- ペルシャ手織カーペット協同組合
- みちのくゴルフ
- スポーツライフプラネッツ
- ＨＭＯ
- サイトーホーム
- 芝造園建設
- クローバーガーデン
- 吉田金属
- モリタ園
- 味の農園
- サチばあちゃんのぬか床
- ヘアサロン ドラゴンこどもの散髪２０１２
- 京人形もりさん
- といぽん
- ｅお仏壇
- 三英貿易
- メモリアルアートの大野屋
- 東京都防災ホームページ
- 品川区
- 財団法人日本緑化センター

■STAFF
本文イラスト
本文デザイン・DTP　スウプウデザイン（石川由以）
編集協力　編集工房リテラ（田中浩之）

青春新書
PLAYBOOKS

人生を自由自在に活動《プレイ》する

人生の活動源として

いま要求される新しい気運は、最も現実的な生々しい時代に吐息する大衆の活力と活動源である。

文明はすべてを合理化し、自主的精神はますます衰退に瀕し、自由は奪われようとしている今日、プレイブックスに課せられた役割と必要は広く新鮮な願いとなろう。

いわゆる知識人にもとめる書物は数多く窺うまでもない。

本刊行は、在来の観念類型を打破し、謂わば現代生活の機能に即する潤滑油として、逞しい生命を吹込もうとするものである。

われわれの現状は、埃りと騒音に紛れ、雑踏に苛まれ、あくせく追われる仕事に、日々の不安は健全な精神生活を妨げる圧迫感となり、まさに現実はストレス症状を呈している。

プレイブックスは、それらすべてのうっ積を吹きとばし、自由闊達な活動力を培養し、勇気と自信を生みだす最も楽しいシリーズたらんことを、われわれは鋭意貫かんとするものである。

—創始者のことば— 小澤和一

編者紹介

ホームライフ取材班

「暮らしをもっと楽しく！　もっと便利に！」をモットーに、日々取材を重ねているエキスパート集団。取材の対象は、料理、そうじ、片づけ、防犯など多岐にわたる。その取材力、情報網の広さには定評があり、インターネットではわからない、独自に集めたテクニックや話題を発信し続けている。

見《み》てすぐできる！
「手《て》入《い》れ・手《て》直《なお》し」の
早《はや》引《び》き便《べん》利《り》帳《ちょう》

青春新書 PLAYBOOKS

2012年７月５日　第１刷

編　者　　ホームライフ取材班《しゅざいはん》

発行者　　小澤源太郎

責任編集　株式会社プライム涌光
電話　編集部　03(3203)2850

発行所　東京都新宿区若松町12番１号 〒162-0056　株式会社青春出版社
電話　営業部　03(3207)1916　振替番号　00190-7-98602

印刷・中央精版印刷　　製本・フォーネット社

ISBN978-4-413-01957-6